Stephan Detjen
Maximilian Steinbeis

DIE ZAUBERLEHRLINGE

Der Streit um die Flüchtlingspolitik und der Mythos vom Rechtsbruch

Klett-Cotta

Klett-Cotta
www.klett-cotta.de

Printed in Germany
Umschlag: Rothfos & Gabler, Hamburg
unter Verwendung einer Illustration von © Shutterstock
Gesetzt von C.H.Beck.Media.Solutions, Nördlingen
Gedruckt und gebunden von CPI – Clausen & Bosse, Leck
ISBN 978-3-608-96430-1

Bibliografische Information der Deutschen Nationalbibliothek:
Die Deutsche Nationalbibliothek verzeichnet diese Publikation in der Deutschen Nationalbibliografie; detaillierte bibliografische Daten sind im Internet über <http://dnb.d-nb.de> abrufbar.

Inhalt

Einleitung[1]

Am 8. März 2018 fand im Dresdner Kulturpalast eine ungewöhnliche Veranstaltung statt. Zwei Schriftsteller – der Dichter Durs Grünbein und der Romanautor Uwe Tellkamp – stritten darüber, ob man in Deutschland seine Meinung noch frei sagen könne. Der Anlass für den Abend lag ein knappes halbes Jahr zurück: Auf der Frankfurter Buchmesse im vorangegangenen Herbst hatte es Demonstrationen gegen rechtskonservative Verlage gegeben, die an der Messe teilnahmen. Eine Gruppe von Buchhändlern, Autoren und Journalisten veröffentlichte daraufhin eine Erklärung, in der sie den Protest gegen die rechten Verlage als Symptom einer »Aushöhlung der Meinungsfreiheit« kritisierte und warnte, Deutschland sei »nicht mehr weit von einer Gesinnungsdiktatur entfernt«. Die Resolution stand unter der Überschrift »Charta 2017«,[2] eine Anlehnung an die »Charta 77«, mit der 40 Jahre zuvor Václav Havel und andere Bürgerrechtler gegen das kommunistische Regime in der damaligen Tschechoslowakei aufgestanden waren.

Unter den 30 Unterzeichnern der »Charta 2017« war Uwe Tellkamp. Im Dresdner Kulturpalast diskutierte er nun vor mehr als 800 Menschen mit Durs Grünbein, der den Abend mit einer entschiedenen Gegenrede eröffnet hatte. In der folgenden Diskussion ging es um Demokratie und um Meinungsfreiheit. Und es ging darum, wie sich Deutschland seit dem Sommer 2015 verändert habe: »Dieses Land hat ein Problem mit dem Islam«, sagte Tellkamp. »Noch in Generationen wird es heißen: was für eine großzügige Geste«, erwiderte Grünbein. Nach gut einer Stunde kam Tellkamp auf einen Punkt zu sprechen, der ihm ganz besonders wichtig war: »das große Problemfeld Recht und Rechtsverletzung, ob das ein Rechtsbruch war, ja oder nein.« Der studierte Mediziner ließ erkennen, dass er sich intensiv mit der Frage beschäftigt hatte: »Es ist unter den Rechtsgelehrten, soweit ich mich kundig machen konnte, weitgehend Konsens, dass ein Rechtsbruch existiert«, war sich Tellkamp sicher. Der Grundsatz der Gewaltenteilung sei missachtet, der Bundestag übergangen worden. »Man weiß bis jetzt nicht, auf welcher Rechtsgrundlage Merkel eigentlich gehandelt hat«. Bundesinnenminister Thomas de Maizière, so behauptete Tellkamp, berufe sich nach wie vor auf einen »Erlass, der wahrscheinlich verfassungswidrig« sei.

Grünbein wirkte überrumpelt von so viel juristischer Argumentation. »Ich merke, das verhärtet sich«, antwortete der Dichter und bekannte, dass er an dieser Stelle passen musste. »Es muss eines Tages eine Untersuchungskommission über das Handeln der Regierung Merkel in dieser Situation geben.«, meinte Grünbein. Das sei wie nach dem Vietnamkrieg: Da müsse die demokratische Gesellschaft einen »Revisionsprozess« organisieren, in dem man dann klären könne: »Wer war wie legitimiert zu handeln? Über welchen Kopf hinweg sind Entscheidungen getroffen worden?«

Ein gutes halbes Jahr später gab es in Lübeck eine ganz andere, aber nicht weniger bemerkenswerte Veranstaltung: In einer alten Industriehalle präsentierten sich zum ersten Mal Annegret Kramp-Karrenbauer, Friedrich Merz und Jens

Spahn vor CDU-Mitgliedern als Kandidaten für die Nachfolge Angela Merkels im CDU-Vorsitz.[3] Es ging in den Vorstellungsreden um »Neustart und Erneuerung«, um den Zusammenhalt in der Partei und um die Zukunft des Landes. Aber als erste Rednerin sah auch Annegret Kramp-Karrenbauer Klärungsbedarf mit Blick auf die Vergangenheit: »Seit dem Herbst 2015 haben in diesem Land viele Menschen Zweifel, (…) ob wir eigentlich noch dafür sorgen, dass Recht und Gesetz in diesem Land durchgesetzt werden«. Kramp-Karrenbauer forderte, die Partei dürfe sich davor nicht »wegdrücken«. Man müsse sich noch einmal zusammensetzen und »endgültig klären: wie beurteilen wir den Herbst 2015«.

Friedrich Merz schien sein Urteil bereits gefällt zu haben. Auf einer der weiteren Regionalkonferenzen, auf denen die Kandidaten sich der Parteibasis vorstellten, erklärte der Politik-Rückkehrer im thüringischen Seebach: »Die CDU muss wieder die Partei des Rechtsstaats und der Rechtstreue werden.« Einem älteren Parteimitglied, das ein Versagen der CDU auf dem Themenfeld Recht und innere Sicherheit beklagte, antwortete Merz: »Ich teile mit Ihnen das Störgefühl«. Der Kandidat lenkte das Thema auf die Flüchtlingspolitik und die Grenzentscheidungen des Sommers 2015: Da seien Regeln nicht eingehalten worden, das habe auch »Professor Papier (…) sehr klar und sehr deutlich aufgeschrieben«.

Der ehemalige Präsident des Bundesverfassungsgerichts Hans-Jürgen Papier hatte die Politik der Bundesregierung bereits Anfang 2016 in einem Zeitungsinterview[4] als »Fehler« bezeichnet. Zur gleichen Zeit hatte sein früherer Kollege Udo Di Fabio ein Gutachten für die bayerische Staatsregierung verfasst, die der Bundeskanzlerin mit einer Klage vor dem Bundesverfassungsgericht drohte. Papier und Di Fabio sind seitdem Kronzeugen all derer, die der Bundesregierung vorwerfen, im Sommer 2015 das Recht gebrochen zu haben.

Sieben Monate, von September 2015 bis März 2016, hat die akute Phase der sogenannten »Flüchtlingskrise« gedauert. Ihr Ende liegt mehr als zwei Jahre zurück. Und doch bleibt die Krise Gegenwart. Es ist nicht zuletzt die Rechtsbruch-These, die diese Krise auf Dauer gestellt hat – die Behauptung, die Bundesregierung habe in diesen Monaten Recht, Gesetz und Verfassung mit ihrer Flüchtlingspolitik gebrochen. Diese Rechtsbruch-These wurde im Winter 2015/16 in den Raum gestellt, und seither entfaltet sie ihre korrosive Wirkung. Es wurde Anklage erhoben – aber der Prozess blieb aus. Es gab keine Verhandlung, es gab kein Urteil, es gab weder Freispruch noch reinigende Sanktion. Es gab keine parlamentarische Untersuchung, es gab keine Verhandlung vor dem Bundesverfassungsgericht, es gab noch nicht einmal einen richtigen, eine breite Öffentlichkeit erfassenden Gelehrtenstreit. So konnte sich die Behauptung des Rechtsbruchs immer weiter verfestigen. Längst wird er von weiten Teilen der deutschen Bevölkerung für so real gehalten, als handle es sich um eine unbestreitbare Naturtatsache.

Den Schaden davon hat das Recht: Die unprozessierte Anklage korrodiert die Erwartung, dass man auf die Geltung von Recht und Gesetz in der Bundesrepublik Deutschland vertrauen kann. Den Nutzen davon hat die AfD, die daraus politisch Kapital schlägt.

Die Rechtsbruch-These ist aber keine unbestreitbare Naturtatsache, nichts weniger als das. Sie ist eine Behauptung, die sich auf juristische Argumente stützt – und sich im Streit zu bewähren hat. Wir können diesen Streit nicht entscheiden: Wir sind Journalisten, keine Richter. Aber wir können ihn führen. Das ist der Zweck dieses Buches. Wir wollen die Debatte aus den Expertenforen der juristischen Fachzeitschriften und Diskussionsplattformen in die Öffentlichkeit tragen. Die Rechtsbruch-These ist kein objektiver Befund der Wissenschaft, auch wenn ihre Exponenten noch so eindrucksvolle akademische und höchstrichterliche Lebensläufe zieren. Sie ist bestreitbar. Erst wenn der Streit um die Rechtsbruch-These öffentlich ausgefochten wird, kann ihre korrosive Wirkung enden.

Wir versuchen in diesem Buch zu rekonstruieren, wie und vor welchem Hintergrund die Rechtsbruch-These zustande kam und wer zu ihrer Entstehung welche Beiträge leistete. Die Rechtsbruch-These hat viele Väter (dagegen nur relativ wenige Mütter) in Politik, Rechtswissenschaft und Medien, und die meisten unter ihnen hatten sicherlich nichts weniger damit im Sinn, als der Herrschaft des Rechts Schaden zuzufügen. Und doch haben sie Geister beschworen, die sie für ihre jeweiligen Ziele nützlich hielten. Sie kamen herbeigeeilt, die Geister. Und seit 2015 haben sie nicht mehr aufgehört, Schwall um Schwall Wasser auf die Mühlen der AfD und der nationalpopulistischen Rechten zu füllen – Mühlen, in denen eben das zermahlen wird, worum es den Anklägern angeblich geht, nämlich die Herrschaft des Rechts.

Wir haben dieses Buch nicht geschrieben, um Angela Merkel gegen ihre Kritiker in Schutz zu nehmen. Im Gegenteil, die Leisetreterei und die heimlichtuerische und widersprüchliche Kommunikationsstrategie ihrer Regierung hat nach unserer Ansicht wesentlich dazu beigetragen, dass die Rechtsbruch-These ihre giftige Wirkung derart entfalten konnte. Wenn wir von Zauberlehrlingen sprechen, nehmen wir die Entscheidungsträger und Strategen in der Bundesregierung keineswegs aus. Wir beziehen aber auch keine vermeintlich neutrale Beobachterposition. Als Journalisten und als Juristen sind auch wir Akteure in den Diskursen, die wir beschreiben. Bei der Beobachtung des Streites um Recht und Verfassung in der Flüchtlingspolitik haben wir eine Position, die unsere Wahrnehmung prägt: Wir halten die Rechtsbruch-These als juristischen Befund für falsch und als Instrument politischer Mobilisierung für fatal. Die Argumente derer, die den Rechtsbruch behaupten, haben uns von Beginn an nicht überzeugt, und unsere Untersuchung hat uns darin bestärkt. In unserem Buch aber geht es nicht in erster Linie darum, eine uns richtig erscheinende Rechtsauffassung zu verteidigen. Wir wollen vielmehr die verschiedenen Argumentationslinien nachzeichnen, die sich im Streit um die Aufnahme der Flüchtlinge 2015/16 kreuzen. Damit wollen wir zeigen, dass keine der seitdem aufeinanderprallenden Positionen für sich beanspruchen kann, ein jenseits dieses Streites naturgegebenes Recht zu repräsentieren. Recht wird im Austausch von Argumenten, Praktikabilitäten und Zielvorstellungen geformt. Was als Recht gelten soll, ist immer das Ergebnis eines lebendigen Diskurses über das Recht. Wir wollen diesem Diskurs die Autonomie zurückgeben, die im Streit um die Flüchtlingspolitik politisch überlagert wurde. Denn wir glauben, dass die Fähigkeit einer Gesellschaft, sich in einer offenen Auseinandersetzung über die rechtlichen Grundlagen ihres Zusammenlebens zu verständigen, die Voraussetzung dafür ist, ihre politischen Differenzen friedlich zu lösen.

Kapitel 1: Aschermittwoch

In der Klimaforschung gibt es den Begriff des Kipppunkts. So bezeichnen die Modelleure des Klimawandels den Moment, in dem ein klimatischer Zustand unumkehrbar in einen anderen übergeht. Ist der Kipppunkt einmal erreicht, dann reichen auch noch so intensive Anstrengungen, die menschlichen Ursachen des Temperaturanstiegs zu bekämpfen, nicht mehr aus, um den früheren Zustand wiederherzustellen. Meist genügt nicht ein Ereignis allein, die fatale Wirkung zu erklären. Irgendwann fällt der Tropfen, der das Fass zum Überlaufen bringt. Ist der Kipppunkt einmal erreicht und überschritten, gibt es kein Zurück mehr. Die Klimaveränderung ist irreversibel geworden.

Auch das politische Klima in Deutschland hat sich in den vergangenen Jahren dramatisch gewandelt: Die Hitze der Auseinandersetzungen ist gestiegen. In der Gesellschaft werden Risse und Brüche erkennbar wie auf dem Boden einer ausgetrockneten Erdkruste. Die Spannungen, die dadurch sichtbar werden, sind fundamental: Es geht darum, wie wir als politisch verfasste Gesellschaft zusammenleben wollen. Es geht – 70 Jahre nach der Verabschiedung des Grundgesetzes – um die freiheitliche und rechtsstaatliche Verfassung des Landes.

Herrschaft des Unrechts

Der Moment, in dem aus der Debatte über die Flüchtlingspolitik der Bundesregierung ein Kampf um das Verständnis von Staat, Recht und die innere Verfassung des Landes wurde, lässt sich datieren. Es war der Tag im Februar 2016, an dem *Horst Seehofer* die »Herrschaft des Unrechts« ausrief.

Als einzelnes Ereignis genügt der Satz nicht, um die Verhärtung der Fronten bis weit in die bürgerliche Mitte des Landes zu erklären. Viele Akteure wirkten an der Entfesselung von überdrehten Thesen, Zynismus und Verschwörungstheorien mit, die sich in sozialen Netzwerken, auf den Straßen, in Vereinen und Betrieben bis in die Familien hinein ausbreiteten. Aber der Satz von der »Herrschaft des Unrechts« war es, der aus einem politischen Streit um das richtige Handeln in einer Krisensituation einen Kampf um die rechtlichen und politischen Grundlagen unseres Gemeinwesens machte. Er ist ein Satz, der Deutschland verändert hat. Der Satz brach Brücken zur Verständigung ab und blockierte Wege zu Kompromissen. Und er schlug eine Schneise in den politischen Diskurs, durch die die Rhetorik rechtsnationaler Populisten bis tief in die bürgerliche Mitte vordringen konnte. Er markierte einen Kipppunkt in der Geschichte des Streites um die Flüchtlingspolitik, der erst die Politik und dann die Gesellschaft spaltete.

Die Vorstellung, im Deutschland des 21. Jahrhunderts habe das Unrecht die Herrschaft übernommen, bringt einen gewaltigen historischen Resonanzboden zum Schwingen. 1946 prägte der Rechtsphilosoph *Gustav Radbruch* in einem berühmten Aufsatz mit Blick auf das NS-Regime den

Begriff »Unrechtsstaat«.[1] Radbruch bezeichnete damit eine Herrschaft, die sich rechtlicher Instrumente – ideologisch geprägter Normen, willfähriger Richter, blind gehorsamer Beamter – bedient, um einen unbedingten Machtanspruch und eine totalitäre Ideologie durchzusetzen. Wo Unrecht das Wesen der Herrschaft ausmacht, gibt es keinen Weg zu politischen Kompromissen oder klärender Gerichtsbarkeit. Gegen eine Herrschaft des Unrechts ist Widerstand geboten.

In den 90er Jahren hatte der Begriff »Unrechtsstaat« noch einmal Konjunktur. Im wiedervereinten Deutschland wurde darüber diskutiert, ob an der DDR nicht hier und da doch etwas Gutes gewesen sei (kostenlose Kitas, Polikliniken, Nudossi-Brotaufstrich). Wer dann antwortete, die DDR sei aber ein Unrechtsstaat gewesen, wollte sagen, dass nichts an diesem Land gut gewesen sein könne, das bis in alle Lebensbereiche von Unrecht geprägt gewesen sei. Vor diesem Hintergrund hatte es ein Vierteljahrhundert später eine besondere Note, mit Blick auf die Politik einer Bundeskanzlerin, die selbst in der DDR aufgewachsen war, von einer »Herrschaft des Unrechts« zu sprechen: In den Unionsparteien gibt es immer noch den einen oder anderen (meist ältere Herren, aber immer öfter auch wieder jüngere), der Bezüge zur Ostbiografie Angela Merkels mit einer vielsagend hochgezogenen Augenbraue notiert. Hat die Frau aus dem Osten wirklich verinnerlicht, was es mit Recht und Gesetz in der Bundesrepublik so auf sich hat?

Zurück aus Moskau

Als Horst Seehofer von der »Herrschaft des Unrechts« sprach, war er selbst gerade von einer Reise in den Osten nach Bayern zurückgekehrt. Es war eine Reise, die viel aussagte über das Selbstverständnis bayerischer Ministerpräsidenten im Allgemeinen und Horst Seehofers im Besonderen: Der CSU-Vorsitzende war in Moskau gewesen, wo er sich mit Vladimir Putin getroffen hatte. Seehofer reiste in den breiten Fußstapfen seiner Vorgänger, die in der CSU bis heute der Maßstab für das politische Kampfgewicht sind, das die Partei von ihren Vorsitzenden erwartet. Edmund Stoiber war am Ende seiner Amtszeit mit ungewöhnlichem Pomp im Kreml verabschiedet worden: Zu Ehren des bayerischen Ministerpräsidenten hatte Putin 2007 die berittene Präsidentengarde in historischen Uniformen aufgaloppieren lassen. Und dann war da natürlich Franz Josef Strauß gewesen. 1987 hatte er seinen Charterjet eigenhändig nach Moskau gesteuert, um Michail Gorbatschow zu treffen. Bei der halsbrecherischen Sturzfluglandung auf dem verschneiten Flughafen Scheremetjewo musste die mitreisende halbe CSU-Führung Todesängste ausstehen. Die Reise gehört bis heute zu den Heldenepen, die am Rande von CSU-Parteitagen und an den Stammtischen bayerischer Dorfgasthäuser von einer politischen Generation zur nächsten weitergetragen werden. Aus solchem Holz müssen CSU-Vorsitzende und bayerische Landesväter geschnitzt sein.

Knapp 20 Jahre später stand also wieder ein bayerischer Ministerpräsident auf der großen Bühne der Weltpolitik. Horst Seehofer auf Augenhöhe mit dem russischen Staatspräsidenten – das war das Bild, das von den mitreisenden Journalisten nach Hause transportiert werden sollte. Doch es waren nicht die Zeiten, in denen eine herzliche Beziehung zu einem Mann wie Vladimir Putin Imagegewinne im Westen versprach. Auch aus den eigenen Reihen der CSU wurde Kritik an Seehofers Moskaureise laut. Schließlich legte in diesen Tagen in Syrien der Diktator Bashar al-Assad gerade mit Putins Rückendeckung Aleppo in Schutt und Asche. Wegen der Annexion der Krim und der militärischen Übergriffe in der Ostukraine war Putin aus der G8-Gruppe der mächtigsten Wirtschaftsnationen verstoßen worden. Wenige Tage vor dem Seehofer-Besuch waren die Sanktionen verlängert worden, die die USA und die EU gegen Russland verhängt hatten. Sie hätten auch auf Bayern »massive Auswirkungen«, klagte Seehofer und forderte: »Es sollte zu Veränderungen kommen«.[2] Kritikern, die ihm vorwarfen, die Außenpolitik der Bundesregierung zu konterkarieren und damit die im Grundgesetz angelegte Kompetenzverteilung zwischen Bund und Ländern zu missachten, hielt Seehofer entgegen: »Noch kein bayerischer Ministerpräsident hat sich daran gehalten«.[3] Das Bewusstsein, eine Sonderrolle in der föderalen Verfassungsordnung zu spielen, gehört zum hergebrachten Amtsverständnis bayerischer Ministerpräsidenten.

In den russischen Staatsmedien wurde Seehofer derweil als Gegner der Sanktionen gefeiert. Putin hofierte den CSU-Vorsitzenden, weil er wusste, dass er damit einen innenpolitischen Widersacher der Bundeskanzlerin aufwertete. Seehofer war in Deutschland seit Monaten der schärfste Kritiker Angela Merkels. Ihm politisches Gewicht zu verleihen hieß, die Grenzen der Macht der Kanzlerin zu markieren. Seehofer kam das innenpolitisch gelegen, Putin auf internationaler Ebene. Der russische Präsident nutzte in diesen Zeiten jede Gelegenheit, Spaltkeile in Politik und Öffentlichkeit einer westlichen Führungsmacht zu treiben.

Eine Granate aus Bayern

Kaum war Seehofer wieder in Deutschland gelandet, trieb er selbst den nächsten Keil zwischen sich und die Bundeskanzlerin. Noch auf dem Münchner Flughafen traf er sich unmittelbar nach der Landung mit dem Chefredakteur der *Passauer Neuen Presse* Ernst Fuchs und dessen Stellvertreter Alexander Kain zu einem Interview. In wenigen Tagen sollte in Passau die traditionelle Aschermittwochsveranstaltung der CSU stattfinden. Wie in früheren Jahren wollte der Parteivorsitzende mit einem Interview in der örtlichen Zeitung den Ton anschlagen, der dann die Stimmung des politischen Aschermittwochs prägen sollte. »Was werden Ihre Hauptbotschaften am Aschermittwoch in Passau sein?«, lautete die Einstiegsfrage, die es Seehofer erlaubte, seine Agenda zu setzen. Die umstrittene Moskaureise sollte keine Rolle mehr spielen. Der CSU-Chef sprach stattdessen wieder über Deutschland und die Flüchtlingspolitik der Bundeskanzlerin. Und er sprach von der »Herrschaft des Unrechts«

Seehofer sagte nicht etwa, die Politik der Bundesregierung sei verfassungswidrig oder verstoße gegen deutsches oder europäisches Recht. Das hätte sich überprüfen lassen. Die bayerische Staatskanzlei selbst hatte schon im Herbst 2015 ein Gutachten bei dem ehemaligen Verfassungsrichter Udo Di Fabio in Auftrag gegeben und damit gedroht, eine Klage beim Bundesverfassungsgericht zu erheben. Doch auf die Frage der Passauer Journalisten, ob er mit dem Gang nach Karlsruhe nun ernst machen werde, antwortete der Ministerpräsident, der sich selbst gerne als »Erfahrungsjurist« bezeichnet, ausweichend: Das sei Sache der Juristen, die Staatsregierung werde auf Nummer sicher gehen. Im gleichen Atemzug aber stellte Seehofer fest: »Wir haben im Moment keinen Zustand von Recht und Ordnung«. Und sodann: »Es ist eine Herrschaft des Unrechts«.

Als das Interview publik wurde, schlug dieser Satz in Berlin ein wie eine Granate aus Bayern. Im Bundeskanzleramt machte sich blankes Entsetzen breit. Dass der Vorsitzende einer Regierungspartei der Bundeskanzlerin vorwirft, eine Herrschaft des Unrechts zugelassen oder sogar befördert zu haben, war einzigartig. Es war klar geworden, dass die Auseinandersetzung um die Flüchtlingspolitik eine neue Dimension angenommen hatte.

»Nach so einem Satz kann die CSU eigentlich nur noch ihre Minister aus der Koalition abziehen. Oder die Kanzlerin direkt aus dem Amt drängen wollen«, schrieb die *BILD*-Zeitung, die unter ihrem damaligen Chefredakteur Kai Diekmann im Sommer 2015 noch das Leitmedium der »Willkommenskultur« gewesen war. Die *FAZ*, die den Kurs der Bundesregierung von Beginn an kritisch begleitet hatte, fand: »Wenn Horst Seehofer eine ›Herrschaft des Unrechts‹ erleben wollte, hätte er ein paar Tage länger in Russland bleiben sollen«. Auch in der CSU selbst hatte das Interview Seehofers für Irritation und Missfallen gesorgt.

Seehofer ging in die Gegenoffensive. Er sah sich als Opfer einer »Empörungskampagne«.[4] »Abenteuerlich« sei es, wie seine Äußerungen interpretiert worden seien, und: »Wenn ich eine Meinung habe, sage ich sie, und da muss niemand interpretieren. Und was ich nicht sage, meine ich auch nicht.«[5] Was nicht gesagt wurde, sollte erklären, was gesagt wurde. Was tatsächlich gemeint war, blieb im Vagen. Das war typische Seehofer-Rhetorik: zunächst mit grellen Wortblitzen die Aufmerksamkeit auf sich lenken, um sich sodann hinter einem undurchsichtigen Nebel aus doppeldeutigen Formulierungen in Deckung zu bringen. Für Parteifreunde und Medien machte er sich damit immer wieder zu einer politischen Sphinx: Der CSU-Chef gab der Öffentlichkeit ebenso wie den eigenen Parteifreunden Rätsel auf und fütterte so eine emsig arbeitende Seehofer-Entschlüsselungsindustrie in den Medien und der eigenen Partei. Das Überangebot an Interpretationen erlaubte es ihm dann wiederum, auf dem weiten Feld der Seehofer-Exegese Haken zu schlagen und sich so in Sicherheit zu bringen.

Nah am Volk

Auch die Kommunikationsstrategie für den politischen Aschermittwoch 2016 beruhte auf dem Kalkül, ein Spiel mit den vorhersehbaren Mechanismen der öffentlichen Erregungsökonomie wagen zu können: erst durch gezielte Eskalation der Rhetorik eine Grundspannung aufbauen, dann eine große Verpuffung erzeugen. Danach – so der Plan – sollte sich die Luft wieder klären.

Der politische Aschermittwoch schien für eine solche Inszenierung den passenden Rahmen zu bieten. Die jährliche Veranstaltung ist ein urbayerisches Ritual. Wenn im Rheinland nach den tollen Tagen des Karnevals eine Zeit der Ruhe und Besinnung einkehrt, beginnt in Bayern ein politischer Ausnahmezustand. Die Ursprünge der Aschermittwochsveranstaltungen gehen in das späte 19. Jahrhundert zurück. Damals wandelte sich die Jahresversammlung des Bezirksbienenzüchtervereins am Rande des Viehmarkts in Vilshofen zu einer politischen Kundgebung, die mehr und mehr Bauern aus der ganzen Region anzog. In den Revolutionsjahren 1918/19 proklamierte der Bauernbund am Mittag des Aschermittwochs eine Volksversammlung, die sich als Gegenöffentlichkeit zum politischen Establishment im Münchner Landtag verstand. Denen in München wollte man den Marsch blasen: Dort saßen Parteileute beisammen, gewählt nach einem elitären Zensuswahlrecht, das die Besserverdienenden privilegierte. Hier, in der niederbayerischen Provinz, versammelte sich zum Aschermittwoch das wirkliche Volk.

In ihrem Ursprung waren die Veranstaltungen Demonstrationen des Aufbegehrens gegen die Macht in der fernen Landeshauptstadt. Nach 1933 eignete sich die NSDAP die politische Aschermittwochstradition an. Durch die Wochenschauen sorgte der NS-Propagandaapparat für eine Verbreitung der Vilshofener Hetzreden weit über Bayern hinaus. In den 50er Jahren machte Franz Josef Strauß die Aschermittwochsveranstaltungen zur Bühne, auf der er sich schwitzend und donnernd als bayerische Gegenmacht der Bonner Republik inszenierte. So zelebrierte die CSU über Jahrzehnte erfolgreich ihr schillerndes Doppelwesen: faktisch Staatspartei und Opposition in einem zu sein. Auch wenn man in der Bundeshauptstadt selbst mit am Kabinettstisch saß, konnte man in Passau gegen die Regierenden in Bonn und später in Berlin wettern, die in ihren elitären Blasen nicht mehr zu wissen schienen, was das Volk in Wirklichkeit bewegte. Wegen des steigenden Andrangs hatte die CSU die Veranstaltung 1975 nach Passau verlegt.[6] Bis zu 7000 politische Schlachtenbummler aus ganz Deutschland zieht das Spektakel jedes Jahr an. Wenn die Dreiländerhalle um 8:30 Uhr geöffnet wird, fiebern vor den Toren bereits Tausende dem Spektakel entgegen. Drinnen stehen Bier und Berge von Fischsemmeln bereit. Um Punkt zehn Uhr ziehen die Matadore der CSU unter den Klängen des bayerischen Defiliermarsches und dem Jubel der Masse in die Halle ein. Einen »politischen Pavianhügel«, nennt die *Frankfurter Allgemeine Zeitung* die Passauer Kundgebung.[7] Als »größten Stammtisch der Welt« pflegt die Partei selbst ihre Traditionsveranstaltung zu bezeichnen.[8]

Aus Sicht der CSU verwirklicht sich hier der demokratische Populismus, den die bayerische Regionalpartei für sich in Anspruch nimmt. Er prägt ihre Rhetorik. Populismus in diesem Sinne heißt: nahe »beim Volk« sein, die Sprache »der Leute« sprechen; eine Sprache, die sich von den Zwängen politischer Korrektheit befreit und nicht jedes Wort im ätzenden Säurebad akademischer Inspektion reinigen muss. So soll die im Bierdunst dampfende Halle in jedem Jahr aufs Neue der Ort sein, an dem die CSU der ganzen Republik vor Augen führt, was eine wahre Volkspartei ist.

Die physische und sprachliche Nähe zu Wählerinnen und Wählern zu suchen, ist das Ziel jeder Politik, die sich in demokratischen Wahlen legitimieren muss. Im Ursprung der Demokratie war der zentrale Platz der griechischen Stadtgemeinde, der Polis, der Ort, an dem die Bürgerschaft im direkten Kontakt mit ihren gewählten Repräsentanten zum Hauptakteur des politischen Prozesses wurde. In den USA gehen Präsidenten bis heute bei Town-Hall-Meetings, die ihren Ursprung im Freiheitskampf des 18. Jahrhunderts haben, auf Tuchfühlung mit den Bürgern. Um der Abkehr weiter Teile der Bevölkerung von den demokratischen Parteien der Mitte entgegenzuwirken, suchen in der Gegenwart auch deutsche Politiker nach neuen Gesprächsformaten. In Sachsen verteilen sich Ministerpräsident Michael Kretschmer und seine Kabinettsmitglieder bei »Sachsengesprächen« in Kulturzentren, Bürgerhäusern und Stadttheatern auf verschiedene Räume, um in Kleingruppen über alles zu sprechen, was die Menschen bewegt – vom Lehrermangel bis zum Wolf, der im Biosphärenreservat Oberlausitz Moorschnucken reißt. »Nahe beim Volk« zu sein, bedeutet in diesem Sinne: Dialog mit den Bürgern, hautnahe Konfrontation mit Schicksalen, den Menschen zuzuhören und sich überraschenden Fragen zu stellen.

Der Aschermittwoch der CSU dagegen ist politischer Frontalunterricht. Die Größen der Partei sitzen an Ehrentischen im vorderen Bereich der Halle. Das Wort führt die Hierarchie auf dem großen Podium: Grußwort des örtlichen Landtagsabgeordneten, Eröffnung durch den CSU-Generalsekretär, dann die gut einstündige Rede des Parteivorsitzenden. Wie viel Volksnähe gelingt, bemisst sich hier am Jubel und dem bierseligen Johlen, zu dem er die Menge hinzureißen vermag. Seit den Zeiten von Franz Josef Strauß ist die Halle in Passau der Teststand, auf dem seine Nachfolger unter Beweis stellen müssen, dass sie die Parteibasis ebenso wie der Urvater der CSU mit ihrem politischen Geist zu beseelen vermögen.

»Wir sind und müssen eine Kampfpartei bleiben«,[9] hatte Strauß seinen Anhängern in den 80er Jahren zugerufen. Mit krachenden Fausthieben auf das Rednerpult schlug er den Takt seiner legendären Aschermittwochsreden und wetterte gegen sozialdemokratische und grüne »Rattenfänger«, denen es um den Umsturz von Staat und Gesellschaft gehe. In seiner letzten Aschermittwochsrede am 17. Februar 1988 forderte Strauß die Internierung von Aids-Kranken. Diese derbe Rhetorik ist bis heute die Messlatte, an der sich 28 Jahre später auch Horst Seehofer messen lassen musste.

Ein Privatdozent aus Köln

Die These von der »Herrschaft des Unrechts« erschien gerade provokant genug, um vor dem Aschermittwochstag 2016 für das nötige Vorglühen der Stimmung zu sorgen. Seehofers Sprecher Jürgen Fischer hätte den Satz bei der üblichen Durchsicht und Freigabe des Interviews mit der *Passauer Neuen Presse* streichen oder einordnende Hinweise einfügen können. Doch man war sich sicher, die Behauptung auch gegen zu erwartende Kritik verteidigen zu können. Schließlich war Seehofer nicht der erste, der den Satz mit Blick auf die Flüchtlingspolitik verwendet hatte. Es gab eine Quelle, und die schien es zu erlauben, die kühne Behauptung sogar rechtswissenschaftlich zu veredeln.

Wenige Wochen vor dem Aschermittwochstermin war in der Münchner Staatskanzlei ein Artikel in der Zeitschrift *Cicero* aufgefallen. Autor war der Kölner Staatsrechtsdozent *Ulrich Vosgerau*. Der Text trug die Überschrift »Herrschaft des Unrechts«. An der Grenze zwischen Bayern und Österreich finde seit Wochen ein »staatlich initiierter Rechtsbruch statt«, hieß es gleich im ersten Satz. »Die an der Grenze eingesetzten Polizisten betätigen sich auf Anweisung der Bundesregierung als Schleuser, und die Bundeskanzlerin steht an der Spitze eines organisierten Machtapparats, der täglich offenbar bis zu 10 000 Menschen illegal nach Deutschland bringt.« Der Text mündete in einen kulturkritischen Rundumschlag: »Politik und Medien«, schrieb Vosgerau, hätten durch »Propagandareden« eine »Veränderung des Rechtsgefühls politischer und medialer Eliten in diesem Lande« bewirkt.

Das zielte weit über die konkreten Regierungsentscheidungen in der Flüchtlingspolitik hinaus. Das eigentliche Angriffsziel des Artikels war Europa: Der Vorrang europäischer Normen und des Zusammenhalts in der EU, mit dem Angela Merkel ihre politischen Richtungsentscheidungen stets begründete, war für Vosgerau nur der Ausdruck einer destruktiven Ideologie. Das Europarecht habe sich »verselbständigt und zerstört den Rechts- und Verfassungsstaat«, schrieb der *Cicero*-Autor. Vosgerau bezeichnete die gängige Interpretation europarechtlicher Normen als »Meme«, Denkfiguren, die sich wie eine genetische Fehlentwicklung verbreiten und das Bewusstsein der Gesellschaft prägen. Mit der biologistischen Analogie verschob Vosgerau das argumentative Spielfeld: In der Auseinandersetzung um die Rechtmäßigkeit der Flüchtlingspolitik ging es nun nicht mehr darum, ob und wie geltendes Recht angewandt wird. Denn das Recht, dessen Bruch Vosgerau anprangerte, war in seinen Augen nur der Ausdruck einer von europagläubigen Medien und Politikern propagierten Ideologie. Der Artikel, der als juristischer Einspruch daherkam, war tatsächlich Teil eines viel weiter gefassten Kulturkampfs.

In der Zeitschrift *Cicero* fügte sich der Artikel ein in eine Agenda des Unmuts, die das *Magazin für politische Kultur* bereits das ganze Jahr 2015 über verfolgt hatte. Die Themen der Titelgeschichten waren die gleichen, mit denen auch die AfD die Unzufriedenheit der beunruhigten Mittelschicht anstachelte: »Die Abzocker« lautete der Titel, mit dem *Cicero* im Juli 2015 »das teure Versagen von ARD und

ZDF« anprangerte. Das Septemberheft zeichnete nach den Sommerferien das Bild eines Landes, das sich »Bräsigkeit und Selbstzufriedenheit« hingebe, von der Substanz lebe und den Reformbedarf angesichts einer »maroden Infrastruktur« negiere. Im Oktober schlug der Titel über »Die neue Völkerwanderung« den großen historischen Bogen von der Flucht- und Migrationskrise des Jahres 2015 zu südwärts ziehenden »germanischen Scharen«, die knapp 2000 Jahre zuvor den Niedergang des Römischen Imperiums herbeigeführt hätten: »Erst wir, jetzt sie«. Im November wusste die Zeitschrift, »Wie Merkel an der Flüchtlingskrise scheitert«. Im Dezember schließlich konstatierte *Cicero* mit Ulrich Vosgerau »Die Herrschaft des Unrechts«.

Der Schöpfer des Begriffs galt in der Fachwelt schon damals als exzentrischer und ideologisch überdrehter Außenseiter. Genau das aber machte Vosgerau im Herbst für solche Medien interessant, denen es vor allem darum ging, eine angeblich erlahmte Diskussionskultur aufzuputschen. In den Augen der *Cicero*-Redaktion befand sich Deutschland im Herbst 2015 in einer »Willkommenstrance«, »befeuert durch Leitmedien, die sich darin überschlugen, die neue deutsche Willkommenskultur abzufeiern«.[10] Einer wie Ulrich Vosgerau lieferte da das passende Gegengift – und es wirkte: Die *Cicero*-Veröffentlichung verschaffte dem Kölner Privatdozenten und seinen Thesen ungewohntes Gehör. »Ich empfehle mal den Artikel von Herrn Vosgerau ›Herrschaft des Unrechts‹ in Cicero«, sagte der CDU-Innenpolitiker Wolfgang Bosbach kurz nach dem Erscheinen im Deutschlandfunk, um seine Zweifel an der Rechtmäßigkeit der Regierungspolitik zu begründen.[11] Keine zwei Monate später war die Formel aus dem Munde von Horst Seehofer zur Tatsachenbehauptung in breiter Öffentlichkeit geworden.

Kritikern dienten Texte wie der von Vosgerau als Belege für den Vorwurf, die Zeitschrift *Cicero* habe in jener Zeit einen fragwürdigen Rechtsruck vollzogen und das Gedankengut kruder Nationalpopulisten auf die Sofatische ihrer bürgerlichen Leserschaft transportiert.[12] Auch der Redaktion selbst war der Autor Vosgerau binnen kurzem suspekt. Die Zeitschrift hat die Zusammenarbeit mit dem Juristen nach der Dezemberausgabe 2015 nicht mehr fortgesetzt. Zu unübersehbar war es, dass Vosgerau mit seiner steilen These nicht nur den bayerischen Ministerpräsidenten inspiriert hatte, sondern zum Stichwortgeber für die rechtspopulistische Bewegung geworden war. Dennoch sollte Vosgerau im Streit um Recht und Unrecht noch einmal eine Rolle spielen: 2018 benannte die AfD den Privatdozenten als Prozessvertreter für ihre Klage vor dem Bundesverfassungsgericht, mit der die CSU einst nur gedroht hatte.[13]

Ein Unfall

Cicero hatte das so natürlich nicht gewollt. Die Zeitschrift wollte nicht zum Stichwortgeber für die Rechtspopulisten werden. Mit der Veröffentlichung des Vosgerau-Textes wollte die Redaktion des Magazins eine Debatte anfeuern, einen Kontrapunkt in einem politischen Diskurs setzen, den sie für einseitig und verblendet hielt. Dass aber schrille Thesen wie die Behauptung von der »Herrschaft des Unrechts« in einer ohnehin schon aufgeheizten Stimmungslage ihr destruktives Eigenleben entfalten, hätte man indes ahnen können.

Genauso wenig hatte es Horst Seehofer im Sinn, dass er eine krude Anklage verbreitete, die ihm und seiner Partei später wie ein Bumerang von rechts außen um die Ohren fliegen sollte. Das Interview, das er nach der Moskaureise auf dem Franz-Josef-Strauß-Flughafen gab, sollte den Blick auf die Passauer Veranstaltung lenken. Journalisten aus dem ganzen Land sollten der großen Rede des Vorsitzenden gebannt lauschen und darauf warten, ob er den ungeheuerlichen Vorwurf wiederholen, begründen oder gar noch einmal steigern werde. Seehofer aber wollte offenbar die Situation nicht noch weiter eskalieren lassen. Im Gegenteil: Der Satz von der »Herrschaft des Unrechts« sollte in der Aschermittwochsrede nicht mehr im Mittelpunkt stehen. Vertraute des Ministerpräsidenten, die an der Planung der Veranstaltung beteiligt waren, erklären heute, Seehofer habe darauf gesetzt, dass sich die giftige Wirkung der Formel im allgemeinen Getöse der Dreiländerhalle verflüchtigen werde. Der CSU-Chef hätte den Vorwurf in seiner Rede gar relativiert oder abgemildert, wurde zu seiner Verteidigung kolportiert. So, wie das am Ende verstanden wurde, sei es jedenfalls nicht gemeint gewesen.

Die Aschermittwochsrede des CSU-Vorsitzenden aber, die den Satz von der »Herrschaft des Unrechts« übermalen sollte, wurde nie gehalten. Die Kommunikationsstrategie wurde von einem tragischen Unfall durchkreuzt.

Am Vortag des Aschermittwochs kam es unweit der oberbayerischen Stadt Rosenheim zu einem der schwersten Eisenbahnunglücke in Bayern seit vielen Jahren. Zwei Regionalzüge prallten frontal zusammen. Zwölf Menschen starben, 89 wurden zum Teil schwer verletzt. Wenige Stunden nach dem Unglück sagte zunächst die CSU ihre Aschermittwochsveranstaltung ab. Kurz darauf veröffentlichten auch

Grüne, SPD, Freie Wähler, Linke und FDP gleichlautende Entscheidungen. Der politische Aschermittwoch des Jahres 2016 fiel aus. Was blieb, war der Satz von der »Herrschaft des Unrechts«.

Das Eisenbahnunglück, das die Strategie des CSU-Chefs im Februar 2016 vereitelte, hätte sich überall in Bayern ereignen können. Die politischen Auswirkungen wären die gleichen gewesen. Und doch gibt es Verbindungslinien, zwischen dem Unfallort und dem Thema, das Horst Seehofer und seine Partei in dieser Zeit umtrieb.

Das Voralpenland um Rosenheim bietet ein bayerisches Panorama. Wie in der Modelleisenbahn im Keller von Horst Seehofers Wochenendhaus bildet es im Kleinen ab, was die bayerische Wirklichkeit im Großen prägt. Nur vordergründig entspricht die Gegend dem ikonischen Postkartenidyll von erhabenen Berggipfeln vor satten Wiesen, schmucken Bauernhöfen und zufriedenen CSU-Wählern in farbenfrohen Trachten. Tatsächlich werden gerade in und um Rosenheim nicht erst seit der Flucht- und Migrationskrise des Sommers 2015 auch die Risse und Brüche sichtbar, die sich zwischen der CSU und ihrem Wahlvolk auftun. Die Region ist wie eine Kulisse für das Drama der CSU, in dem die Krise 2015 nicht der erste Akt ist. Schon früher hatten andere in Rosenheim und seinem Umland infrage gestellt, ob die Verbundenheit der Regierungspartei mit der bayerischen Volksseele tatsächlich so unverbrüchlich ist, wie es die politischen Naturgesetze des Freistaats aus Sicht der CSU verlangen.

Der tragische Zusammenstoß vom 9. Februar 2016 ereignete sich genau auf halber Strecke zwischen den Bahnhöfen Bad Aibling und Kolbermoor. Die Orte sind industriell geprägt. Die Wohnhäuser in den engen Dörfern sind hier gerade einmal so groß wie ein paar Kilometer weiter im reicheren Chiemgau die »Austragshäusel«, in denen die Altbauern leben, wenn der Älteste den Hof übernommen hat. Am Rande der Orte stehen Fabrikanlagen mit Kraftwerken, deren Turbinen einst vom Strom des Mangfallkanals angetrieben wurden. Politisch war die Gegend immer wieder ein fruchtbarer Nährboden für rechtskonservative Bewegungen. In den späten 80er und 90er Jahren waren die Wahlbezirke um Rosenheim Hochburgen der nationalkonservativen Republikaner. Bei der Europawahl 1989 erreichte die von dem ehemaligen Journalisten des Bayerischen Rundfunks Franz Schönhuber gegründete Partei in Kolbermoor fast 30 Prozent der Stimmen. 1990 luden die Republikaner auf dem Höhepunkt ihrer politischen Erfolge zum Bundesparteitag nach Rosenheim. Die Stadt hatte damals eine hohe Arbeitslosenquote und im Verhältnis zur Bevölkerung auch die höchste Kriminalitätsrate Bayerns.[14]

Heute blüht die Region wirtschaftlich im Speckgürtel Münchens. Arbeitslosigkeit ist kein Thema mehr. Trotzdem sind Rosenheim und die umliegenden Gemeinden auch heute wieder zu einer Problemzone für die CSU geworden. Wieder wird der Partei von Franz Josef Strauß hier vor Augen geführt, wie rechts von ihr eine andere Partei an Stärke gewinnt. Bei der Bundestagswahl 2017 wurde die AfD im Wahlkreis Rosenheim mit 13 Prozent noch vor der SPD zur zweitstärksten politischen Kraft. Wenige Tage vor der Wahl war Angela Merkel bei einem Auftritt auf dem Rosenheimer Max-Josefs-Platz von wütenden Demonstranten ausgepfiffen worden wie davor nur in den AfD-Hochburgen in den östlichen Bundesländern. Rosenheim war der Ort, an dem sich Merkel auf ihrer Redentour geografisch am nächsten dem Thema angenähert hatte, das den Wahlkampf am Ende stärker bestimmte, als es die Parteistrategen der CDU geplant hatten: der Flüchtlingskrise und den umstrittenen Entscheidungen des Sommers 2015. Damals war der Bahnhof von Rosenheim über Wochen im Mittelpunkt der Medienberichterstattung gestanden. Hunderte und auf dem Höhepunkt Tausende Menschen waren hier jeden Tag mit Zügen aus Innsbruck und Salzburg in Deutschland angekommen und von überforderten Beamten der Bundespolizei in provisorische Schutzzelte am Rande der Gleise geführt worden. Es waren die Tage, in denen gerade hier nach den Worten des bayerischen Ministerpräsidenten die »Herrschaft des Unrechts« ihren Lauf nahm.

Kapitel 2: Offene Grenzen

Reinhard Tomm, der Leiter der Bundespolizeiinspektion Rosenheim, hatte schon am 20. Februar 2015 Alarm geschlagen: Im vergangenen Jahr 2014 habe man im südlichen Grenzbereich, für den seine Beamten zuständig waren, 9400 »unerlaubte Grenzübertritte« festgestellt, ließ Tomm in einer Pressemitteilung[1] verkünden. »Das sind mehr als doppelt so viele wie 2013 und mehr als viermal so viele wie noch 2012.« Die Inspektion sei »extrem gefordert«, hieß es in der Erklärung. Zugleich ahnte der Chef der Rosenheimer Bundespolizei, dass das neue Jahr ihm und seinen Leuten keine Entspannung bringen würde: »Die Verkehrswege des deutsch-österreichischen Grenzraums werden weiterhin in außerordentlich hohem Maß von unerlaubten Einreisen und Schleusungen geprägt sein«, stellte der Polizeidirektor in nüchternem Beamtendeutsch fest.

Ein halbes Jahr später registrierten die Bundespolizisten allein in einem Monat mehr Ankünfte als im gesamten Vorjahr. 9600 Menschen kamen im August im Bereich der Rosenheimer Bundespolizeidirektion zwischen Chiemsee- und Zugspitzregion als Schutzsuchende über die deutsch-österreichische Grenze. Wenig später sollte sogar die Zahl derer, die an einzelnen Tagen im Süden Bayerns ankamen, noch darüber liegen. Anfang September waren es schätzungsweise 20 000 Menschen an einem einzigen Wochenende. Wie viele es genau waren, kann bis heute niemand sagen. Die Behörden hatten es auf dem Höhepunkt der Krise aufgegeben, die Ankommenden zu registrieren.

Irgendwo in diesen Monaten zwischen dem Beginn des Jahres und dem September 2015 soll der Moment liegen, an dem das Unrecht die Herrschaft übernommen habe, die rechtliche Ordnung in einen Zustand rechtswidriger Unordnung umschlug oder gar das Recht durch Handeln der Regierenden gebrochen wurde. Oder war es ein Nichthandeln, dass den Vorwurf des Rechtsbruchs begründet?

Die These, die Flüchtlingspolitik der Bundesregierung habe gegen geltendes Recht verstoßen, oszilliert zwischen alledem. Mal ist es die Entscheidung der Kanzlerin, »die Grenzen zu öffnen«. Mal ist es ein angeblicher »Geheimbefehl« des Innenministers an die Bundespolizei, alle Asylbewerber ungeprüft ins Land zu lassen. Die einen sehen in der Weigerung, Schutzsuchende an den Grenzen notfalls auch mit Gewalt zurückzuweisen, einen Verstoß gegen rechtliche Normen. Andere wiederum meinen, bloßes Nichtstun der Regierung habe das Recht in einem schleichenden Prozess aufgeweicht und schließlich zum offenen Rechtsbruch geführt. Manche schließlich betrachteten erschrocken die Unordnung, die an den Grenzen ihres ansonsten so ordentlichen Landes eingekehrt war und fanden, was nicht in Ordnung sei, könne auch nicht rechtens sein.

Dass etwas aus der Ordnung (oder was man für geordnet gehalten hatte) geraten war, wurde seit der Jahreswende 2015/16 in ganz Deutschland unübersehbar. In Schulen fiel der Sportunterricht aus, weil Turnhallen zu provisorischen Flüchtlingsunterkünften umfunktioniert wurden. Das Bundesamt für Migration und Flüchtlinge, das in den vorangegangenen Jahren einen drastischen Personalabbau erfahren hatte, kam mit der Bearbeitung von Asylanträgen nicht mehr nach. Kommunen ächzten unter den finanziellen Lasten, die sie für Unterbringung und Verpflegung von Flüchtlingen aufbringen mussten. Der Bund versuchte, die Not mit Milliardentransfers in die Landeshaushalte zu lindern. Politiker versprachen, Asylverfahren zu beschleunigen, um diejenigen, die keine Aussicht auf einen Schutzstatus hatten, schneller abschieben zu können.

All das aber änderte nichts daran, dass die Zahl der neu ankommenden Menschen Monat für Monat weiter stieg. Kurierte der Staat also lediglich an Symptomen eines Problems herum, ohne seine Ursachen ernsthaft in den Blick zu nehmen? Durfte der Staat, der selbst an die Grenzen seiner Leistungsfähigkeit kam, es gleichzeitig zulassen, dass an seinen geografischen Grenzen immer neue Menschen ins Land strömten? In welcher Verfassung muss ein Staat sein, der das geschehen lässt?

Abschottung

Ein Blick in den Verfassungstext scheint eine eindeutige Antwort zu geben: Artikel 16 a Grundgesetz garantiert zwar das Grundrecht auf politisches Asyl. Gleich im zweiten Absatz aber heißt es scheinbar unmissverständlich: »Auf Absatz 1 kann sich nicht berufen, wer aus einem Mitgliedstaat der Europäischen Gemeinschaften oder aus einem anderen Drittstaat einreist, in dem die Anwendung des Abkommens über die Rechtsstellung der Flüchtlinge und der Konvention zum Schutze der Menschenrechte und Grundfreiheiten sichergestellt ist.« Nimmt man diese Regelung beim Wort, ist es faktisch ausgeschlossen, auf dem Landweg einen Asylanspruch in Deutschland zu erlangen – denn alle Nachbarländer sind Mitglieder der Europäischen Union oder sichere Drittstaaten im Sinne der Verfassung.

Diese Fassung des Asylgrundrechts gilt seit 1993. Sie war die Antwort des Gesetzgebers auf eine Krise, die in vieler Hinsicht der des Jahres 2015 zu ähneln scheint. Nach dem Fall des Eisernen Vorhangs in Europa war es Anfang der 90er Jahre zu massiven Flucht- und Migrationsbewegungen aus den Ländern der ehemaligen Sowjetunion gekommen. Dramatisch wurde die Entwicklung schließlich durch die Balkankriege ab 1991. In den Jahren nach 1989 vervierfachte sich die Zahl der in Deutschland jährlich neu registrierten Asylsuchenden und stieg auf knapp 440 000 im Jahr 1992. Fast drei Viertel der Menschen kamen aus Europa. Nur ein Bruchteil von ihnen erhielt politisches Asyl im Sinne des damals noch knapp gefassten Artikels 16 Grundgesetz, der das Grundrecht ohne jede Relativierung garantierte. Darüber hinaus aber konnten sich Menschen, die religiöser Verfolgung oder der Drohung durch unmenschliche Behandlung ausgesetzt sind, schon seit Ende der 60er Jahre auf einen erweiterten Schutz berufen, den ihnen die Genfer Flüchtlingskonvention, 1967 ergänzt durch das »Protokoll über die Rechtsstellung von Flüchtlingen«, gewährt. Seitdem genügt der Blick in das Grundgesetz allein nicht mehr, um zu erfassen, wer alles in der Bundesrepublik einen asylgleichen Schutzstatus erhalten kann. Das Grundgesetz war von Beginn an als völkerrechtsfreundliche Verfassung angelegt. Internationale Abkommen wie die Genfer Flüchtlingskonvention wurden damit Teil der verfassungsmäßigen Ordnung in Deutschland und geltendes Recht.

Breiter als die humanitären Zugangswege waren lange die Tore, die das Staatsangehörigkeitsrecht nach Deutschland geöffnet hatte – und auch darüber kamen Ende der 80er und Anfang der 90er Jahre Hunderttausende neu ins Land. Das damals noch ganz und gar auf die Abstammung gegründete Staatsangehörigkeitsrecht gewährte sogenannten »deutschen Volkszugehörigen« in den ehemaligen Reichsgebieten östlich der Oder-Neiße-Linie sowie in Siedlungsgebieten der einstigen Ostblockländer einen Rechtsanspruch auf Einbürgerung in der Bundesrepublik. Allein 1990 waren es etwa 400 000 Menschen, die auf diesem Weg nach Deutschland kamen, fast genauso viele, wie im gleichen Zeitraum als Asylsuchende registriert wurden.[2] Hinzu kam in vielen westlichen Teilen des Landes die Binnenmigration aus den neuen Bundesländern im Osten. Insgesamt zogen allein zwischen 1988 und 1992 vier Millionen Menschen in die Bundesrepublik Deutschland zu. Der Anteil der Ausländer stieg in dieser Zeit von vier auf 7,3 Millionen an. Gut 14 Prozent der deutschen Bevölkerung war zum Ende des Jahrtausends nicht in Deutschland geboren.[3] Trotzdem dominierte in der Politik nach wie vor die Behauptung, Deutschland sei kein Einwanderungsland. Der Widerspruch zur Lebenswirklichkeit aber wurde immer offenkundiger.

Die Migrationsbewegungen und gesellschaftlichen Veränderungen der späten 80er und 90er Jahre gingen mit sozialen Spannungen und Herausforderungen einher. Die Gesellschaft des gerade wiedervereinten Landes zeigte Risse. Das Bild der glücklichen Deutschen, die sich auf der Berliner Mauer und an geöffneten Grenzübergängen in den Armen lagen, wurde überlagert von der hässlichen Fratze eines gewalttätigen Rassismus und einem steigenden Zulauf zu rechtsextremen Parteien. Zwischen September 1991 und

Mai 1993 kam es in Hoyerswerda, Rostock-Lichtenhagen und Mölln zu mörderischen Anschlägen und Ausschreitungen gegen Ausländer. In Baden-Württemberg, Bremen und Schleswig-Holstein zogen Republikaner und die DVU mit Stimmenanteilen zwischen sechs und knapp elf Prozent in die Landtage ein.

Die Politik reagierte darauf mit einer beispiellosen Verschärfung des Asylrechts. Nach einer harten innerparteilichen Diskussion vollzog die SPD auf einem Sonderparteitag im November 1992 die »Petersberger Wende« und erklärte sich bereit, einer Änderung des Asylgrundrechts zur nötigen Zweidrittelmehrheit in Bundestag und Bundesrat zu verhelfen. Zum Kompromiss, auf den sich die Sozialdemokraten einließen, gehörte zunächst noch die Forderung, eine Verengung des Asylrechts mit einem modernen Einwanderungsrecht zu verbinden. Tatsächlich kam es in der Folge nur zu marginalen Lockerungen des Abstammungsprinzips im Staatsangehörigkeitsrecht sowie zu Einschränkungen der Aufnahme von »Spätaussiedlern«.[4] Asylrecht, Migrationssteuerung und Staatsangehörigkeitsrecht aber waren seit dem Asylkompromiss ein politisch verbundenes Themenfeld. In welchem Maß es auch zu einem politischen Schlachtfeld geworden war, wurde bei der Abstimmung über die Grundgesetzänderung am 26. Mai 1993 spektakulär sichtbar: Zehntausend Demonstranten hatten das Bonner Regierungsviertel in einen Belagerungszustand versetzt. Die Zufahrtsstraßen zum provisorischen Sitz des Bundestags im alten Wasserwerk am Rhein waren blockiert. Hunderte Abgeordnete mussten mit Polizeihubschraubern und Schiffen ins Parlament gebracht werden.

Die Grundgesetzänderung ersetzte den einstmals schlanken Artikel 16 durch ein sprachliches Ungetüm. Im neuen

Artikel 16a bildete der Satz »Politisch Verfolgte genießen Asylrecht« als Absatz 1 nun nur noch den Ausgangspunkt für die verfassungsrechtliche Zementierung eines politischen Kompromisses in insgesamt fünf Absätzen. Der Umfang der Asylregelung war dadurch um mehr als das Sechzigfache gestiegen. Details künftiger Asylverfahren, die man normalerweise in einfachen Gesetzen erwarten würde, wurden in den Rang von Verfassungsnormen erhoben, die fortan nur noch mit Zweidrittelmehrheit geändert werden konnten. Das Grundrecht sei zu einem »Gesetzbuch im Kleinformat« gemacht worden, kritisierte damals der ehemalige Verfassungsrichter Dieter Grimm.[5]

Der Kern des neuen Asylkonzepts war jene Drittstaatenregelung, die Deutschland faktisch zu einer Insel machte, auf der Asyl nur noch beanspruchen konnte, wem auf dem Luftweg die direkte Flucht aus seinem Herkunftsland auf einen deutschen Flughafen gelang.

Schengen und Dublin

Der Asylkompromiss von 1993 hatte ein doppeltes Gesicht: Einerseits war er Ausdruck eines deutschen Abschottungs- und Abwehrstrebens. Zugleich aber stand er politisch und rechtlich in unmittelbarem Zusammenhang mit der europäischen Öffnungsdynamik, die zwei Jahre später zum Wegfall der Binnengrenzen im Zentrum Europas führte. Diese Ambivalenz von Öffnung und Schließung kennzeichnet Europa bis heute.

In dem luxemburgischen Ort Schengen hatten Belgien, Deutschland, Frankreich, Luxemburg und die Niederlande schon 1985 den Prozess in Gang gesetzt, der die Vision eines grenzenlosen Europas verwirklichen sollte. Es war der Traum, der Anfang der 50er Jahre am Beginn der europäischen Einigung stand. Damals hatten begeisterte Jugendliche an der deutsch-französischen Grenze die Schlagbäume weggerissen. In Schengen unterschrieben Helmut Kohl, François Mitterrand und ihre Kollegen aus den Beneluxländern nun das Abkommen, das den tatsächlichen Abbau aller Grenzkontrollen einleitete.

Die beteiligten Staaten gaben auf, was bis dahin in der hergebrachten Juristenlehre als Wesenskern von Staatlichkeit schlechthin angesehen wurde: die Kontrolle darüber, wer in ein Staatsgebiet ein- und ausreist. Erst innerhalb kontrollierter Grenzen nahm demnach ein ansonsten amorphes Herrschaftsgebiet die stabile Gestalt eines Staates an. Schlagbäume, Zäune, uniformierte und bewaffnete Grenzbeamte an den Staatsgrenzen waren nicht nur dazu da, die Einhaltung von Einreisevorschriften zu gewährleisten und Zölle zu kassieren. Ihr pures Dasein machte deutlich: Hier beginnt nicht irgendein Niemandsland, hier ist ein Staat!

Mit dem Wegfall kontrollierter Binnengrenzen hatten sich in der Mitte Europas zwar nicht die Staaten aufgelöst, wohl aber die sichtbare und exklusive Verknüpfung von Staatsgebiet und Staatsgewalt. Die Gründergeneration Europas hatte das einst genau so gewollt. Ihr war es darum gegangen, die traditionellen Nationalstaaten und ihre Konflikte, die sich an ihren Grenzen immer wieder blutig entzündet hatten, in einem vereinten Europa hinter sich zu lassen.

Erst viel später, in der Flucht- und Migrationskrise des 21. Jahrhunderts, sollte sich zeigen, dass dieser grundlegende Wandel des Staatsverständnisses auch in den politischen, akademischen und medialen Eliten noch längst nicht so akzeptiert und verinnerlicht war, wie man das lange glauben wollte. »Zu einem Staat gehören wesensgemäß Staatsgebiet, Staatsvolk, Staatsregierung«, wiederholte der ehemalige CDU-Verteidigungsminister *Rupert Scholz* auf dem Höhepunkt der Krise im Herbst 2015 den klassischen Dreisatz, den er als Staatsrechtsprofessor an der Universität München einst Generationen von Juristen eingetrichtert hatte. »Staatsgebiet ist definiert durch Grenzhoheit. Wenn ein Staat seine Grenzen aufgibt, gibt er ein Stück seiner Staatlichkeit insgesamt auf«, geißelte Scholz die Politik der Bundesregierung.[6]

Tatsächlich aber hatten die Vertragsstaaten des Schengener Abkommens einen wesentlichen Teil dessen, was bis dahin ihre Souveränität ausgemacht hatte, längst auf die europäische Ebene übertragen. Das löste schon ab Mitte der 80er Jahre einen umfangreichen Regelungs- und Harmonisierungsbedarf aus. Ganz besonders betraf er die Rechtsgebiete, die bis dahin auch in der Europäischen Gemeinschaft stets Kernbestand nationalstaatlicher Kompetenzen geblieben waren, nämlich das Einwanderungs- und Asylrecht. Mit dem Verzicht auf die Kontrolle über Ein- und Ausreisen an den Binnengrenzen war es nun erforderlich, gemeinsame Standards und Verfahren in der Asyl- und Migrationspolitik zu definieren.

Dazu schlossen zunächst die Schengen-Staaten 1990 einen weiteren Vertrag, das Schengener Durchführungsabkommen, auch Schengen II genannt. Sodann bezog man bei einem Gipfeltreffen im gleichen Jahr in Dublin die Mittelmeeranrainer Italien, Griechenland, Spanien, Portugal sowie das Vereinigte Königreich und Irland ein. Mit diesem ersten Vertrag von Dublin war die bis heute geltende Grundlage eines europäischen Asylsystems gelegt.

Sein wichtigstes Element war das *One-State-Only*-Prinzip: Nur in einem Vertragsstaat sollten Schutzsuchende den Anspruch auf ein Asylverfahren haben, und dies sollte regelmäßig der Staat sein, in dem sie erstmals den Boden des grenzenlosen Raumes in Mitteleuropa betreten haben. Zweierlei sollte damit ausgeschlossen werden: erstens ein *»Asylum Shopping«* – die Möglichkeit für Flüchtlinge, in mehreren Ländern Asylanträge zu stellen und sich dann selbst das Land auszuwählen, in dem man sich die besten Chancen erhoffte. Zweitens wollte man verhindern, das Schutzsuchende hilflos durch Europa irren und sich kein Land für sie zuständig fühlt – *»Refugees in Orbit«*. In den folgenden Jahren wurde das Dubliner Abkommen, das zunächst als völkerrechtlicher Vertrag geschlossen war, als Dublin-II- und Dublin-III-Verordnung in das Recht der Europäischen Union integriert.

Bis zur vollständigen Umsetzung des Schengener Abkommens dauerte es nicht weniger als zehn Jahre. Erst am 26. März 1995 endeten zwischen den sieben Vertragsstaaten die letzten, am Ende nur noch sporadischen Grenzkontrollen. Ehemalige Grenzschutzgebäude an Landstraßen und Autobahnen verwaisten und wurden schließlich vollständig abgebaut. Für niemanden musste ab diesem Moment mehr eine Grenze geöffnet werden. Die Grenzen in der Mitte Europas waren offen – für alle. Wo einst uniformierte Beamte Personendaten mit polizeilichen Datensystemen abgeglichen und Schlagbäume gehoben oder gesenkt hatten, brauste man nun wie an Ortseinfahrten an Schildern vorbei, die signalisierten, dass man soeben nach Frankreich, Spanien oder Deutschland eingereist war. Wer sich heute nicht aus eigener Erfahrung daran erinnert, wie das früher einmal gewesen war, muss mit Besuchern aus anderen Kontinenten durch dieses scheinbar grenzenlose Europa reisen, um durch ihr Staunen daran erinnert zu werden, wie ungewöhnlich das ist.

Offene Binnengrenzen, geschlossene Außengrenzen

Die euphorische Rede vom Raum ohne Grenzen beschrieb nur einen Teil der europäischen Wirklichkeit. Auch die andere Seite der Medaille war in Deutschland zunächst noch lange sichtbar. Denn die Bundesrepublik kam nicht sofort in die vermeintlich bequeme Mittellage, in der sie sich heute im Zentrum des erweiterten Schengen-Raums befindet. Bis zur EU-Osterweiterung 2004 war Deutschland selbst noch ein Außengrenzenstaat der EU. In den Verhandlungen über die Wiedervereinigung war das Versprechen der Bundesregierung, einen effektiven Grenzschutz zu gewährleisten, zunächst noch die Voraussetzung dafür gewesen, die Regeln des europäischen Binnenmarkts schnell auch auf das Gebiet der ehemaligen DDR übertragen zu können.[7] Bis dahin hatte sich die Regierung Kohl noch aus ureigenem Interesse stets dafür eingesetzt, Fragen des Grenzschutzes und der Migrationssteuerung in einer europäischen Gesamtverantwortung und nicht nur national zu regeln.[8]

Als schließlich die Grenzkontrollen innerhalb der EU wegfielen, stand zumindest jenen, die hinsehen wollten, in Deutschland ganz unmittelbar vor Augen, wie die Kehrseite des grenzenlosen Freiraums aussah, der sich nach Westen erstreckte: Die 1264 Kilometer lange Ostgrenze zu Polen und Tschechien war damals die Außengrenze der EU, die am aufwändigsten gesichert wurde. Knapp 6000 Grenzschutzpolizisten waren mit Hubschraubern, Patrouillenbooten und Wärmebildkameras Tag und Nacht gegen Migranten und Schleusergruppen im Einsatz.

Das Grenzschutzregime wurde ergänzt durch eine Politik bilateraler Rücknahmeabkommen, die im Rückblick wie eine Blaupause für die Grenz- und Migrationspolitik der EU der Gegenwart wirkt: Die Verpflichtung der Nachbarn, eigene Staatsangehörige und Drittstaatler, die keinen Schutzstatus in Deutschland erhielten, zurückzunehmen, wurde mit großzügigen Finanzhilfen erkauft. 120 Millionen DM zahlte die Bundesrepublik Polen in den Jahren 1993 und 1994 für die Unterbringung zurückgewiesener Migranten und Grenzsicherungsmaßnahmen. Ähnliche Abkommen schloss man mit Tschechien und Rumänien.[9]

Die Abschottung wirkte. 2004 hatte die Zahl der jährlichen Asylanträge in Deutschland bereits einen Tiefstand von knapp 43 000 erreicht. Nachdem auch Polen und Tschechien schließlich EU-Mitglieder wurden und die Außengrenze nach Osten verschoben war, sank die Zahl noch weiter bis unter 30 000. Erst jetzt profitierte Deutschland von seiner geografischen Lage im Zentrum Europas, und der Asylkompromiss von 1993 konnte seine volle Wirkung entfalten. Das »Asylproblem« schien fast vollständig externalisiert und in die neuen Außengrenzenländer verlagert worden zu sein. Auch die einst ausgesprochen integrationsfreundliche Haltung der Bundesregierung auf europäischer Ebene hatte sich inzwischen gewandelt. Auf Betreiben der Bundesregierung hatte der Europäische Rat Fragen des Asyl- und Migrationsrechts im Vertrag von Amsterdam dem Einstimmigkeitsprinzip unterworfen.[10] Deutschland –

aber auch jeder andere Mitgliedstaat – konnte seitdem jede Entscheidung mit einem Veto blockieren. Das sollte sich rächen. Denn der Ausbau des gemeinsamen Asylsystems, auf den die Bundesregierung in der Krise von 2015 wieder drängen sollte, entwickelte sich nur schleppend weiter.

Mit den Dublin-Verträgen waren lediglich Fundamente und Eckpfeiler eines umfassenden Gesamtsystems errichtet worden. Der lange Prozess, in dem es weiter ausgebaut und vervollständigt werden sollte, ist mit weiteren Ortsmarken verbunden: Im finnischen Tampere verständigte sich ein EU-Gipfel 1999 auf ein Programm, mit dem Verfahrensstandards, rechtsstaatliche Garantien und die Entwicklungszusammenarbeit mit den wichtigsten Ursprungsländern der damaligen Flucht- und Migrationsbewegungen verstärkt werden sollten. Nach den Terroranschlägen vom 11. September 2001 wurden die humanitären und menschenrechtlichen Aspekte von einer verschärften Sicherheitsdogmatik und dem Kampf gegen den Terrorismus überlagert. Das schlug sich in der nächsten Ausbaustufe des Asylsystems nieder. Im Haager Programm von 2004 wurden unter anderem die europäische Grenzschutzagentur FRONTEX und neue Instrumente zum Datenaustausch eingeführt. Wo es um Sicherheit und die reine Abwehr unerwünschter Migration ging, schloss sich Europa zusammen. Wo es aber um eine auf gemeinsamen Kriterien beruhende Steuerung der Migration ging, tat sich die Gemeinschaft schwer. Oft war das Ziel einer europäischen Migrationspolitik vor allem die Ausrede für nationale Regierungen, sich unbequeme Fragen vom Leib zu halten, indem man sie nach »Brüssel« delegierte. Eine umfassende und konsequente Europäisierung der Politik hat man vermieden, denn sie hätte eine von den Staaten nicht gewollte Machtverschiebung von den nationalen zu den europäischen Institutionen bedeutet.[11]

In wichtigen Punkten blieb die europäische Asylharmonisierung deshalb weit hinter den Zielen und Erwartungen der Programme von Tampere und Den Haag zurück. So gelang es zum Beispiel wegen des von Deutschland einst erwirkten Einstimmigkeitserfordernisses nicht, eine Einigung über europäische Listen sicherer Herkunftsstaaten zu erzielen. Der eigentliche Plan, das 1993 bereits im Grundgesetz verankerte Drittstaatenkonzept zu europäisieren, ist bis heute nicht verwirklicht.

Im Falle eines Massenzustroms

Seit langem sollte das europäische Asylsystem auch für Situationen wie diejenige eine Lösung bieten, mit der man im Sommer 2015 konfrontiert war. Die Erfahrungen im Zusammenhang mit den Balkankriegen hatten gelehrt, dass es gerade nach dem Ende des Kalten Krieges Mitten in Europa oder seiner Nachbarschaft wieder zu Kriegen kommen konnte, die dramatische Fluchtbewegungen auslösen. Anfang der 90er Jahre hatte Deutschland etwa 350 000 Menschen aus dem zerfallenen Jugoslawien aufgenommen, die meisten von ihnen Muslime aus Bosnien-Herzegowina. Das waren mehr als doppelt so viele wie in allen anderen Staaten der EU zusammen.[12]

Da sie als reine Kriegsflüchtlinge überwiegend nicht in die klassischen Schutzkategorien des Asylgrundrechts oder der Genfer Flüchtlingskonvention passten, hatte man für sie eine Sonderregelung aktiviert, die man im Rahmen des

Asylkompromisses 1993 auf Forderung der Sozialdemokraten in § 32 a des Ausländergesetzes aufgenommen hatte. Die Klausel erlaubte es, Kriegsflüchtlingen einen befristeten Aufenthaltsstatus zu gewähren. Sie durften keine Asylanträge stellen, der Schutzstatus sollte auf die Dauer des Krieges beschränkt sein.[13] Tatsächlich kehrten viele wieder freiwillig in ihre Heimat zurück. Andere wurden abgeschoben. Ende 2001 waren nur noch weniger als 20 000 Kriegsflüchtlinge und Vertriebene aus Bosnien in Deutschland.[14]

Das in Dublin begründete europäische Asylsystem war auch nach mehr als zehn Jahren für eine vergleichbare Situation nicht gerüstet. Es war ein unvollendetes Regelwerk für bessere Zeiten, in denen sich die Zahl der an den Außengrenzen ankommenden Menschen in einem überschaubaren Rahmen bewegt. Dass Italien notorisch darüber klagte, als das am meisten betroffene Land mit dem Schutz der Außengrenzen und der Versorgung der an seinen Küsten landenden Flüchtlinge allein gelassen zu werden, nahm man hin. Dafür drückte man ein Auge zu, wenn deutsche Menschenrechtsaktivisten wie der Cap-Anamur-Chef Elias Bierdel in Italien mit hanebüchener Anklage als kriminelle Schleuser vor Gericht gestellt wurden oder die italienische Marine Flüchtlingsboote mit Schüssen abdrängte.[15]

Den politischen Akteuren aber war durchaus bewusst, dass die bis dahin funktionierenden Elemente des gemeinsamen Asylsystems an ihre Grenzen stoßen, wenn sich die Zahl der Schutzsuchenden einmal dramatisch erhöhen würde. Die Konsequenz aus dieser Erkenntnis sollte eine Richtlinie mit der Bezeichnung 2001/55/EG sein, die der Europäische Rat im Juli 2001 erließ. Sie wurde unter dem Namen »Massenzustrom-Richtlinie« bekannt. Darin wurden Verfahren und »Mindestnormen für die Gewährung vorübergehenden Schutzes im Fall eines Massenzustroms von Vertriebenen« – so der offizielle Untertitel – vereinbart. Im Falle von kriegs- oder vertreibungsbedingten Fluchtwellen sollte es so ermöglicht werden, einer außergewöhnlich hohen Zahl von Menschen kurzfristig und ohne aufwändige Anerkennungsverfahren Zuflucht und eine soziale Absicherung in Europa zu gewähren. Voraussetzung dafür war ein Mehrheitsbeschluss des Rates, mit dem der Fall eines »Massenzustroms« festgestellt wird. Dann – so das ursprüngliche Ziel – sollte ein europäischer Solidaritätsmechanismus in Gang gesetzt werden, der eine faire Lastenteilung bei einer zeitlich begrenzten Aufnahme und Versorgung der Flüchtlinge mit sich bringt.[16]

Die EU-Kommission und auch das EU-Parlament hatten genau definiert, was damit gemeint war. Sogar der Untertitel der Richtlinie wies ausdrücklich darauf hin: eine »Verteilung« der Ankommenden auf die Mitgliedstaaten. Doch hier schieden sich schon 2001 die europäischen Geister. Für den von der Kommission vorgeschlagenen Verteilungsmechanismus mit festen Aufnahmequoten ließ sich die erforderliche Einstimmigkeit im Rat nicht herstellen. Der Notfallplan wurde daher ohne seinen inhaltlichen Kern verabschiedet: Ob und in welchem Umfang die einzelnen EU-Staaten in einer künftigen Fluchtkrise tatsächlich Menschen aufnehmen, sollte jedem einzelnen Land selbst überlassen bleiben. Die Richtlinie lief damit schon bei ihrer Verabschiedung absehbar ins Leere.[17]

Als 2015 genau die Situation eingetreten war, für die man 2001 eigentlich Vorsorge treffen wollte, erinnerte man sich zwar durchaus an die Massenzustrom-Richtlinie. Aber es gab keinen ernsthaften Versuch mehr, den Rat zu einer Aktivierung des Mechanismus zu bewegen. Schon im Frühjahr war klar geworden, dass es nach wie vor kein Einvernehmen über eine solidarische Verteilung von Flüchtlingen in Europa geben würde. Dabei wurde nun immer deutlicher, dass genau das Szenario auf Europa zukam, auf das es sich mit der Richtlinie eigentlich vorbereiten wollte.

Die Krise spitzt sich zu

In den frühen Morgenstunden des 19. April 2015 kenterte etwa 70 Seemeilen vor der libyschen Küste ein mit Menschen überfrachteter Fischkutter. Schätzungsweise 800 Menschen ertranken 180 Kilometer vor den Küsten Europas. Das Unglück war kein Einzelfall, doch die hohe Zahl der Opfer löste eine Schockwelle aus.[18] Vier Tage später trafen sich die 28 Staats- und Regierungschefs der EU zu einem Sondergipfel in Brüssel. Das Treffen begann mit einer Schweigeminute. Dann folgten wortreiche Bekenntnisse der Teilnehmer: »Es geht jetzt darum, Menschenleben zu retten«, erklärte einer nach dem anderen. Die Mittel für die EU-Grenzschutz- und Rettungsmission Triton wurden aufgestockt.[19]

Nach der Demonstration gemeinsamer Trauer und Appellen an humanitäre Werte aber war es mit der Einigkeit schnell vorbei. Als man sich nur wenige Wochen später zum nächsten turnusmäßigen Gipfel in Brüssel traf, forderte Italiens Ministerpräsident Matteo Renzi, 40 000 Menschen aus Griechenland und Italien sowie weitere 20 000 direkt aus den Flüchtlingslagern um Syrien in Europa zu verteilen. Kommissionspräsident Jean-Claude Juncker erneuerte den Vorschlag eines Quotensystems. Angela

Merkel und der französische Präsident François Hollande unterstützten den Plan. Doch sie stießen auf vehementen Widerspruch Ungarns, Polens, Tschechiens und der Slowakei sowie der baltischen Staaten. Auch Ratspräsident Donald Tusk wollte allenfalls freiwillige Vereinbarungen akzeptieren. Die nächtliche Diskussion wurde emotional. »Ihr verdient es nicht, Europäer genannt zu werden«, rief Matteo Renzi seinen Kollegen aus Mittel- und Osteuropa frustriert zu.[20]

Die Spaltung Europas, für die später allein die deutsche Kanzlerin wegen ihrer Entscheidung im September 2015 verantwortlich gemacht wurde, lag schon in diesem Moment offen zutage. Die Ost-West-Kluft in der Flüchtlingspolitik verlief quer zu jener, die bis dahin auch die Diskussionen des Rates dominierte: zur Nord-Süd-Spaltung in der Euro- und Finanzkrise. Ausgerechnet Angela Merkel, die in Griechenland bis dahin als Zuchtmeisterin einer erbarmungslosen Austeritätspolitik verschrien war, wurde in der Flüchtlingspolitik zur Schutzpatronin des neuen Ministerpräsidenten Alexis Tsipras, der händeringend europäische Solidarität bei der Aufnahme von Flüchtlingen forderte.

Auch auf dem Juni-Gipfel in Brüssel stand noch die Debatte über die Griechenland-Hilfen sowohl bei den Staats- und Regierungschefs als auch in der Medienberichterstattung an erster Stelle der Agenden. Doch war es bereits absehbar, dass die Prioritäten sich verschieben würden. Die Flüchtlingskrise sei »die größte Herausforderung, die ich jedenfalls in meiner Amtszeit bezüglich der Europäischen Union gesehen habe«, erklärte Angela Merkel am Ende des Brüsseler Treffens. Nur ein »kleiner Schritt voran« sei dabei gegangen worden, klagte die Kanzlerin und forderte: »Es werden weitere Schritte folgen müssen.«[21]

Zu diesem Zeitpunkt – im Frühsommer 2015 – stammte die größte Gruppe der in Deutschland ankommenden Menschen noch aus den Staaten des Westbalkans. Bis weit über die Hälfte der monatlich gezählten Asylanträge wurde bis dahin von Bürgerinnen und Bürgern der Länder Albanien, Bosnien-Herzegowina, Kosovo, Mazedonien, Montenegro und Serbien gestellt. Im März war der Kosovo mit über 11 000 Anträgen noch das Land, aus dem die meisten Antragsteller nach Deutschland kamen.[22] Entsprechend konzentrierten sich auch die politischen Bemühungen der Bundesregierung auf diese Region. Mit Informationskampagnen in regionalen Medien versuchte man, Menschen von der Reise nach Deutschland abzuhalten. Die Suche nach einem Arbeitsplatz sei kein Asylgrund, hieß es in einem Videofilm, den die Bundespolizei im Auftrag des Bundesinnenministeriums produziert hatte. Wer den Versprechungen krimineller Schleuserbanden glaube, »tauscht sein Vermögen nur gegen Lügen und Illusionen ein, die mit der Wahrheit nichts zu tun haben«, warnte die Stimme aus Deutschland in mehreren Sprachen.[23] Zugleich zeigten die Bemühungen, die Asylverfahren zu verkürzen und abgelehnte Antragsteller in ihre Heimat zurückzuschieben, erste Erfolge. Am 1. September 2015 meldete die *Frankfurter Allgemeine Zeitung*: »Weniger Zuzug vom Westbalkan«.[24] Aus dem Kosovo zählte man im August gerade noch 781 neue Anträge.[25] In der zweiten Augusthälfte war auch die Zahl der Ankommenden aus Albanien, dem zweitgrößten Herkunftsland, deutlich gesunken.

Doch die Flucht- und Migrationskrise hatte längst eine Dimension angenommen, die sich mit den klassischen Mitteln einer europäischen Migrationspolitik allein nicht mehr steuern ließ. Es war der Krieg in Syrien, der Europa mit einem weltgeschichtlichen Ereignis konfrontierte und eine neue Haltung erzwang. Das Assad-Regime und seine Verbündeten hatten Hunderttausende aus dem Land getrieben: Eine Generation junger Männer, die der Rekrutierung durch Armee oder aufständische Milizen entgehen wollte, Freiheitskämpfer und Revolutionäre, Frauen, Kinder, Väter und Großväter aus den zerbombten Wohnvierteln Aleppos und anderer Städte hatten sich auf die Flucht über das Mittelmeer und den Fußweg in den Norden Europas begeben. In Deutschland hatte man im Februar noch 4237 Asylanträge von Syrern gezählt, im August überstieg die Zahl 10 000, im September waren es 16 544 Erstanträge von Flüchtenden aus Syrien.[26] Die Zahlen bildeten nur einen Teil derer ab, die tatsächlich in Deutschland ankamen und erst Wochen später förmlich Asyl beantragten oder ohne Registrierung im Land blieben. Ende Juli waren in der EASY-Datei, in der alle Neuankommenden zunächst registriert wurden, rund 100 000 weitere Menschen erfasst, die in den überlasteten Ausländerbehörden noch keine Asylanträge gestellt hatten. Im November sollten es doppelt so viele sein.[27]

Die Flucht so vieler Menschen aus Syrien war auch die Folge von Fehleinschätzungen, Handlungsunfähigkeit und dem Unwillen der westlichen Welt, selbst Akteur im Syrien-Konflikt zu werden. Zu lange hatte man darauf gesetzt, dass sich die Entwicklung des Arabischen Frühlings in Syrien von allein fortsetzen und der Diktator bald stürzen werde. Als die westlichen Regierungen erkannten, dass Russland den Überlebenskampf Assads mit blutiger Konsequenz unterstützen und Syrien zur Arena seiner hegemonialen Ambitionen machen würde, war niemand mehr bereit, in den Konflikt einzugreifen. Während man in Washington, Paris und Berlin zusah, wie das Land immer tiefer im Krieg versank und Assad alle roten Linien überschritt, kamen die Flüchtenden in immer größeren Scharen vor den eigenen Türen in der Mitte Europas an.

Am 19. August 2015 schraubte Bundesinnenminister de Maizière die Schätzung für die Zahl der im laufenden Jahr zu erwartenden Flüchtlinge auf 800 000 hoch. Das war fast eine Verdoppelung der bisherigen Prognose. »Wir sind alle gefordert, überfordert ist Deutschland mit dieser Entwicklung nicht«, versicherte de Maizière und versprach – knapp zwei Wochen vor dem »Wir schaffen das« der Bundeskanzlerin: »Wir kriegen das hin«. Die Vorhersage der Ankunftszahlen, auf die sich der Optimismus der Regierung gründete, musste später oft als Beleg dafür herhalten, dass die Regierung die Lage nach wie vor dramatisch unterschätzt habe. Von mehr als einer Million Schutzsuchender war am Jahresende in ersten Bilanzen die Rede. Erst als man im Herbst 2016 alle Zahlen ausgewertet und Fehler – etwa durch mehrfache Registrierungen – bereinigt hatte, stellte sich heraus, dass die Schätzung des Innenministers im Sommer 2015 durchaus nahe an der Wirklichkeit lag. 890 000 Menschen waren im Krisenjahr als Asylsuchende nach Deutschland gekommen.[28]

Kapitel 3: »Dublin gilt«

Wer behauptet, es sei ein Rechtsbruch gewesen, der dieser großen Zahl von Menschen den Zugang nach Deutschland verschafft habe, muss definieren, welchen Rechtsrahmen er im Blick hat. Aus Sicht der Bundesregierung war das auch im Sommer 2015 das europäische Regelwerk, das mit den Begriffen Dublin und Schengen verbunden war.

Es lag auf der Hand, dass es nicht so funktionierte, wie man sich das einst gedacht hatte: In Italien wurden ankommende Flüchtlinge gar nicht mehr erst registriert, in Österreich wurden sie auf dem Weg gen Norden durchgewunken oder mit Bussen an die deutsche Grenze transportiert. Zugleich konnte Deutschland Flüchtlinge, die in Griechenland registriert waren, nicht mehr entsprechend den Dublin-Regeln dorthin zurückschicken. Denn seit 2011 untersagte dies der Europäische Gerichtshof für Menschenrechte.

In dem in Straßburg entschiedenen Musterfall hatte Belgien einen Afghanen, der über den Iran und die Türkei nach Europa gelangt war, nach Griechenland zurückgewiesen. Er habe dort erstmals europäischen Boden betreten, folglich sei nach den Dublin-Regeln Griechenland für die Durchführung des Asylverfahrens zuständig, argumentierten die belgischen Behörden. Nach Auffassung der Straßburger Richter aber drohte Asylsuchenden in Griechenland eine unwürdige und erniedrigende Behandlung. Der betroffene Afghane war nach seiner Rückschiebung sofort festgenommen und ohne jeden Rechtsschutz in ein völlig überfülltes Haftzentrum gebracht worden. Sanitäranlagen durften, soweit überhaupt vorhanden, nicht benutzt werden. Offenbar wurde der Mann auch physisch malträtiert. Monatelang musste er nach seiner Haftentlassung ohne jede Versorgung auf der Straße leben. Sein Asylantrag wurde nie wirklich geprüft. Nach einer öffentlichen Anhörung, bei der auch Vertreter des UNHCR, von Amnesty International und der Menschenrechtskommissar des Europarats befragt wurden, verurteilten die Richter sowohl Griechenland als auch Belgien dazu, dem Kläger Schadensersatz in Höhe von 26 000 Euro zu bezahlen.[1] Auch der Europäische Gerichtshof[2] und das Bundesverfassungsgericht[3] bestätigten in der Folge das Verbot, Asylbewerber nach Griechenland zurückzuschicken.

Ein Stoppschild aus Straßburg

Die höchstrichterlichen Urteile illustrierten das Grunddilemma, in dem die Flüchtlingspolitik von Monat zu Monat tiefer steckte: Immer weiter wuchs die Kluft zwischen rechtlichen Ansprüchen und der Lebenswirklichkeit in Europa. Ausgerechnet eines der Länder, in dem die meisten Flüchtlinge aus den Krisenregionen des Nahen Ostens europäischen Boden erreichten, sollte nicht mehr dafür verantwortlich gemacht werden können, mit der Rücknahme von Flüchtlingen einen Kern seiner Dublin-Verpflichtungen zu erfüllen. Man konnte meinen, die höchsten Richter selbst hätten das Regelwerk außer Kraft gesetzt, dessen Einhaltung sie kontrollieren sollten. Tatsächlich aber wendeten sie gerade in dieser Situation die bestehenden Normen an, denn auch die Dublin-Verordnung will verhindern, dass ein Land für Asylverfahren zuständig wird, in dem menschenunwürdige Verhältnisse herrschen. Die Richter drängten schlicht darauf, genau dieses Regelwerk in allen seinen Teilen zu respektieren und Konsequenzen zu ziehen, wo es nicht beachtet wurde. Dazu gehörte schließlich auch die Option, dass Länder, die nicht primär für die Durchführung von Dublin-Verfahren zuständig waren, in diese Verpflichtung einspringen. In dem Straßburger Musterfall wurde Belgien richterlich in die Pflicht genommen. Als sich die Krise des Jahres 2015 immer dramatischer zuspitzte, nahm Deutschland die Möglichkeit, Verfahrenszuständigkeiten anderer Länder zu übernehmen, freiwillig für sich in Anspruch.

Am 21. August 2015, zwei Tage nachdem Bundesinnenminister de Maizière mit seiner erhöhten Prognose für das laufende Jahr für Aufsehen gesorgt hatte, ließ *Manfred Schmidt*, der Leiter des Bundesamts für Migration und Flüchtlinge (BAMF), ein Rundschreiben an alle Außenstellen seiner Behörde verschicken. Unter dem Aktenzeichen *411–93605/Syrien/2015* wurde ein rechtlicher Kurswechsel für die Bearbeitung von Asylanträgen syrischer Flüchtlinge angeordnet: Wenn sich ein Antragsteller als Syrer ausweist, solle fortan nicht mehr geprüft werden, ob die Person bereits in einem anderen Land registriert war und dorthin zurückgeschickt werden müsste.

Die Maßnahme sollte dem unter der Bearbeitungslast erstickenden BAMF Luft verschaffen. 250 000 unbearbeitete Asylanträge stapelten sich auf den Tischen der knapp

3000 Prüfer. 9000 Leute brauche er, hatte Schmidt zuletzt geklagt. Die durchschnittliche Bearbeitungszeit für einen Asylantrag war auf fast ein halbes Jahr gestiegen, in Fällen aus Pakistan, Eritrea und Afghanistan dauerte es im Schnitt länger als ein Jahr, bis eine Entscheidung fiel.[4]

Die Kriegsflüchtlinge aus Syrien, die ohnehin fast ausnahmslos einen Schutzstatus erhielten, wurden nun zu Sonderfällen erklärt, in denen keine individuellen Schutzgründe mehr geprüft werden müssen.[5] Der Sprecher des BAMF Mehmet Ata erklärte, Dublin-Verfahren würden für Syrer »zum gegenwärtigen Zeitpunkt faktisch nicht weiter verfolgt«. Sogar über Twitter verbreitete das BAMF die neue Linie unter dem Hashtag #DublinVerfahren.[6] Aus Sicht der Behörde war das zunächst eine rein interne Verfahrensentscheidung. Zugleich aber war es nicht weniger als eine amtliche Kapitulationserklärung: Die oberste deutsche Asylbehörde gestand ein, dass die Wirklichkeit das normative Konzept der Dublin-Regelungen überrollt hatte.

Die praktischen Auswirkungen des neuen BAMF-Kurses aber blieben gerade deswegen gering. Man passte die Verfahrensvorgaben schlicht der Realität an. Nicht nur wegen der Griechenland-Rechtsprechung fanden schließlich kaum noch Rücküberstellungen in die Ankunftsländer statt. Die Dublin-Regeln sehen für die Rücküberstellungsverfahren nämlich eine Frist von sechs Monaten vor. Konnte der Antragsteller in dieser Zeit nicht zurückgeschickt werden, wurde das Aufenthaltsland auch förmlich für die Durchführung des Asylverfahrens zuständig.[7] Weil man im BAMF mit der Prüfung und Bearbeitung der Anträge nicht mehr nachkam, hatte es in der ersten Jahreshälfte gerade einmal 131 Rücküberstellungen gegeben.[8]

Das Selbsteintrittsrecht

Es waren diese Augusttage, in denen die Flucht- und Migrationskrise auch als Krise des Rechts ins Bewusstsein der Öffentlichkeit rückte. Hatte sich Deutschland mit dem neuen BAMF-Kurs von den Dublin-Regeln verabschiedet? Kann ein Regelwerk überhaupt noch Geltung beanspruchen, wenn es in der Praxis, zumindest in wesentlichen Teilen, nicht mehr angewandt wird?

Das waren die Fragen, mit denen Regierungsvertreter nun auch von den Medien konfrontiert wurden. Die Bundesregierung jedoch beharrte konsequent darauf, dass »Dublin« gelte. »Eindeutig« stehe man zu den europäischen Regeln, beteuerte der Sprecher des Bundesinnenministeriums *Johannes Dimroth* wenige Stunden nach Bekanntwerden des BAMF-Erlasses in der Bundespressekonferenz.[9] Auch durch die neue Verwaltungspraxis seien die Dublin-Regeln keineswegs ausgesetzt worden. Vielmehr räumten die Dublin-Verträge den Mitgliedstaaten ausdrücklich die Möglichkeit ein, Asylverfahren durchzuführen, für die an sich die Ankunftsländer zuständig seien.

»Das ist das sogenannte Selbsteintrittsrecht«, erklärte Dimroth.[10] Er verwies damit auf jene Klausel in Artikel 17 der Dublin-III-Verordnung, nach der schon nach dem EGMR-Urteil von 2011 die formale Zuständigkeit der Bundesrepublik für Antragsteller begründet wurde, die man nicht mehr nach Griechenland zurückschieben durfte. Nun wurde die Regelung generell auf alle Syrer ausgeweitet. »Insofern ist das vereinbar mit den europarechtlichen Vorgaben«, beteuerte der Sprecher des Innenministeriums. Auch sein Kollege *Martin Schäfer*, der Sprecher von Außenminister Frank-Walter Steinmeier, widersprach dem Vorwurf, Deutschland habe die Dublin-Regeln faktisch für obsolet erklärt. »Wir sind nach jetzigem Stand mit Dublin nicht übermäßig glücklich«, gestand Schäfer. Aber solange es keine anderen Regeln gebe, sollten die existierenden gelten, »und das ist Dublin«.[11] Die juristische Einschätzung des Auswärtigen Amtes sollte wenig später noch einmal von entscheidender Bedeutung sein.

Es war zugleich unübersehbar: Die immer schon unvollkommene Statik des Dublin-Systems ächzte und knirschte. Doch es war in den Augen der Bundesregierung der letzte Halt, den es überhaupt noch gab, wenn man sich in einem rechtlichen Rahmen bewegen wollte.

Wurde aber nicht die Substanz dieses Rechts gleichsam pulverisiert, je mehr die Belastung weiterwuchs? War nicht die reale Unordnung, in der sich die Welt befand, so überwältigend, dass die normative Ordnung des Rechts sich darunter auflöste und keine Geltung mehr entfalten konnte?

Am 31. August kam Angela Merkel wie in jedem Sommer selbst in die Bundespressekonferenz, um die Fragen der Hauptstadtjournalistinnen und -journalisten zu beantworten. Es war der Tag, an dem sie selbst den politischen Maßstab formulierte, an dem sie fortan gemessen werden sollte: »Wir schaffen das«. Merkel aber machte zugleich deutlich, dass sie auch einen rechtlichen Maßstab im Blick hatte. »Das Dublin-Abkommen funktioniert nicht mehr so, wie es einmal war, weil sich die Situationen verändert haben«, sagte die Kanzlerin. Wenn andere sich nicht mehr an die Regeln hielten, indem sie Zäune bauten oder Menschen nicht mehr registrierten, dürfe das aber nicht dazu führen, dass auch die Bundesregierung nicht mehr an Dublin gebunden sei. »Wir haben keine andere Rechtsgrundlage«, beteuerte Merkel.

Nachrichten aus Budapest

Der 31. August, an dem sich Angela Merkel in der Bundespressekonferenz den Fragen der Journalisten stellte, war ein Montag. Es war der Beginn der Woche, an deren Ende die Krise dieses Sommers ihren Höhepunkt erreichte.

Die legendäre Nacht vom Freitag, dem 4. auf den 5. September, in dem die Kanzlerin entschied, die aus Budapest Richtung Westen Flüchtenden in Deutschland aufzunehmen, barg mehrere Dimensionen. Es gab politische Abstimmungsprozesse, humanitäre Motive, aber es gab auch in den spätabendlichen Abstimmungen bereits rechtliche Erwägungen. Was als »Merkels Grenzöffnung« in die Geschichte einging, war aus Sicht der damaligen Akteure zunächst nie eine Entscheidung darüber, Grenzen zu öffnen. Die Grenzen waren ja offen.

In einer diplomatischen Depesche hatte die ungarische Regierung Österreich förmlich darüber informiert, worüber die Fernsehnachrichten bereits den ganzen Abend live berichteten: Tausende Menschen hatten sich von Budapest aus auf den Fußmarsch Richtung Westen gemacht. *János Lázár*, der Chef von Viktor Orbáns Staatskanzlei, erklärte, Österreich müsse entscheiden, ob es die Menschen ins Land lasse. Man werde Busse einsetzen, um sie an die Grenze zu transportieren. Der österreichische Bundeskanzler *Werner Faymann* bat Angela Merkel, die er am Rande einer Veranstaltung in Köln erreichte, daraufhin um Hilfe.

Merkel hat die Entscheidung, die sie in dieser Situation traf, im Nachhinein immer wieder als humanitäre Antwort auf eine akute Notlage geschildert. Der Kanzlerin standen die Bilder des Lastwagens vor Augen, den man erst wenige

Tage zuvor auf dem Seitenstreifen der österreichischen A4 entdeckt hatte. Im Laderaum hatte man 71 Leichen gefunden, 59 Männer, acht Frauen und vier Kinder, erstickt beim Versuch, mithilfe von Schleusern nach Deutschland zu gelangen.

Die Flüchtlinge, die sich nun auf Österreich zubewegten, würden sich nur mit Gewalt aufhalten lassen, ahnte Merkel. Seit dem 21. Dezember 2007 gab es auch an der ungarisch-österreichischen Grenze keine Kontrollen mehr. Die Frage konnte nicht sein, ob man einen Schlagbaum heben, Grenzbeamte zum Durchwinken anweisen oder Tore öffnen solle. Die Frage war, ob und wie überhaupt man die offene Grenze schließen könnte. Weder Werner Faymann noch Angela Merkel waren bereit, dafür neue Opfer zu riskieren.

Die Entscheidung, die Menschen in Deutschland aufzunehmen, sollte durch eine spätabendliche Telefondiplomatie zunächst politisch abgesichert werden. Merkel telefonierte mit Faymann in Wien, mit *Frank-Walter Steinmeier*, den sie bei einem EU-Außenministertreffen in Luxemburg erreichte, mit Vizekanzler *Sigmar Gabriel* und Kanzleramtschef *Peter Altmaier*, der gerade auf dem Weg zu einer Wirtschaftskonferenz in den französischen Alpen war.

Bis in die Nacht und noch am nächsten Morgen auf der Bettkante in seinem Hotel in Evian telefonierte Altmaier mit Ministern, Staatssekretären, Botschaftern und der bayerischen Staatskanzlei, um die »Ausnahmeentscheidung« der Bundesregierung zu erläutern. Er stieß nirgendwo auf Einwände. Es schien offensichtlich, dass in dieser Lage ein schnelles und unkonventionelles Handeln erforderlich war.

Nur an einer Stelle gelang die politische Absicherung nicht: Der bayerische Ministerpräsident war nicht zu erreichen. Von *Karolina Gernbauer*, der Chefin der Münchner

Staatskanzlei, erfuhr Altmaier lediglich, dass man Seehofer nicht ans Telefon bekomme. Der CSU-Vorsitzende war nach einem Festakt zum 100. Geburtstag von Franz Josef Strauß in der Münchner Residenz in sein oberbayerisches Wochenendhaus gefahren. Auch über seine Personenschützer könne man keinen Kontakt herstellen, hörte Altmaier aus München.

Ob Seehofer tatsächlich, wie er später beteuerte, einfach so wie regelmäßig am Wochenende sein Handy ausgeschaltet, oder ob er – wissend um die Frage, die auf ihn zukommen würde – keine Anrufe angenommen hatte, blieb Stoff für Spekulationen. Seehofer, so ist von Mitgliedern der CSU-Spitze bis heute zu hören, wisse in heiklen Situationen immer wieder strategisch abzutauchen. Auch die eigenen Parteifreunde konnte er damit in die Verzweiflung treiben. Im September 2015 schuf er so die Voraussetzung dafür, die Verantwortung für die Entscheidung der Nacht fortan allein der Kanzlerin zuzuweisen.

Schon am Sonntagabend, als der Koalitionsausschuss zu einem seit längerem geplanten Treffen im Kanzleramt zusammenkam, sprach Seehofer von einem »Fehler« Merkels. Er wiederholte den Vorwurf später im CSU-Vorstand. *DER SPIEGEL* zitierte Seehofer in seiner nächsten Ausgabe mit dem Satz, der Fehler Merkels werde »uns noch lange beschäftigen«. Worin genau aber er den Fehler sah, ließ Seehofer offen. Meinte er eine mangelnde politische Abstimmung? Kritisierte er die humanitären Motive der Kanzlerin? Oder hielt er die Entscheidung schon zu diesem Zeitpunkt für rechtswidrig? Der Vorwurf war gravierend. Seehofer formulierte ihn bewusst in der ihm eigenen vagen Diktion. So öffnete er den Raum des Raunens, der Mutmaßungen und Spekulationen, der dann auch von anderen gefüllt werden konnte.

Was die Rechtmäßigkeit ihrer Entscheidung anging, wähnte sich Angela Merkel auf der sicheren Seite. »Wir haben sogar noch die rechtlichen Implikationen überprüft: Kann man einen Notfall charakterisieren, ohne das Dublin-System aufzugeben?«, erklärte Merkel am 7. September 2015 nach einem Treffen mit ihrem österreichischen Kollegen Werner Faymann im Bundeskanzleramt.

Frank-Walter Steinmeier hatte nach dem Anruf der Kanzlerin noch am Abend des 4. September die Juristen des Auswärtigen Amtes zu Rate gezogen. Ist rechtlich möglich, was politisch gewollt war? Die Frage wurde umgehend positiv beantwortet: Ja, die Aufnahme der Menschen aus Ungarn sei mit den Dublin-Regeln vereinbar, wurde dem Außenminister mitgeteilt. Auch hier könne sich Deutschland auf das Selbsteintrittsrecht nach Artikel 17 der Dublin-III-Verordnung berufen. Dublin verpflichte die Mitgliedstaaten dazu, ankommende Antragsteller zu registrieren und Asylverfahren durchzuführen. Es verbiete aber keinem Land, in die Bresche zu springen oder – aus welchen Gründen auch immer – Verfahren zu übernehmen, wenn andere das nicht täten. Aus Sicht der Juristen war das einleuchtend, denn man praktizierte das ja seit den Griechenland-Urteilen der obersten Gerichte regelmäßig, ohne dass je Zweifel an der Rechtmäßigkeit dieser Praxis laut geworden wären. Steinmeier gab die Einschätzung an die Kanzlerin weiter.

Der Fokus der rechtlichen Fragen aber sollte sich schon bald verschieben. Als die Regierung ihre Entscheidung zur Aufnahme der Flüchtlinge traf, ging es allein um die Frage, ob man die Menschen aus Ungarn rechtmäßig aufnehmen könne. Erst Tage später, nachdem die ganze Dimension der Entscheidung offensichtlich wurde, rückte die Frage in den Mittelpunkt, ob man sie auch rechtmäßig abweisen könne. Das war das Thema, das auch innerhalb der Bundesregierung für eine juristische Kontroverse sorgen sollte, die sie noch Jahre später bis an den Rand des Bruches führte.

Knapp 7000 Menschen waren allein in der ersten Nacht des Wochenendes vom 4. und 5. September 2015 am Münchner Hauptbahnhof angekommen. Am Sonntag waren es rund 11 000. Und in den folgenden Tagen rollten immer neue Züge aus Österreich ein. Die Bilder von Münchner Bürgern, die die Ankommenden mit Willkommensplakaten und Blumen begrüßten, gingen um die Welt. Doch in den Behörden wuchs von Tag zu Tag die Sorge vor einem Kollaps.

Wann die Ausnahme ende, von der die Kanzlerin gesprochen habe, fragte der bayerische Innenminister *Joachim Herrmann* Kanzleramtschef Altmaier in drängenden Telefonaten. Eine klare Antwort erhielt er nicht. Bis zu 50 000 Menschen oder mehr könnten infolge der Berliner Entscheidung aus Budapest und nachrückend über die Balkanstaaten auf dem Weg nach Deutschland sein, schätzte man in Berlin. In München und Oberbayern kapitulierten derweil die zuständigen Kommunalbehörden vor der Aufgabe, die Ankommenden zu registrieren.

Landräte und Bürgermeister drängten darauf, die Menschen möglichst schnell auf andere Bundesländer zu verteilen. Kanzleramtschef Altmaier willigte ein. Es begann eine wochenlange Phase, in der es nur noch darum ging, die ankommenden Menschen wie auch immer in verfügbare Notunterkünfte im ganzen Land zu verteilen. Die nach den Dublin-Regeln vorgeschriebene Registrierung würde man schon irgendwo und irgendwann nachholen. Das Wort vom Kontrollverlust machte die Runde.

In dieser Lage, knapp eine Woche nach der Entscheidung vom 4. September, verdichtete sich die Diskussion über eine Schließung der Grenzen. Das war der Punkt, an dem sich auch rechtlich die Geister schieden. Hier nahm die offene Kontroverse um die Rechtmäßigkeit der Flüchtlingspolitik ihren Lauf.

Am Samstag, dem 12. September, schaltete sich *Thomas de Maizière* um elf Uhr vormittags mit den CDU-Innenministern der Länder zu einer Telefonkonferenz zusammen. »Wir brauchen jetzt Grenzkontrollen«, forderte Joachim Herrmann aus München. Der bayerische Innenminister erinnerte daran, dass man erst wenige Wochen zuvor beim G7-Gipfel in Elmau zeitlich befristete Kontrollen an der deutsch-österreichischen Grenze eingeführt hatte. Was damals möglich gewesen sei, um gewaltbereite Demonstranten von der Einreise nach Deutschland abzuhalten, müsse auch in der jetzigen Ausnahmesituation möglich sein.

Herrmann brachte damit eine Regelung der Schengener Grenzvereinbarungen ins Spiel. Artikel 24 und die folgenden Artikel des Kodex in seiner damaligen Fassung erlauben es den Vertragsstaaten, bis zu 30 Tage lang in besonderen Fällen systematische Grenzkontrollen einzuführen, wenn die Sicherheit oder die öffentliche Ordnung des Landes ernsthaft bedroht ist.[12]

Die CDU-Innenminister waren sich schnell einig: Wann, wenn nicht unter den seit einer Woche herrschenden Zuständen, sollten Grenzkontrollen gerechtfertigt sein? Innenminister Herrmann rief seinen Ministerpräsidenten an: »Wir sind uns einig, Grenzkontrollen kommen«. In München ging man wie selbstverständlich davon aus, dass der Zustrom von Flüchtlingen nun bald an den Grenzen gestoppt würde.

Thomas de Maizière informierte derweil den Kanzleramtschef. Altmaier organisierte die Abstimmung in der Regierung. Am Nachmittag schaltete sich Angela Merkel telefonisch mit Vizekanzler Gabriel, Außenminister Steinmeier, Innenminister de Maizière und Altmaier zusammen. Horst Seehofer hatte sich aus München eingewählt.

Schnell war auch hier im Grundsatz Einigkeit hergestellt: Grenzkontrollen, ja. Aber nun wurde genauer gefragt: Wie soll das gehen? Können Menschen an der Grenze abgewiesen werden, die dort um Asyl bitten? Oder geht es vor allem darum, die Registrierung wieder in den Griff zu bekommen? Der Ministerrunde wurde klar, dass man nicht nur vor einem praktischen, sondern auch vor einem juristischen Problem stand. Wenn man überhaupt Menschen, die als Asylsuchende nach Deutschland kommen, zurückweisen könne, dann wohl nur diejenigen, die bereits in anderen Ländern registriert sind, war man sich einig. Der Innenminister sollte klären, wie das genau bewerkstelligt werden könne.

Thomas de Maizière rief daraufhin für den nächsten Vormittag die gesamte Führungsspitze seines Ressorts zusammen: Staatssekretäre, Abteilungsleiter, Referatsleiter und der Chef der Bundespolizei *Dieter Romann* trafen sich am Sonntag um 14 Uhr im Bundesinnenministerium am Moabiter Spreeufer. Einige der Teilnehmer waren telefonisch zugeschaltet. Die Besprechung wurde zu einem Schlüsselmoment der Flüchtlingskrise. Denn in der sonntäglichen Sitzung wurde nun bis ins Detail verhandelt, wie weit die Regierung gehen wollte, konnte und durfte, um in der akuten Krise zu handeln. Es war ein Gang an die Grenzen der Politik und des Rechts. Und er offenbarte, wo die Bruchlinien auch mitten durch die Regierung verliefen.

Thomas de Maizière eröffnete die Sitzung und verkündete die Entscheidung der Regierungsspitze, unter Berufung auf die Ausnahmeklausel des Schengener Kodex Grenzkontrollen einzuführen. Niemand war überrascht. Die Sache hatte sich bereits herumgesprochen. Seine Leute stünden bereit, erklärte Romann. Noch am Tag zuvor hatte er seine Einheiten persönlich bei einem Großeinsatz gegen Neonazis und autonome Gegendemonstranten beim »Tag der Patrioten« in Hamburg begleitet. Der Bundespolizeichef war in seinem Werdegang und Wesen ein Mann der inneren Sicherheit. Neben dem schmalen Innenminister war Romann eine bullige Erscheinung. Seit mehr als zehn Jahren war er in der Männerwelt der Polizei zuhause. Anfang der 2000er Jahre war er als junger Fachreferent in der Abteilung BGS des Bundesinnenministeriums für »Einsatzangelegenheiten« des damaligen Bundesgrenzschutzes zuständig gewesen. Bevor er 2012 selbst Chef der inzwischen in Bundespolizei umbenannten Truppe wurde, hatte der promovierte Jurist im Innenministerium das Referat Ausländerterrorismus und -extremismus geleitet.

Die Krise des Sommers 2015 bedeutete seiner Ansicht nach vor allem ein Sicherheitsrisiko – und für ihn hatte die Bundespolizei bereits bewiesen, dass sie in der Lage war, es effektiv in den Griff zu bekommen. Den Beweis hatte sie nach Auffassung ihres Präsidenten drei Monate zuvor mit der Durchführung der befristeten Grenzkontrollen im zeitlichen Umfeld des G7-Gipfels erbracht. Knapp 400 000 Personen waren dabei innerhalb von drei Wochen zwischen Ende Mai und Mitte Juni an den deutschen Landesgrenzen kontrolliert worden. 1185 Fahndungstreffer hatten die Beamten dabei erzielt und 151 offene Haftbefehle vollstreckt. In 14 000 Fällen wurden Verstöße gegen das Aufenthaltsgesetz festgestellt. Aus Sicht der Polizei war das deshalb nicht nur ein kriminalistisch erfolgreicher Beutezug, sondern auch ein Beleg dafür, »wie sehr das Thema der illegalen Migration die Bundesrepublik berührt und wie es um den Schutz der europäischen Außengrenzen bestellt ist.«[13]

Als Romann über die bevorstehende Einführung von Grenzkontrollen informiert wurde, handelte er sofort. Über Nacht ließ er mit Hubschraubern Einsatzkontingente aus ganz Deutschland nach Oberbayern verlegen. Um 18 Uhr könne man loslegen, meldete Romann in der sonntäglichen Besprechung im Innenministerium. Was seine Leute im Frühsommer beschränkt auf den Schutz des Elmauer Gipfels demonstriert hatten, sollten sie nun im großen Maßstab zur Eindämmung der Flüchtlingskrise wiederholen.

Thomas de Maizière leitete die Sitzung so, wie er das stets zu tun pflegte, wenn er vor wichtigen Entscheidungen stand: Er stellte Fragen. De Maizière war in seinem Haus bekannt als Chef, der nicht von oben herab kommandierte. Der Minister wollte, dass zunächst alles auf den Tisch kam, was für seine Entscheidung von Bedeutung war: Argumente dafür und dagegen, Fakten, Prognosen.

Wie genau also könne das mit der Zurückweisung von Flüchtlingen an der Grenze funktionieren?, fragte de Maizière den Bundespolizeichef. Würden dann sämtliche Autos an der Grenze kontrolliert? Was, wenn Frauen und Kinder auf die Polizei zumarschieren? Was, wenn es zu einem Massenansturm an der grünen Grenze kommt?

Romann machte seinem Minister deutlich, dass er ein vorbereitetes Konzept der konsequenten Abriegelung verfolgte: Grenzübergänge an Straßen und Brücken sollten für alle, die man nicht ins Land lassen wolle, unpassierbar gemacht werden – Schutzsuchende ausdrücklich eingeschlossen. Das, so Romann, habe man schließlich erst vor wenigen Wochen beim G7-Gipfel in Elmau genau so praktiziert. Dass Elmau das Vorbild sein sollte, hatte Romann zuvor auch mit seinen Führungskräften besprochen.

Romanns Konzept ging aber über den angeblichen »Probelauf« Elmau hinaus: Damals war es um koordinierte Straßenkontrollen in Absprache mit den österreichischen Kollegen gegangen und darum, Hooligans, Gewalttäter und gewaltbereite Globalisierungsgegner an der Einreise zu hindern. Jetzt dagegen ging es um die massenhafte Abwehr von Schutzsuchenden – und um deren abschreckende Symbolwirkung quer durch Europa.

De Maizière ahnte: Es würde Szenen der Gewalt an den Grenzen geben. Das war eine politische Grenze, die er nicht überschreiten wollte. Behelmte Polizisten mit Schutzschildern, Schlagstöcken und Wasserwerfern, vielleicht sogar Soldaten im Einsatz gegen Flüchtlinge – das hatte man an der ungarischen Grenze scharf kritisiert. *De Maizière* wollte solche Szenen in Deutschland nicht verantworten. Für Romann hingegen waren diese Bilder, die anderen Teilnehmern der Sitzung Schauder über den Rücken jagten, gerade der Kern seines Konzepts.

Dennoch fragte de Maizière weiter: »Wie lange könnten Ihre Leute das durchhalten?« »Etwa eine Woche«, schätzten die Polizeifachleute. Dann würden die Kräfte erschöpft und keine Ersatzkontingente mehr verfügbar sein. Die Zeit aber werde genügen. Innerhalb von Stunden werde sich die Dynamik der Fluchtbewegung in ganz Europa wenden. Ein Land nach dem anderen werde die Grenzen schließen, sagte *Romann* voraus. Am Ende würden es die Menschen aufgeben, sich noch auf den Weg nach Norden zu machen. Der Polizeichef nannte den erhofften Effekt eine »Schubumkehr«.

»Ist das mit Österreich abgesprochen?«, wollte *De Maizière* wissen. Das sei Sache der Politik, wurde ihm beschieden. In diesem Augenblick war klar, dass die von Romann geplante Grenzschließung eine massive Verwerfung in ganz Europa auslösen würde. Österreich hatte sowohl im Herbst 2015 als auch danach immer prompt Widerspruch erhoben, wenn in Deutschland laut über einseitige Grenzschließungen oder die Zurückweisung von Flüchtlingen nach Österreich nachgedacht wurde. Selbst die Einrichtung gemeinsamer Kontrollposten wie beim Elmauer G7-Gipfel lehnte die österreichische Regierung mehrfach ab. Menschen in großer Zahl einfach in das Nachbarland zurückzudrängen, womöglich gar mit Polizeigewalt – das hätte Deutschland in Europa nicht nur moralisch, sondern auch politisch an den Pranger gestellt.

Zwei Fraktionen

De Maizière ging es um Ordnung und die Frage, ob man Menschen dabei im Rahmen geregelter Kontrollen zurückweisen könne, wenn sie in anderen Ländern registriert waren. Doch auch hier waren die Fachleute und Führungskräfte des Bundesinnenministeriums gespalten. Der Minister fand zwei Fraktionen des eigenen Hauses vor sich: Die eine bestand aus der Riege der Sicherheitsexperten. Polizeichef *Romann* allen voran, an seiner Seite der Leiter der für ihn zuständigen Abteilung »B – Bundespolizei« im Innenministerium *Helmut Teichmann* sowie *Stefan Kaller*, Abteilungsleiter »ÖS – Öffentliche Sicherheit«. Aus der Spitze des Ministeriums machte sich vor allem der parlamentarische Staatssekretär *Ole Schröder*, Ehemann von Ex-Familienministerin Kristina Schröder, für die Zurückweisung von Flüchtlingen stark. Ihnen gegenüber standen die Fachbeamten der Verfassungs- und Migrationsabteilungen.

Die Sicherheitsexperten des Bundesinnenministeriums waren nicht erst seit dieser Krise eng miteinander verbunden. Neben denen, die am 13. September am Tisch des Ministers saßen, gehörte zu dem Netzwerk auch *Hans-Georg Maaßen*, der Präsident des Bundesamts für Verfassungsschutz. Noch ein paar Jahre zuvor hatten er, Kaller und Romann in den für Polizei und Terrorbekämpfung zuständigen Referaten des Innenministeriums zusammengearbeitet. Von Kolleginnen und Kollegen wurden sie als oft raubeiniger Männerbund beschrieben.

In solchen Kreisen schwärmte man gern von den Zeiten unter Ministern wie Otto Schily oder Wolfgang Schäuble, in denen man rechtliche Einwände auch mal burschikos beiseite wischen oder von einer rigiden »Selbstbehauptung des Rechtsstaats«[14] träumen durfte, wenn es darum ging, Sicherheitsinteressen durchzusetzen. So hatte man einst das Luftsicherheitsgesetz mit der Regelung zum Abschuss gekaperter Passagierflugzeuge erdacht, die dann später vom Bundesverfassungsgericht kassiert wurde. So hatte man dem Bremer Murat Kurnaz, der unschuldig in Guantanamo inhaftiert war, die Rückkehr nach Deutschland verweigert, weil er es während der Haft versäumt habe, die Verlängerung seiner Aufenthaltsgenehmigung zu beantragen. Romann, Maaßen und Kaller, die damals als junge Referenten und Fachbeamte Vorlagen für die Regierung zugeliefert hatten, saßen nun in den Spitzenpositionen des Sicherheitsapparats und verfolgten die Flüchtlingspolitik der Bundesregierung mit wachsendem Argwohn. In den Sicherheitskreisen in Ministerium, Bundespolizei und Verfassungsschutz wurde der Innenminister von vielen als schwache Figur gesehen, ein Bürokrat ohne eigene Agenda, politisch gesteuert von einer Kanzlerin und ihren Vertrauten, die sich im Beifall einer humanitätsduseligen Öffentlichkeit gefielen.

Das Bundesinnenministerium ist zuständig für die Sicherheit im Land. Aber es ist auch zuständig für die Wahrung der Verfassung. Minister und Fachbeamte aus den Rechtsabteilungen nennen ihr Haus zuweilen gerne Verfassungsministerium, um daran zu erinnern, dass sie, auch wenn es um das Recht geht, für das Große und Ganze zuständig sind. Wenn bei internen Besprechungen zu heiklen Sicherheitsthemen die Fachleute aus beiden Welten des Ministeriums zusammenkommen, führen oft die Vertreter der Sicherheitsinteressen das erste Wort: »Wir müssen«, »man sollte«, »wir könnten«. Erst im Laufe des Gesprächs melden sich dann auch die Experten für Rechts- und Verfassungsfragen, die ihre voluminösen Gesetzeskommentare vor sich auf dem Tisch aufgetürmt haben. Dann kommen die Bedenken und Einwände, warum das alles doch nicht so einfach gehen könnte, weil es da eben Paragrafen, Urteile und rechtswissenschaftliche Meinungen zu beachten gibt.

Bei der sonntäglichen Besprechung am 13. September stand *Hans-Heinrich von Knobloch* an der Spitze der Rechtsexperten. Der Leiter der Abteilung »V – Staats-, Verfassungs- und Verwaltungsrecht« arbeitete seit fast 25 Jahren im Innenministerium. Auch in Habitus und Argumentationsstil verkörperte der kunstsinnige und leise auftretende Beamte einen Gegenpol zu den robusten Sicherheitsleuten und parlamentarischen Staatssekretären mit ihren politisch forschen Thesen und Forderungen. Doch wenn es darum ging, Regierungsvorhaben auf ihre Verfassungsmäßigkeit zu prüfen, war von Knobloch weit über das Innenministerium hinaus als Autorität anerkannt. Der Atomausstieg, die Abschaffung der Wehrpflicht und der Mindestlohn waren von ihm und seinen Mitarbeitern akribisch auf rechtliche Mängel abgeklopft worden. Wenn »die V« – wie die Abteilung regierungsintern genannt wurde – Bedenken anmeldete, gingen Gesetzestexte noch einmal zur Überarbeitung in die Fachministerien zurück. Von Knobloch war immerhin der Mann, der als Vertreter der Bundesregierung auch regelmäßig im Karlsruher Gerichtssaal saß, wenn das Bundesverfassungsgericht über die Rechtmäßigkeit von Gesetzen verhandelte. Auch dort genoss von Knobloch als ruhiger und unbestechlicher Kenner des Verfassungsrechts hohes Ansehen.

Auch *Norbert Seitz* gehörte zu den Skeptikern. Der 61-jährige Jurist leitete die Abteilung »M« für »Migration, Integration und Flüchtlinge«. Seit langem engagierte er sich zudem im Bereich der Kriminalprävention. In der aktuellen Krise war er der Frontmann. Seitdem er 2012 Leiter der Migrationsabteilung geworden war, hatte er den Anstieg der Flüchtlingszahlen und die drohende Überforderung der Behörden verfolgt. Er kannte die Lage des BAMF und die unerhörten Hilferufe des Behördenchefs Manfred Schmidt, der die politisch Verantwortlichen immer wieder vergeblich um die Aufstockung seines Personals angefleht hatte. Mit Vertretern der Länder, Kommunen und dem Technischen Hilfswerk stand Seitz in Dauerkontakt, um die Verteilung und Unterbringung von Flüchtlingen zu organisieren. Zugleich hatte seine Abteilung das ganze Jahr über zusammen mit dem BAMF daran gearbeitet, verstärkt Flüge zur Rückführung abgelehnter Antragsteller nach Albanien, Mazedonien und in den Kosovo zu organisieren. Man hatte dafür gesorgt, dass örtliche Fernsehsender die Bilder der erfolglos Heimkehrenden übertrugen.

Seitz aber wusste aus seiner Beschäftigung mit der Kriminalprävention auch, dass die Wirkung reiner Symbolpolitik meist schnell verpufft. Deshalb hatte man zusammen mit dem Bundesministerium für Wirtschaftliche Zusammenarbeit Programme zur Wirtschaftsförderung in den Balkanländern entworfen und im Auswärtigen Amt gemeinsam mit EU-Partnern an einer Initiative zur Lösung der schwelenden Konflikte in der Region gearbeitet. Dass die Zahlen der Flüchtlinge aus dem Westbalkan im Sommer deutlich zurückgegangen waren, sahen Seitz und seine Migrationsfachleute als ersten Erfolg dieser Politik.

Elmauer Grauzonen und Dublin

Unmittelbar neben Bundespolizeichef Dieter Romann saß bei der Sonntagsbesprechung am 13. September *Christian Klos* am Konferenztisch des Bundesinnenministeriums. Klos war Leiter des Referats Ausländerrecht, des Fachbereichs, der am detailliertesten mit den Rechtsfragen der Flüchtlings- und Migrationspolitik befasst war. Mitte der

90er Jahre hatte er seine Dissertationsschrift über »Rahmenbedingungen und Gestaltungsmöglichkeiten der europäischen Migrationspolitik« verfasst.[15] Nicht nur wegen seiner weithin anerkannten Fachkompetenz hatte seine Stimme ein besonderes Gewicht. Auch politisch war Klos bestens vernetzt. Er war persönlicher Referent des damaligen Staatssekretärs Peter Altmaier und Leiter des Ministerbüros von Wolfgang Schäuble gewesen. »Ich glaube an die Befolgung von Normen«, ließ sich der Beamte in einem späteren Portrait der *FAZ* zitieren.[16]

In der Ministerrunde vom 13. September war Klos der erste, der den Einsatzplänen von Bundespolizeichef Romann rechtliche Einwände entgegenhielt. Eine Zurückweisung von Schutzsuchenden an der Grenze stehe im Widerspruch zum Konzept des Dublin-Vertrags, erklärte Klos dem verdutzten Polizeipräsidenten. Klos verschob damit den Fokus der Diskussion. Es ging nun nicht mehr allein darum, was an der Grenze durch die Einführung von Kontrollen nach dem Schengen-Kodex machbar war, welche Methoden die Polizei anwenden würde und welche Bilder um die Welt gehen oder vermieden werden sollten. Jetzt stand auch die Frage offen im Raum, welche Geltung die Grundsätze von Dublin noch beanspruchen könnten, wenn die Sonderregelungen von Schengen zur Einführung temporärer Grenzkontrollen angewandt würden.

Für Dieter Romann hatte sich hier kein Konflikt zwischen unterschiedlichen Normkonzepten aufgetan, als er der Runde seine Einsatzpläne vorstellte. Der Bundespolizeipräsident war fest überzeugt: Wenn an den Grenzen kontrolliert würde, könnten auch Schutzsuchende zurückgewiesen werden. Das habe man schließlich auch beim Elmauer Gipfel so gemacht, erklärte der Polizeichef seinem

Innenminister. 1132 Menschen, so rechnete die Bundespolizei vor,[17] seien während der Kontrollen im Zusammenhang mit dem G7-Gipfel an der Grenze zurückgewiesen worden, und zwar »auch im Fall vorgebrachter Asylgesuche«.[18] Dabei habe man schlicht die »bestehende Rechtslage« angewandt, beteuerte die Bundespolizei. Nach wie vor wird darauf immer wieder hingewiesen, wenn belegt werden soll, dass bei den Elmau-Kontrollen doch offenbar auch rechtlich möglich gewesen sei, was dann später angeblich aus rechtlichen Gründen abgelehnt wurde.

Was aber tatsächlich im Rahmen der Kontrollen beim Elmauer Gipfel an der deutsch-österreichischen Grenze geschehen ist, liegt in einer ungewöhnlichen Grauzone. Die Darstellungen des Geschehens aus dem Bundesinnenministerium jedenfalls zeichnen im Rückblick ein anderes Bild als die der Bundespolizei: Wenn Schutzsuchende auf deutschem Boden kontrolliert worden seien und dabei um Asyl ersucht hätten, seien sie auch damals entsprechend der Dublin-Regeln ins Land gelassen worden, um zu klären, wer für die Durchführung des Asylverfahrens zuständig sei. Eine Zurückweisung von Asylsuchenden habe es nicht gegeben, beteuert man im Innenministerium.

Wie die von der Bundespolizei genannte Zahl von mehr als 1000 Zurückweisungen in den Wochen der Elmau-Kontrollen zustande gekommen ist, weiß niemand mehr genau zu erklären. Es waren Menschen darunter, die keine Papiere hatten und solche, die als mögliche Gewalttäter von den Demonstrationen gegen den G7-Gipfel ferngehalten werden sollten. Dass auch Flüchtlinge und Migranten in die Kontrollen gerieten, war zu diesem Zeitpunkt ein Aspekt, dem man im Ministerium keine besondere Aufmerksamkeit gewidmet hatte. Der Zweck der Kontrollen war im Frühsommer schließlich ein anderer gewesen. Was den Umgang mit Asylsuchenden betraf, ging man im Ministerium davon aus, dass sich nichts an der bis dahin geltenden Praxis ändern werde, also Asylbegehren geprüft und die Dublin-Verfahren beachtet würden. Eine Besonderheit bestand allerdings darin, dass ein erheblicher Teil der Grenzkontrollen im Mai und Juni an den gemeinsam mit der österreichischen Grenzpolizei bewachten Kontrollstellen auf österreichischem Boden stattfand. Wer dort um Asyl in Deutschland nachsuchte, hatte deutschen Boden noch nicht betreten und konnte unstrittig an der Einreise gehindert werden, bevor hier die Dublin-Regeln zur Zuständigkeitsfeststellung gegriffen hätten und entsprechende Überstellungsverfahren hätten durchgeführt werden müssen.

Diese Voraussetzung, Schutzsuchende noch vor Übertreten der Grenze an der Einreise nach Deutschland zu hindern, war im September nicht mehr gegeben. Aus Sicht der Rechtsexperten des Innenministeriums stand damit fest, dass – so wie auch die Regierung es immer wieder beteuerte – Dublin ganz normal galt. Die Normalität von Dublin bedeutete nach ihrer Auffassung: Einfach an der Grenze abweisen durfte man nur Menschen, die kein Asyl in Deutschland beantragten. Würde sich die Bundesregierung einfach über das Grundprinzip der Dublin-Verordnung hinwegsetzen, drohte nach Ansicht der Rechts- und Migrationsfachleute die endgültige Implosion des Regelwerks. Wenn sich das größte und in diesen Tagen am meisten betroffene Land der EU wissentlich von der EU-Verordnung verabschieden würde, gäbe es keinen Weg mehr zurück in den Rahmen des Rechts. Seit mehr als 20 Jahren hatten die Fachjuristen des Ministeriums an dem Ausbau des Asylrechts gearbeitet. Sie kannten die Schwächen des Systems und sahen, dass es im Moment der größten Belastung nicht so funktionierte, wie es gedacht war. Aber sie wollten es nicht aufgeben. Sie wussten, dass die EU-Kommission und auch die Bundesregierung nach wie vor für eine Weiterentwicklung des gemeinsamen Asylsystems kämpften. Würde man es jetzt kurzerhand für obsolet erklären, wäre man auf einen Schlag ins vergangene Jahrtausend zurückversetzt. Es wäre dann kaum möglich, je wieder dahin zu kommen, wo man mit Dublin nun schon einmal war.

Noch während der Sitzung telefonierte de Maizière mit dem Kanzleramt und informierte Merkel und Altmaier über den Dissens in der Spitze seines Hauses. Die Telefonate aus dem Sitzungsbereich des Innenministeriums wurden im Nachhinein zum Gegenstand raunend verbreiteter Erzählungen: Der Minister sei von »ganz oben« angewiesen worden, etwas zu tun, was er eigentlich nicht gewollt habe. Kanzleramtschef Peter Altmaier wurde in diesem Narrativ zum Vollstrecker einer Entscheidung der Kanzlerin, die – um ihren Ruhm als oberste Flüchtlingshelferin fürchtend – eine Grenzschließung untersagte, mehr noch: Je mehr die Kritik an der Politik Merkels zur mythischen Erzählung vom bewussten Rechtsbruch umgeformt wurde, desto mehr wurde de Maizière darin zur tragischen Figur stilisiert, die von Merkel und Altmaier daran gehindert wurde, zu tun, was er selbst für rechtens gehalten habe.

Plausibler aber ist, dass de Maizière in dieser Situation keineswegs und schon gar nicht gegen seinen Willen einer Direktive der Kanzlerin folgte. Merkel selbst ging ja am Sonntag schließlich noch davon aus, dass man nach der telefonischen Abstimmung mit Gabriel und Steinmeier vom Vortag mit der Einführung von Grenzkontrollen auch die Zurückweisung von Antragstellern veranlassen werde. Erst als de Maizière ihr vom Dissens seiner Fachleute berichtete, war auch der Kanzlerin klar, dass eine Zurückweisung von Asylsuchenden an der Grenze in einen rechtlichen Konflikt führen würde. Merkel und de Maizière dürften sich einig gewesen sein: Unter diesen Umständen konnte es politisch keine gewaltsame Abriegelung der Grenzen und rechtlich keine Zurückweisungen im Rahmen der geplanten Kontrollen geben.

Dass de Maizière selbst glaubte, mit dieser Entscheidung auf rechtlich sicherem Boden zu stehen, lag im Naturell eines Politikers, der ursprünglich selbst aus der obersten Bürokratie und nicht aus der Politik kam. Er hatte nach der Juristenausbildung bei Richard von Weizsäcker und Eberhard Diepgen in der Berliner Senatskanzlei gearbeitet, seinen Cousin Lothar de Maizière beim Aufbau der letzten demokratisch gewählten Regierung in der DDR unterstützt, war Chef der Staatskanzleien in Schwerin und Dresden gewesen, bevor Angela Merkel ihn 2005 zu ihrem ersten Kanzleramtschef machte. Erst ein Jahr zuvor hatte er selbst erstmals ein politisches Wahlamt errungen und sich ein Mandat im sächsischen Landtag gesichert. De Maizière blieb immer eher Staatsdiener als politischer Staatslenker.

Mit einem solchen Selbstverständnis war es schwerlich vereinbar, sich so nonchalant wie die Sicherheitsleute über Einwände und Bedenken der zuständigen Juristen im eigenen Haus hinwegzusetzen. Otto Schily hätte das gekonnt. Wolfgang Schäuble als Innenminister vielleicht auch. Aber einem wie de Maizière lag es fern, eine Entscheidung zu treffen, die nicht die Unbedenklichkeitsbescheinigung eines Verfassungsjuristen wie von Knobloch oder eines Fachmanns wie Klos hatte. De Maizière wusste schließlich auch: Selbst die politische und symbolische Wirkung einer spektakulären Grenzabriegelung würde verpuffen, wenn die Justiz sie nach kurzer Zeit, vielleicht sogar in einem Eilverfahren, aufheben würde, weil sie mit den geltenden Regeln nicht vereinbar war.

De Maizière teilte seiner Leitungsrunde mit: Grenzkontrollen würden eingeführt, Zurückweisungen aber könne es nicht geben. Wer über die Grenze gekommen sei und Asyl beantragt habe, müsse nach den Dublin-Regeln behandelt werden. Dieter Romann schäumte. Es sei lautstark und emotional geworden, erinnern sich Sitzungsteilnehmer. Doch Romann war klar, dass ihm nur die Bitte um Entlassung oder der Gehorsam des untergeordneten Beamten blieb. Widerwillig fügte sich der Polizeichef der Weisung des Ministers und änderte den Einsatzbefehl an seine Truppen. Sie würden Kontrollen durchführen. Sie würden versuchen, Schleuser zu ermitteln und festzunehmen. Sie würden Menschen, die nicht um Asyl nachsuchten, an der Grenze abweisen. Das alles war möglich und ohne Zweifel rechtens. Wer aber in Deutschland Schutz beantragte, würde auch weiterhin ins Land gelassen. Dublin galt. Ihren Frieden mit der Entscheidung haben die Sicherheitsleute nicht mehr gemacht.

Zwietracht in der Union

Thomas de Maizière zweifelte nicht daran, dass er rechtlich auf der sicheren Seite war. Viel mehr als ein gefestigtes Rechtsgefühl aber war das nicht. Die Diskussion im Ministerium war dazu nicht genügend in die Tiefe der juristischen Fragen gegangen. Sie war dominiert gewesen von dem Machbarkeitsdenken der Sicherheitsleute. Es war mehr um Grenzblockaden, Wasserwerfer und Polizeikontingente gegangen als um Paragrafen und die komplexen Überlagerungen nationaler und europäischer Rechtsordnungen. Die Festlegung, zu Dublin zu stehen und ein vollständiges Auseinanderbrechen des europäischen Asylsystems nicht hinzunehmen, war eine wichtige Weichenstellung gewesen. Doch es sollte sich zeigen, dass es auch jenseits dieser Grundsatzentscheidung noch rechtliche Weggabelungen gab.

Als sich die öffentliche Diskussion über die Flüchtlingspolitik der Regierung im Herbst auch innerhalb der Unionsparteien zuspitzte, wuchs damit auch der Druck, die eigene Rechtsposition genauer zu klären und abzusichern. An der Oberfläche der Debatte, die in das offene Zerwürfnis zwischen Angela Merkel und Horst Seehofer mündete, ging es um die Forderungen der CSU nach einer »Obergrenze« und Transitzentren an der Grenze. Darunter aber lag immer wieder die gleiche Frage: Unter welchen Umständen können Asylsuchende an der Grenze zurückgewiesen werden, sei es, wenn eine wie auch immer definierte Obergrenze erreicht ist, sei es, wenn sie aus Transitzonen im Grenzbereich wieder ausgewiesen werden sollen?

Vor allem in der CDU/CSU-Bundestagsfraktion gärte der Unmut. Abgeordnete wie der ehemalige Bundespolizeidirektor *Armin Schuster* und der frühere Polizeikommissar *Clemens Binninger* waren bestens mit der Spitze der Bundespolizei verdrahtet. Sie kannten die Position von Dieter Romann genau und wussten, dass er im entscheidenden Moment vom Innenminister ausgebremst worden war. Als Angela Merkel Anfang Oktober in der Bundestagsfraktion erklärte, niemand glaube doch wohl ernsthaft, man könne die deutschen Grenzen vollständig schließen, widersprachen Schuster und Binninger unter dem Beifall vieler Kolleginnen und Kollegen. Er wisse aus eigener Erfahrung, dass auch Zurückweisungen an der Grenze machbar seien, rief Schuster. Was sollten Grenzkontrollen denn auch bewirken, wenn sie nicht auch die Entscheidung darüber ermöglichten, wer in das Land einreisen darf und wer nicht? Der Traum offener Grenzen war für ihn zu einer Bedrohung geworden, der Schengen-Vertrag »längst abgebrannt«.[19]

In München fuhr derweil Horst Seehofer das dickste juristische Geschütz auf, das die Verfassung ihm bot: Der Vorsitzende der Regierungspartei CSU drohte der Kanzlerin und der von ihm mitgetragenen Bundesregierung mit einer Klage vor dem Bundesverfassungsgericht. Seehofer zeichnete ein apokalyptisches Bild: »Wir können nicht dauerhaft jedes Jahr mehr als eine Million Menschen aufnehmen«, mahnte der CSU-Vorsitzende. Von »Notwehr« war die Rede und von der Möglichkeit, die bayerische Polizei an den Grenzen einzusetzen, um zu tun, was die Bundespolizei unterlassen musste: Flüchtlinge abweisen.[20]

In Berlin rüstete man sich angesichts des eskalierenden Streites mit juristischer Expertise. Angela Merkel hatte Anfang Oktober ihren Kanzleramtschef Peter Altmaier mit der regierungsinternen Koordinierung der Flüchtlingspolitik beauftragt. In den Medien wurde das als Entmachtung des Innenministers kommentiert, der zwar selbst bei der Kanzlerin und bei Altmaier um Entlastung gebeten hatte, aber wohl nicht das Maß der Kompetenzverlagerung erwartet hatte, mit der Merkel und Altmaier die Sache an sich zogen.

Ein knappes Dutzend Beamte aus verschiedenen Ministerien wurden in einer Stabsstelle zusammengezogen. Als Leiter holte Altmaier einen Spitzenjuristen an seine Seite: Der 48-jährige *Jan Hecker* war seit vier Jahren Richter am

6. Senat des Bundesverwaltungsgerichts und hatte davor eine steile Juristenkarriere hingelegt. In seiner Promotion hatte er sich mit Verfassungsfragen der europäischen Integration beschäftigt und eine außerplanmäßige Professur an der Viadrina-Universität in Frankfurt an der Oder erhalten. 1999 war er aus einer der großen, internationalen Anwaltskanzleien ins Bundesinnenministerium gewechselt. Dort fiel er Peter Altmaier auf, als dieser in der ersten Regierung Merkels Staatssekretär bei Wolfgang Schäuble im Innenministerium wurde. Als Hans-Georg Maaßen dort zum Unterabteilungsleiter befördert wurde, rückte Hecker auf dessen Posten als Leiter des Referats Ausländerrecht nach und wurde zum anerkannten Fachmann in dem Themenbereich, mit der er nun als Leiter des Koordinierungsstabs Flüchtlingspolitik konfrontiert war.

Hecker wurde nicht nur als Organisator, sondern auch als Jurist gefordert. Denn unter dem Eindruck der scharfen Kritik in der Fraktion und den Klagedrohungen aus Bayern wollte sich die Regierung auch rechtlich noch einmal absichern. Zudem aber hatte man auch selbst kalte Füße bekommen. Kann und muss man wirklich unter allen Umständen an der am 13. September beschlossenen Linie festhalten? Was würde man tun, wenn der Strom der Flüchtlinge nicht abreißen und Seehofers düstere Prognosen wahr würden?

Ganz sicher war man sich nicht. Angela Merkel hatte versprochen, die Zahlen der Ankommenden mit einem Mix aus Maßnahmen zu reduzieren. Im BAMF hatte der Innenminister den überforderten Präsidenten Schmidt ausgewechselt und den Vorstandsvorsitzenden der Bundesagentur für Arbeit *Frank-Jürgen Weise* als harten Sanierer eingesetzt. In Verhandlungen mit der Türkei wollte Merkel dafür sorgen, dass die Versorgung der syrischen Flüchtlinge dort verbessert wird, damit sie sich nicht weiter auf den Weg nach Westeuropa machen.

Doch niemand wollte und konnte völlig ausschließen, dass sich die Lage nicht noch einmal erneut und noch weiter zuspitzen würde. Was, wenn die Verhandlungen über eine Einbindung der Türkei in die Sicherung der EU-Außengrenzen scheitern würden? Neue Krisen an den Rändern der EU – auf dem Balkan, im Nahen Osten, in Nordafrika – könnten neue Fluchtbewegungen in Gang setzen. Alle Bemühungen, den Zustrom von Menschen nach Europa einzudämmen, könnten sich dann als unzureichend erweisen. Müsste es die Bundesregierung auch dann hinnehmen, dass all diejenigen, die es bis nach Deutschland schaffen, im Rahmen der Dublin-Verpflichtungen aufgenommen werden?

Kein Papier

Noch in der sonntäglichen Ministeriumsbesprechung vom 13. September hatte Thomas de Maizière seine Juristen beauftragt, die Rechtslage genauer zu klären. Die Experten der Verfassungs- und der Migrationsabteilung schlossen sich daraufhin mit den Fachbeamten des Bundesjustizministeriums zusammen, um ein internes Gutachten zu erstellen, das verschiedene Interpretationsmöglichkeiten der Rechtslage und Handlungsoptionen der Regierung aufzeigen sollte. Der genaue Inhalt des Papiers, das am 15. Oktober fertiggestellt war, ist bis heute nicht bekannt. Als Journalisten Wind davon bekamen und mit Anträgen nach dem Informationsfreiheitsgesetz versuchten, die Herausgabe zu erzwingen, verweigerte die Bundesregierung das mit dem Argument, es handele sich lediglich um ein sogenanntes *Non-Paper*, eine unfertige Gedankensammlung. Doch ist bis heute in Regierungskreisen von dem Papier die Rede. Auf wenigen Seiten, so viel ist zu erfahren, wurde die rechtliche Ausgangslage skizziert. Zwei denkbare Argumentationslinien, die eine Grenzschließung mit Zurückweisungen rechtfertigen könnten, wurden genannt.

Man könnte möglicherweise argumentieren, die Einführung von temporären Grenzkontrollen nach dem Schengener Kodex setze die Dublin-Verpflichtungen außer Kraft. Dann falle man gleichsam in den rein nationalen Rechtsrahmen zurück; das deutsche Asylgesetz wäre dann nicht mehr von der EU-Verordnung überlagert, und es würde gelten, was § 18 Absatz 1 des Asylgesetzes regelt: Einem Antragsteller »ist die Einreise zu verweigern, wenn er aus einem sicheren Drittstaat einreist«. Das aber wäre eine gewagte Interpretation. Denn eine solche Wechselwirkung, nach der Dublin nur dann gelten würde, wenn auch Schengen in vollem Umfang gilt, war in keiner der Regelungen vorgesehen. Selbst als Horst Seehofer drei Jahre später als Innenminister das Thema der Zurückweisungen noch einmal brachial auf die Tagesordnung setzte, ging er nicht soweit, eine solche Rechtfertigung auch nur in den Raum zu stellen.

Die andere Rechtfertigungsstrategie, die von den Experten des Innenministeriums ins Spiel gebracht worden war, wurde fortan immer wieder als juristische Ultima Ratio genannt: Wenn eine Lage entstünde, in der ein Massenzustrom von Flüchtenden tatsächlich zu einem bedrohlichen Notstand führe, dann, aber auch nur dann, könne man sich durchaus über europarechtliche Bindungen hinwegsetzen. Die Juristen verwiesen dazu auf eine Klausel des Vertrags über die Arbeitsweise in der EU (AEUV), des Grundlagengesetzes der Europäischen Union.

Artikel 72 AEUV ist darin eine Art Notausschalter: Er stellt klar, dass das Europarecht nicht die Zuständigkeiten der Mitgliedstaaten für den Erhalt der inneren Sicherheit und öffentlichen Ordnung einschränkt. Damit, so glaubte man, habe man eine Option in der Hinterhand, um sich im Notfall über die Dublin-Regeln hinwegsetzen und Asylsuchende an der Grenze zurückweisen zu können.

Als die Fachleute des Innen- und Justizministeriums diese Rechtsauslegung entwarfen, war die Bundesregierung indes entschlossen, auf das heikle Instrument der Zurückweisung von Schutzsuchenden an der Grenze zu verzichten. Angela Merkel setzte stattdessen auf einen Erfolg ihrer Türkei-Diplomatie. Um eine Kettenreaktion von Grenzschließungen im Zentrum Europas zu vermeiden, sollten die Außengrenzen durch den Pakt mit Erdoğan verriegelt werden. Im Inneren arbeiteten Jan Heckers Flüchtlingsstab im Kanzleramt und das Bundesinnenministerium daran, das Räderwerk der Behörden wieder in einen stetigen Gang zu bringen. Der neue BAMF-Leiter Weise hatte das Personal der Behörde aufgestockt und damit begonnen, den Rückstau von unbearbeiteten Anträgen abzubauen. Tempo und Quantität der Verfahren waren jetzt wichtiger als Qualität. Aber man hatte das Gefühl, die Lage allmählich wieder in den Griff zu bekommen. Unter diesen Bedingungen würde sich Deutschland nicht mehr auf eine staatsbedrohende Notlage berufen können, um die Geltung des Europarechts außer Kraft zu setzen, war sich die Bundesregierung sicher.

Wäre das Anfang September noch anders gewesen? Hätte man sich da vielleicht doch auf die Notklausel des AEUV berufen können, um eine Schließung der Grenzen für Schutzsuchende zu legitimieren?

Die Regierung wich der Frage aus. Das Papier der Juristen im Innen- und Justizministerium wanderte in den Giftschrank, ohne dass die Regierung sich auf eine Haltung zu den darin skizzierten Rechtsauslegungen festlegte. Man wollte die Sache nicht abschließend entscheiden, um sich alle Optionen offenzuhalten. Außerdem fürchtete man, dass sich Horst Seehofer provoziert fühlen könnte, tatsächlich die angedrohte Klage in Karlsruhe einzureichen, wenn die Bundesregierung jetzt darauf beharrte, sich auf rechtlich sicherem Boden zu bewegen. De Maizière und Altmaier hatten schließlich nicht die Sorge, Seehofer könne eine Schließung der Grenzen erzwingen. Denn selbst die gewagteste Rechtsauslegung der Fachleute ging nicht soweit, eine Verpflichtung der Regierung zur Grenzschließung zu behaupten. Es ging allenfalls darum, die Möglichkeit von Zurückweisungen an der Grenze in einer künftigen Notlage zu rechtfertigen. Politisch aber wollte man es unbedingt vermeiden, dass der bayerische Koalitionspartner tatsächlich gegen die eigene Bundesregierung in Karlsruhe zu Felde zieht.

Die Beziehung zwischen der Kanzlerin und dem CSU-Chef war inzwischen auch persönlich schwer angeschlagen. Beim CSU-Parteitag Ende November hatte Seehofer die Bundeskanzlerin wie eine Schülerin neben sich stehen lassen und über seine Obergrenzenforderung belehrt. Merkel hatte das schweigend mit sich geschehen lassen. Auch jetzt wollte sie den Streit nicht weiter eskalieren lassen. Der Zwist sollte durch sichtbare Erfolge der praktischen Politik entschärft und nicht durch Grundsatzdebatten weiter am Köcheln gehalten werden. Dabei war man aus guten Gründen sicher, im Falle eines offenen Rechtsstreits die besseren Karten in der Hand zu haben. Den Akteuren im Kanzleramt und an der Spitze des Innenministeriums aber war es wichtiger, den brüchigen Scheinfrieden in der Koalition zu wahren, als auf eine Klärung der Rechtslage zu drängen. Auch als Thomas de Maizière im Dezember, unmittelbar vor einem CDU-Parteitag, in einem Interview der *WELT AM SONNTAG* auf das Rechtsthema angesprochen wurde, wich der Minister aus. Die Regierung habe sich »bisher politisch dagegen entschieden«, Flüchtlinge an der Grenze abzuweisen, antwortete de Maizière auf die Frage, ob das deutsche Asylgesetz nicht zur Zurückweisung von Flüchtlingen verpflichte. Das deutsche Recht werde in »vielerlei Hinsicht vom europäischen überlagert«, erklärte der Minister vage und ließ bewusst offen, wie genau das auch im Asylrecht galt. »Darüber kann man rechtlich lange diskutieren«. De Maizière hoffte, sich den Rechtsstreit vom Leibe halten zu können. Er täuschte sich. Denn während die Regierung eine Klärung und Erklärung ihrer rechtlichen Haltung vermied, nahm die Diskussion darüber andernorts erst richtig Fahrt auf.

Kapitel 4: Ausnahmezustand

Der Zufall wollte, dass schon Anfang Oktober 2015 die ehrwürdige Vereinigung der Deutschen Staatsrechtslehrer zu ihrer Jahrestagung zusammenkam. Das tut sie seit 1949 jedes Jahr im Herbst, und in diesem Jahr war der Schauplatz des Treffens die pfälzische Domstadt Speyer, Standort der Deutschen Universität für Verwaltungswissenschaften. 312 Staatsrechtslehrer aus Deutschland, Österreich und der Schweiz waren erschienen. Das Tagungsthema: »Verfassung als Ordnungskonzept«.

Nichts an Programm und Verlauf der Tagung verriet, dass sich Staat und Recht in der Bundesrepublik Deutschland Anfang Oktober 2015 in einer Situation befanden, die sich von der der Jahre 2014 oder 2013 großartig unterschieden hätte. Das Thema Flüchtlinge und Grenzen spielte in Speyer in allen offiziellen Teilen der Veranstaltung überhaupt keine Rolle. Kein Wunder, so kurz nach dem Vorgang, dessen genaue Konturen zum damaligen Zeitpunkt ja noch niemand im Detail kannte: »Wir waren ja alle in der Rolle von Fernsehzuschauern«, sagt der Münchner Verwaltungsrechtsprofessor und damalige Vorsitzende der Staatsrechtslehrervereinigung *Martin Burgi* im Rückblick. Das Tagungsthema stand bereits seit einem Jahr fest, die wie immer umfangreichen und sorgfältigst ausgearbeiteten Referate waren längst geschrieben. Die Debatten verliefen genauso balanciert, zivil und um minimale Anstoßnahme bemüht wie in jedem anderen Jahr auch. Um sich über die flüchtlingspolitischen Aktualitäten auszutauschen, blieb während des offiziellen Tagungsprogramms kaum Spielraum.

Unter der Oberfläche aber, in den informellen Runden während der Kaffeepausen und Abendempfänge brodelte es umso heftiger. Schon bei der Eröffnung der Tagung regten sich manche vernehmlich darüber auf, dass mit der einzigen Ausnahme des Speyerer Oberbürgermeisters Hansjörg Eger es niemand für angezeigt hielt, in den Begrüßungsworten das Thema Flüchtlinge überhaupt nur zu erwähnen. Beim Empfang der rheinland-pfälzischen Landesregierung auf dem Hambacher Schloss brachte der Münchner Verfassungsrechtsprofessor und Richter des Bundesverfassungsgerichts *Peter M. Huber* die Unzufriedenheit, die viele empfanden, offen zum Ausdruck. Wie könne es sein, fragte Huber seinen Münchner Fakultätskollegen Burgi, dass sich die Staatsrechtslehrerzunft auf ihrer Jahrestagung über Standardthemen unterhalte, während ganz Deutschland über nichts anderes rede als die Flüchtlingskrise? Die deutsche Wiedervereinigung vor 25 Jahren habe die Staatsrechtslehrervereinigung immerhin zum Thema einer Sondertagung gemacht. Jetzt gehe es wieder um Lebensfragen des Landes, und zwar um solche, die in die Kernkompetenz der Wissenschaft vom öffentlichen Recht fallen. Und die Staatsrechtslehrerschaft halte es nicht für nötig, sich dazu zu verhalten?

Mit dabei stand der Kölner Staatsrechtsprofessor *Otto Depenheuer*. Gemeinsam mit seinem Wiener Kollegen *Christoph Grabenwarter* leitete Depenheuer damals den »Schönburger Kreis«, eine Gesprächsrunde, die er mit Huber und einigen anderen dem konservativ-liberalen Spektrum zuneigenden Staatsrechtslehrern vor Jahren gegründet hatte. Depenheuer machte einen Vorschlag: Wenn die Staatsrechtslehrervereinigung sich schon nicht zu interessieren schien – warum dann nicht eine Sondertagung des Schönburger Kreises veranstalten?

Seinen Namen hat dieser Gelehrtenzirkel von der Schönburg, einem Schlosshotel im rheinischen Oberwesel unweit von Bonn auf steilem Felsen 130 Meter oberhalb des deutschen Stroms gelegen. In diesem Gemäuer ließ im Hochmittelalter, Anno Domini 1149, der grimmige Pfalzgraf Hermann von Stahleck seinen Rivalen Otto von Rheineck erdrosseln.[1] Siebeneinhalb Jahrhunderte später kaufte die Burg am Rhein, in den Franzosenkriegen arg zerstört, ein New Yorker Bankier mit dem passenden Namen T. J. Oakley Rhinelander. Heute befindet sich hier ein Hotel nebst Restaurant, wo man »im stilvollen Ambiente des Barbarossa-, Prinzessinnen- und Kapellenzimmers« übernachten kann und »Feinstes aus Küche und Weinkeller in ritterlichen Räumen und mittelalterlicher Tracht« serviert bekommt.[2] Bis vor kurzem tagten die Mitglieder noch in der spartanischen Einfachheit eines ebenfalls in dem Burgareal untergebrachten Kolpinghauses bei Kartoffelsalat und paniertem Fischfilet. Das Kolpinghaus ist mittlerweile geschlossen und das Gebäude wurde vom benachbarten Schlosshotel übernommen, das den Staatsrechtslehrern gute Konditionen einräumte: Heute speist man viergängig (was aber auch nicht allen gefällt).[3]

In der Staatsrechtslehrervereinigung, dieser einst so erlesenen Institution, fühlen sich viele ältere Staatsrechtsprofessoren schon lange nicht mehr richtig wohl. Über 700 Mitglieder hat die Vereinigung mittlerweile, zu ihren Tagungen reisen 300, 400 Leute an. Es ist ein nivelliertes Feld ohne allzu große Höhen und Tiefen – ganz anders als die um wenige, wolkenumkränzte Autoritäten gruppierte Wissenschaftslandschaft, die man früher kannte. Früher musste ein Staatsrechtslehrer (i. d. R. ein Mann) auf der Höhe seiner Macht nur zum Telefonhörer greifen, um in seinem weit gespannten Netzwerk einem nach jahrelangem gehorsamen Dienst fertig habilitierten Schüler (ebenfalls i. d. R. ein Mann) die wohl verdiente Professur zu beschaffen, auf dass dieser seinerseits zahlreiche Schüler in die Welt setze und mit Lehrstühlen versorge und man selbst als greiser Patriarch dereinst über einer wimmelnden Schar akademischer Nachkommen die segnende Hand erheben könne.[4] Das läuft heute alles so nicht mehr. Die heutigen jungen Leute treiben sich lieber in London, Florenz und New York herum und entwickeln auf ihren Juniorprofessuren und Fellowships ein schockierendes Maß an Widerspruchsgeist, und will man ihnen einen bescheidenen, aber ordentlichen Posten als Lehrstuhlassistent anbieten, dann antworten sie kühl, sie fänden in Kopenhagen oder in Toronto oder an diesem oder jenem Max-Planck-Institut deutlich attraktivere Konditionen vor, um sich wissenschaftlich zu entfalten.

Auch die Debattenkultur, da sind sich viele einig, war früher besser. Bis heute zehrt die Vereinigung vom Glanz des gewaltigen, weit über die Grenzen des Faches hinausstrahlenden intellektuellen Feuerwerks, das in den 20er Jahren auf ihren Jahrestagungen entzündet wurde, wo Geistesriesen wie Carl Schmitt, Hans Kelsen und Hermann Heller mit ihrem legendären »Methodenstreit« zwischen »Positivisten« auf der einen und »Geisteswissenschaftlern« auf der anderen Seite ihre Klingen kreuzten.

Und heute? Eine sehr durchformalisierte Angelegenheit sind die Tagungen geworden, mit vielen vorformulierten Statements und wenig Kontroverse. Man weiß noch immer von jedem, welcher Partei er oder sie nahesteht, und in der Staatsrechtslehrervereinigung wird bei allen Entscheidungen, von der Vorstandswahl bis zur Referentenliste, nach wie vor auf politischen Proporz geachtet. Aber umso weniger wird noch richtig gestritten. Die Leute, die heute in der Staatsrechtslehrervereinigung das Wort führen, sind längst nicht mehr so rechts und autoritär wie einst, aber so richtig links sind sie auch nicht. Das alles macht gerade den alten Herren, die die alte Glorie noch von früher kennen, keinen rechten Spaß mehr. Sie fühlen sich marginalisiert, missachtet, nicht ernst genommen und umstellt von den Fallen der *Political Correctness*. Viele bleiben den Staatsrechtslehrertagungen im Herbst lieber fern. Umso lieber fahren sie im Frühjahr auf die Schönburg hinauf, wo es noch ein bisschen so ist wie früher, wo man sich kennt und vertraut, fast alles Männer, die meisten Inhaber von Lehrstühlen an altehrwürdigen westdeutschen Universitäten und unverdächtig, einen mit Gender- oder Postkolonialismusstudien und dergleichen behelligen zu wollen. Ein Ort, an dem das Staatsrechtslehrertum alter Schule und strikter Observanz noch ganz bei sich ist.[5] Ein Zufluchtsort. Ein Ort zum Überdauern.

Ein Ort auch, um nachzuholen, was auf der Staatsrechtslehrertagung in Speyer versäumt worden war. Und so trafen sich die Mitglieder des Kreises, soweit sie Zeit und Interesse hatten, am 11. und 12. Dezember 2015 im Bonner Universitätsclub (die Schönburg war als Tagungsort so kurzfristig nicht verfügbar). Der Ertrag hielt sich indessen in Grenzen. Einige nutzten ihren Vortrag, um Kulturkritik am Zustand von Staat, Recht und Gesellschaft zu üben und den Mangel an Staatsverantwortung und juristischer Gedankenschärfe unter den »Romantikern« und »Gesinnungsethikern« der Willkommenskultur mit Sarkasmus zu überhäufen. Andere referierten nüchtern über rechtliche Einzelaspekte der Asyl- und Migrationspolitik wie Integration oder das Konzept sicherer Drittstaaten oder die Anforderungen der Europäischen Menschenrechtskonvention. Wieder andere entfalteten rechtspolitische Forderungen nach Grenzen, Obergrenzen und einer strikteren Trennung von Asyl und Arbeitsmigration. Wer indessen eine juristische Analyse erwartet hatte, die das konkrete flüchtlingspolitische Handeln und Unterlassen der Bundesregierung zu einigermaßen klar benannten Rechtsnormen ins Verhältnis gesetzt hätte, der hoffte vergebens. Das sei auch gar nicht zu erwarten gewesen, so die Teilnehmer. Das Treffen sei mehr ein »Selbstfindungsprozess« gewesen, eine »offene Suche nach Antworten« auf schwierige rechtliche Fragen von großer Tragweite.

Knapp zwei Monate später, am 8. Februar 2016, erschien die schriftliche Fassung der Bonner Vorträge in einem schmalen Bändchen in der Reihe »Schönburger Schriften zu Staat und Recht«. Titel: *Der Staat in der Flüchtlingskrise. Zwischen gutem Willen und geltendem Recht.* »Der Rechtsstaat«, heißt es im Vorwort des Bändchens,[6] »ist im Begriff, sich im Kontext der Flüchtlingswelle zu verflüchtigen, indem das geltende Recht faktisch außer Kraft gesetzt wird. Regierung und Exekutive treffen ihre Entscheidungen am demokratisch legitimierten Gesetzgeber vorbei, staatsfinanzierte Medien üben sich in Hofberichtserstattung, das Volk wird stummer Zeuge der Erosion seiner kollektiven Identität.«[7] Manche der Autoren, die ihre Beiträge mit diesen Worten eingeleitet sahen, befremdeten diese Sätze, sowohl vom Inhalt wie von der alarmistischen Diktion her. Das Vorwort sei den Autoren von Depenheuer und Grabenwarter nicht vorgelegt worden, sagt etwa der Bonner Staatsrechtslehrer *Klaus Ferdinand Gärditz.* Es suggeriere auch »etwas anderes, als drinsteht«.

Wer nur das Vorwort las, konnte den Eindruck gewinnen, dass hier »16 Staatsrechtslehrer in Sorge« auf Basis ihrer juristischen Expertise der Bundesregierung einen Bruch geltenden Rechts bescheinigten und nachwiesen. Dass die überwiegende Anzahl der Beiträge dieses Bandes diesen Anspruch gar nicht einlöste, entging zwar nicht der juristischen Fachöffentlichkeit.[8] Aber die Botschaft, mit diesem Band sei die Bundesregierung nach allen Regeln der Staatsrechtskunst des Rechts- und Verfassungsbruchs überführt, war in der Welt und fand ihre Abnehmer. Als am 18. Mai 2018 die AfD-Bundestagsfraktion ihre Organklage gegen die »Grenzöffnung« vor dem Bundesverfassungsgericht der Presse vorstellte[9] und der Journalist *Christian Rath* mit bohrenden juristischen Fachfragen nachsetzte, hielt der parlamentarische Geschäftsführer der AfD-Fraktion *Jürgen Braun* jenen dünnen Band in die Höhe – gleichsam als autoritatives Zeugnis für die Richtigkeit der juristischen Argumentation der AfD. »Die wesentlichen Staatsrechtler der Bundesrepublik Deutschland« seien da versammelt, sagte Braun andächtig,[10] die »absoluten Topleute«, die »großen Denker«.

Ein Beitrag in dem Büchlein dürfte dem AfD-Mann besonders gut gefallen haben. Er stammte vom Mitherausgeber *Otto Depenheuer* selbst: »Flüchtlingskrise als Ernstfall des menschenrechtlichen Universalismus« ist er überschrieben.[11] Depenheuer inszeniert darin ein Drama von apokalyptischer Grimmigkeit: Auf der Bühne lässt er die fröhliche, menschheitsumarmende Gegenwart aufmarschieren, beseelt von der »›Friede, Freude, Eierkuchen‹-Mentalität einer saturierten, weithin entpolitisierten und von ihrer moralischen Werteorientierung am meisten begeisterten Wellness- und Spaßgesellschaft«,[12] in der die »Unterschiede des Geschlechts, der Abstammung, der Rasse, der Sprache, der Heimat, Herkunft und Staatsangehörigkeit, des Glaubens und der Weltanschauung keine Rolle mehr spielen«.[13] Doch dieses heitere Völkchen, wie es da durch seine idyllische Welt universeller Brüderlichkeit tanzt, ist bedroht. Draußen lauert – der Ernstfall. Ein katastrophisches Ereignis, eine Naturgewalt: die »Flüchtlingswelle«. Rund 1,3 Millionen Menschen soll sie »nach Deutschland gespült«[14] und die »überkommenen normativen Regelwerke« unseres Landes »buchstäblich lawinenartig mitgerissen«[15] haben. Diese Erfahrung, so Depenheuer, sollte uns aus unserer »Rechtsvergessenheit« herausreißen und uns lehren, dass rechtsstaatlicher Katastrophenschutz nicht ohne Ausgrenzung zu haben ist.

Der *Ernstfall*: Das ist ein Argument mit Tradition in der Staatsrechtslehre. Seit *Carl Schmitt* 1922 sein berühmtes

Wort von der Souveränität dessen prägte, der über den Ausnahmezustand entscheidet,[16] macht damit die eine Hälfte der Staatsrechtslehrerschaft der anderen die Geltungsgründe ihres Staatsrechts streitig. Der Ernstfall – das ist sozusagen der Ort, von dem aus sich der Rechtsstaat von außen betrachtet. Das ist dort, wo das Recht nicht mehr hinreicht und nur noch die Macht zählt. Wo es gebrochen wird, weil es gebrochen werden muss. Wo der Staat sich nicht mehr um Verfahren und Zuständigkeiten und Rechtsansprüche schert, sondern nur noch um seine schiere Existenz: Krieg, Aufstand, Naturkatastrophe. Der Ernstfall: Das ist Helmut Schmidt, der als Hamburger Innensenator bei der großen Sturmflut 1962 das Verwaltungsrecht entschlossen beiseiteschiebt, um der Not zu wehren. Das ist der Krisenstab der von der RAF erpressten Bundesregierung im Terrorherbst 1977, der das »Undenkbare denkt« (und sich dann aber doch für das Recht entscheidet). Der Ernstfall: Da kriegt so mancher Staatsrechtslehrer fiebrig glänzende Augen. Und keiner mehr als Otto Depenheuer.

Knapp zehn Jahre zuvor hatte Depenheuer schon einmal eine ganz ähnliche Geschichte erzählt. »Als sich die zwei Passagierflugzeuge in die Türme des WTC bohrten«, schrieb er 2007,[17] »war es mit einem Schlag vorbei mit Integration, Autopoiesis und Selbstreferentialität. Die Spaßgesellschaft verstummte und hintergründige Angst machte sich breit.« In Osama Bin Laden sei dem freiheitlichen Verfassungsstaat ein *Feind* entgegengetreten, nicht nur ein Krimineller. Gegen ihn und sein Gefolge kämpfte er nicht um seine Geltung, sondern um seine Existenz. Weshalb er, zumindest als »verfassungstheoretische Option«,[18] aufhören könnte, wenn nicht gar sollte, ihn als Inhaber von Rechten zu behandeln. Auch nach geltendem Verfassungsrecht sei er im Rahmen einer Abwägung zwischen Freiheit und Sicherheit durchaus frei, zur »Feindgefahrenabwehr« auch mal das Undenkbare zu denken: »Maßnahmen der präventiven Sicherungsverwahrung ebenso (...) wie solche der Internierung potentiell gefährlicher Personenkreise oder die kontrovers diskutierte Frage nach einer – rechtsstaatlich domestizierten – Folter«.[19]

Depenheuers Buch – erschienen in der gleichen Reihe wie später das Flüchtlingskrisen-Bändchen – war damals ein ziemlicher Knaller, und das nicht nur wegen der wohligen Gruselschauer, die es mit seiner Agent-Jack-Bauer-Martialität der für solche Reize immer aufgeschlossenen Spaßgesellschaft über den Rücken trieb. Der damalige Bundesinnenminister *Wolfgang Schäuble*, immerhin der oberste Verfassungsschützer der Bundesrepublik, empfahl das Buch in einem Zeitungsinterview ausdrücklich zur Lektüre.[20] Dass der Rechtsstaat mit dem Ernstfall tatsächlich Ernst machen könnte, erschien für einige Zeit als reale Möglichkeit (und die war es anderenorts ja auch, siehe das von Depenheuer ebenfalls als »verfassungstheoretisch mögliche Antwort«[21] empfohlene Guantanamo). Dazu kam es bekanntlich nicht. Der Ernstfall blieb aus, und Depenheuer – ein fröhlicher Rheinländer, ausgesprochen angenehm in der persönlichen Begegnung[22] – kehrte an sein Kölner Katheder und zu seinem Hobby und Zweitberuf, dem Orgelspiel,[23] zurück. Bis 2015 die »Flüchtlingskrise« kam, und mit ihr die nächste Gelegenheit, den Ernstfall vom Zaun zu brechen.

Der Depenheuer-Ernstfall 2015 unterschied sich aber in einem Punkt ganz maßgeblich vom Depenheuer-Ernstfall 2007: Es gab keinen Feind. Die Flüchtlinge waren Fremde, aber keine Feinde – jedenfalls in ihrer überwältigenden

Mehrzahl. Sie hatten mit dem, was sie legaler- oder illegalerweise taten, nicht die Vernichtung und Verneinung des Rechtsstaats als solchen zum Ziel. Sie suchten nicht Krieg und Terror, sondern *Schutz* vor Krieg und Terror. Und zwar beim Rechtsstaat. Sie machten Rechte geltend.

Zum Ernstfall wird für Depenheuer die Ankunft von 1,3 Millionen Nichtfeinden aber gerade dadurch, *dass* sie auf deutschem Boden Rechte geltend machen. Die Rechte, die der Rechtsstaat den Asylsuchenden gewährt, sind sozusagen die Flut, in der er versinkt. Indem er Rechte wahrt, setzt er sich ins Unrecht. Der Rechtsstaat wird sein eigener Ernstfall. Damit lässt sich alles delegitimieren, was den Staat rechtlich bindet, und zugleich alles legitimieren, was ihn ermächtigt. Wer über dieses Werkzeug verfügt, braucht nicht einmal mehr großen Begründungsaufwand zu betreiben. Dass das geltende Recht auf Ausschluss und Zurückweisung hinausläuft, versteht sich dann buchstäblich von selbst.

Romantik des Staatsrechts

So wehrhaft wie Depenheuer schaute unter den Schönburgern sonst kaum einer unter der Helmzier hervor. Aber dass der Staat in der »Flüchtlingskrise« einen Not- und Ausnahmezustand zu bewältigen hatte – mit dieser Diagnose stand Depenheuer im Winter 2015/16 nicht alleine.

Auch der Würzburger Staatsrechtsprofessor *Kyrill-Alexander Schwarz* fragte in seinem Beitrag zu dem Tagungsbändchen,[24] ob »die Herrschaft des Rechts durch die Macht des Faktischen in Frage gestellt« sei und womöglich auf »überpositives Notstandsrecht« zurückgegriffen werden müsse. Eine Antwort blieb er aber schuldig. Wie hätte er die auch geben sollen? Was die geltende Verfassung an Notfallregeln bereithält, passte alles nicht. Und über das, was jenseits des Punktes gilt, an dem das Recht zu gelten aufhört – darüber können Juristen ohnehin nicht kompetent Auskunft geben. Das kann, siehe Carl Schmitt, nur der Souverän.

Die Staatsrechtslehre ist, wie die moderne deutsche Rechtswissenschaft generell, seit jeher ein »zutiefst romantisches Projekt«.[25] Sie gibt sich nicht gern zufrieden mit dem, was ihr der Gesetz- und Verfassungsgeber an geltendem, positivem Recht hinstellt, sondern sucht dahinter nach dem Idealen und Eigentlichen. Nach dem Untergang des alten Reiches 1806 waren es Professoren an den vielen verschiedenen Landesuniversitäten des zersplitterten Deutschlands, die aus der föderalen, vielfach noch absolutistisch und polizeistaatlich geprägten Vielfalt des öffentlichen Rechts sowie dem vergleichenden Studium anderer Verfassungsordnungen ein »allgemeines Staats- und Verwaltungsrecht« extrahierten – »ein Recht, das als solches nirgends galt«, das aber die ersehnte liberale Einheit Deutschlands sozusagen vorwegnahm.[26] Das war ein sehr deutsches Vorhaben. In keinem anderen europäischen Land wäre es der Rechtswissenschaft eingefallen, geschweige denn gelungen, sich in dieser Weise an Gesetzgeber, Bürokratie, Justiz und Anwaltschaft vorbei selbst zum Ausgangs- und Fluchtpunkt der Verfassungsordnung zu machen.

Daran änderte sich auch nach der Reichseinigung 1871 nichts Grundlegendes, zumal es bis zum Ende der Weimarer Republik im öffentlichen Recht, anders als im Zivil- und Strafrecht, weiterhin kaum einheitliche Gesetzgebung und Rechtsprechung gab, die der Wissenschaft in die Quere hätten kommen können. Die berühmte Weimarer Staatsrechtslehre hatte allen Platz der Welt, ihre großartigen Gedankengebäude zu errichten. Und als ab 1933 der Nationalsozialismus anfing, das positive Verfassungs- und Verwaltungsrecht der Republik als »überholt« aus dem Fenster zu werfen, fand das Gros der Staatsrechtslehrerschaft da gar nichts dabei.

In der Bundesrepublik ab 1949 änderte sich das Selbstverständnis der durch ihre NS-Nähe in weiten Teilen ohnehin zutiefst kompromittierten Staatsrechtslehre. Das Bundesverwaltungsgericht und vor allem das Bundesverfassungsgericht traten auf den Plan und nahmen die Aufgabe, das öffentliche Recht systematisierend zu durchdringen und fortzuentwickeln, immer mehr in die eigene Hand. Die Wissenschaft fand sich ihrerseits ab den 60er Jahren zunehmend in der Rolle des Dialogpartners der Bundesgerichte wieder und nahm nunmehr demütig deren Rechtsprechung als ihr hauptsächliches Studienobjekt unters Mikroskop.

Umgekehrt lasen sich vor allem die Urteilsbegründungen des Bundesverfassungsgerichts immer mehr wie gelehrte Traktate. Wie sehr viele Staatsrechtslehrer diese Rollenumkehr schmerzte, wurde in dem Stoßseufzer offenbar, den der später als Romanautor zu Ruhm gelangte Bonner Staatsrechtsprofessor Bernhard Schlink 1989 über den »Bundesverfassungsgerichtspositivismus« seiner Zunft ausstieß: »Die Staatsrechtswissenschaft lebt publizistisch im Ghetto ihrer Fachzeitschriften und inhaltlich im Bann des BVerfG.«[27]

Was aber erhalten blieb, war der Drang zur Eigentlichkeit jenseits des geltenden positiven Rechts.[28] So bestand etwa die bundesdeutsche Verfassungsdoktrin bis zuletzt darauf, dass hinter der vom Grundgesetz verfassten realen Bundesrepublik der *eigentliche* deutsche Nationalstaat weiter fortexistiere – das Deutsche Reich nämlich, das den großen Vorzug besaß, in seiner geisterhaften Fortexistenz keinerlei Gegenstück in der Realität zu haben, und daher umso besser dazu taugte, nicht nur die real existierende DDR, sondern auch die Bundesrepublik in ihrer unvollkommenen und provisorischen Realität zu delegitimieren.[29]

Als sich nach dem Grundlagenvertrag 1973 und dem dazugehörigen Urteil des Bundesverfassungsgerichts[30] die Existenz zweier realer deutscher Staaten nicht länger leugnen ließ, entmutigte das den Drang zur Eigentlichkeit in der Staatsrechtslehre keineswegs. Die Staatlichkeit der Bundesrepublik wurde nun zusehends selbst etwas, das theoretisch gegen das positive Verfassungsrecht in Stellung gebracht werden konnte. Die »Entscheidung der Verfassung, die allen anderen ihrer Entscheidungen vorausliegt und sich in ihnen aktualisiert«, schrieb 1987 einer der Hauptprotagonisten dieser Denkschule, der Bonner Staatsrechtslehrer *Josef Isensee,* sei die »Entscheidung zur Staatlichkeit. Sie ist das Basisprinzip der Verfassung.«[31] Deutschland als Staat ist, so gesehen, nicht nur das, was die Verfassung verfasst. Der Staat ist nicht nur Adressat von verfassungsrechtlichen Geboten und Verboten zum Schutz von Demokratie, Rechtsstaatlichkeit und Grund- und Menschenrechten, nicht nur Produkt von Verfassungsnormen, die seine Institutionen, Zuständigkeiten, Befugnisse und Verfahren begründen. Sondern er ist selber geboten. Der Staat selbst ist Norm. Und zwar *vor* der Verfassung.

In der bundesrepublikanischen Realität der 80er Jahre kam diese Lehre kaum je in die Verlegenheit, sich als Maßstab zur Lösung konkreter Fälle bewähren zu müssen. Die Gedankenburg des bundesrepublikanischen Staatsrechts wuchs unterdessen immer höher in den Himmel und gipfelte schließlich ab 1987 im *Handbuch des Staatsrechts*, einer auf sieben monumentale Bände angelegten, von Isensee und *Paul Kirchhof* herausgegebenen Summe des gesamten Denkens und Trachtens dieser wissenschaftlichen Schule.[32]

Dann fiel die Mauer. Das Ideal wurde Wirklichkeit, das Volk der Deutschen vollendete »in freier Selbstbestimmung die Einheit und Freiheit Deutschlands«,[33] die Zahl der »Deutschen im Sinne des Grundgesetzes«[34] näherte sich der der Bundesbürgerinnen und Bundesbürger im Sinne des Ausweisdokuments auf einen Schlag um 16 Millionen an. Ein erheblicher Teil der alt-neuen Bundesbürgerinnen und Bundesbürger hatte indessen erwartet, an der gesamtdeutschen verfassungsgebenden Gewalt nunmehr irgendwie teilhaben zu dürfen, anstatt einfach nur dem bundesdeutschen Verfassungsbestand ohne viel weitere Umstände beizutreten – aus Sicht einer Theorie, die den Staat als vorgelagert gegenüber der Verfassung sieht, kein so fernliegender Gedanke, sollte man meinen. Das hätte freilich das Ende des bekannten und bewährten Grundgesetzes bedeutet und damit die Experten, die diesen Text von Berufs wegen interpretieren, eines Gutteils ihrer Autorität beraubt. Damit wollten sich diese dann doch in ihrer ganz überwiegenden Zahl nicht anfreunden.[35] Wie folgerichtig diese Abwehrhaltung war, interessierte einstweilen niemanden, zumal sie mit der politischen Entscheidung, die Einheit durch einen schnellen Beitritt zum Grundgesetz herzustellen, ohnehin gleichlief.[36]

Zum anderen aber, und vielleicht noch wichtiger, schob sich eine neue Rechtsrealität ins Bewusstsein der Staatsrechtslehrer – und zwar eine, die ihre Doktrin von der Staatlichkeit als Verfassungsvoraussetzung massiv auf die Probe stellte: die Europäische Union. Bis dahin hatte das Europarecht den meisten deutschen Staatsrechtlern als eine Domäne von Sonderlingen gegolten, die sich mit Warenverkehrsfreiheit und dergleichen beschäftigten. Doch jetzt ließ sich die Realität einer neuen supranationalen Verfassungsordnung in Europa nicht länger ignorieren.

Steuerungsprobleme

Das Ende des Ost-West-Konflikts und seine europapolitischen Konsequenzen blieben nicht ohne Folgen. Ab den 90er Jahren begann die Dominanz des etatistischen Flügels im öffentlichen Recht erst allmählich, dann immer schneller zu schwinden. An der eigentlich stockkonservativen Münchner Fakultät tauchte Mitte des Jahrzehnts ein furcht- und respektloser junger Bursche namens *Christoph Möllers* auf, der sich vorgenommen hatte, in seiner Doktorarbeit dem »Staat als Argument« gehörig auf den Zahn zu fühlen.[37] Das Buch wurde zum Klassiker und Möllers zu einem der einflussreichsten Verfassungsjuristen seiner Generation. Die Isensees und Kirchhofs, bis dahin das Maß aller Dinge in der Wissenschaft vom öffentlichen Recht, sahen mit einem Mal buchstäblich alt aus – alt, und auf provinzielle Weise desinteressiert an dem, was im vergrößerten Deutschland, in Europa und rings herum in der Welt geschah. Die jüngere Generation hatte zumeist einen Teil ihres Studiums in London, Harvard, Chicago oder Yale verbracht und von dort nebst allerlei *Critical Legal Studies* und *Law and Economics* die Erkenntnis mitgebracht, wie sehr die Fixiertheit auf den Staat als Rechtsmaßstab politischen

Handelns eigentlich eine deutsche Marotte war, die man im Ausland niemandem erklären konnte.

Dazu kam, dass unter der Ägide liberaler Juristen wie *Wolfgang Hoffmann-Riem* (Hamburg), *Eberhard Schmidt-Aßmann* (Heidelberg) und *Andreas Voßkuhle* (Freiburg) eine Denkschule entstanden war,[38] die sich ohne falsche Bescheidenheit »Neue Verwaltungsrechtswissenschaft« nannte und für sich in Anspruch nahm, die hergebrachte »juristische Methode« im öffentlichen Recht infrage zu stellen:[39] Nicht allein auf den Rechtsakt, auf das Gesetz, die Verordnung, die behördliche Anordnung und ihre Kontrolle und Systematik komme es an, sondern auf das gesellschaftliche Problem,[40] das dieser Rechtsakt lösen soll – und eben allzu häufig nicht besonders gut löst. Statt immer nur am hoheitlichen Rechtsbefehl herumzuforschen und sich im Lamento über dessen Verfall und Niedergang zu ergehen, solle die Wissenschaft vom öffentlichen Recht lieber mithelfen, den Gründen für Vollzugs- und Steuerungsdefizite des Rechts auf die Spur zu kommen, und sich nützlich machen dabei, ihm wieder zu mehr Wirksamkeit zu verhelfen. Der Standpunkt dieser Denkschule war nicht die Außenperspektive des Ernstfalls, die immer gleich der ganzen Rechts- und Verfassungsordnung mit der Geltungsfrage droht, sondern die Binnenperspektive des gesetzgeberischen und administrativen Maschinenraums: Wenn da mal etwas nicht funktioniert, ist das noch lange kein Grund, gleich schreiend nach draußen zu laufen und den Ausnahmezustand auszurufen.

Wie sehr diese Binnenperspektive zum Mainstream in der Staatsrechtslehre geworden war, offenbarte sich im Oktober 2016, als sich die Staatsrechtslehrer erneut zu ihrer Jahrestagung trafen, diesmal im oberösterreichischen Linz.

Der Vorstand der Staatsrechtslehrervereinigung hatte mittlerweile auf die Erschütterung reagiert, die ein Teil der Mitglieder durch die Vorgänge des »Flüchtlingssommers« 2015 erfahren hatte: »Migrationssteuerung im Mehrebenensystem« hieß das erste Thema der Linzer Tagung, die unter dem Generaltitel »Grenzüberschreitungen« stand. Inwieweit lässt sich Migration durch Recht überhaupt steuern? Wer steuert da – der souveräne Nationalstaat, Europa, das Völkerrecht, alle zusammen – und mit welchem Ziel? Dies zu klären, war Auftrag und Ziel der beiden Referenten *Stephan Breitenmoser,* ein Europarechtler aus Basel, und *Kerstin Odendahl,* Völkerrechtsprofessorin an der Universität Kiel.

Migrationssteuerung – das Wort allein musste den konservativen Staatsrechtlern wie eine Provokation erscheinen, und zwar in doppelter Hinsicht: »Migration« fasst Flucht und Zuwanderung unter ein und denselben Begriff, als sei nicht das eine ein Recht auf Zeit und das andere ein Privileg auf Dauer. Und »Steuerung« suggeriert, dass hier der Staat wieder einmal nur windelweiche Verhaltensanreize setzt, anstatt mit hoheitlichem Befehl Ordnung zu schaffen und diese notfalls mit Zwang durchzusetzen.

Nun also: Migrationssteuerung. Was die beiden Referenten zutage förderten, war nicht weiter überraschend: Mit großer Sorgfalt dröselten beide auseinander, wie die völker-, europa- und verwaltungsrechtlichen Instrumente ineinandergreifen, und ließen dabei auch nicht unerwähnt, wie unvollkommen und schlecht aufeinander abgestimmt sie konzipiert sind und angewandt werden. Was es an Ursachen und Ablauf der Krise zu skandalisieren gab, war das Ungleichgewicht in der Verteilung der Lasten, die Überforderung der süd- und osteuropäischen Länder an der EU-Außengrenze und deren Unvermögen bzw. Unwillen, ihre europarechtlichen Pflichten zu erfüllen und Flüchtlinge korrekt zu registrieren, zu behandeln und zu versorgen. An der vermeintlichen »Grenzöffnung« durch die Bundesregierung dagegen fanden beide Referenten nichts weiter auszusetzen. Im Gegenteil, so Kerstin Odendahl: »Eine Rückführung oder gar eine Abweisung der Schutzsuchenden an der Grenze war und ist rechtlich nicht ohne weiteres möglich.«[41]

Niemand widersprach. Ein Staatsrechtslehrer nach dem anderen meldete sich in der anschließenden Diskussion zu Wort, und nicht einer bestritt diesen Befund. Stattdessen konzentrierte sich die Kritik, soweit sie sich nicht um Begrifflichkeiten oder technische Aspekte der beiden Referate drehte, auf die Politik und nicht auf das Recht: *Christian Hillgruber* geißelte den »Pullfaktor«, zu dem sich die Europäische Menschenrechtskonvention für Flüchtlinge entwickelt habe, und forderte die Mitgliedstaaten auf, dem durch völkerrechtliche »Auslegungsvereinbarungen« entgegenzuwirken.[42] Den Direktor des Bonner Max-Planck-Instituts *Christoph Engel* erfüllte mit Sorge, wie einzelne Mitgliedstaaten durch die Drohung mit offen rechtswidrigem Handeln ihre »Aushandlungsmacht« in Europa steigerten.[43] Eine regelrecht apokalyptische Vision trug *Frank Fechner* von der TU Ilmenau vor, der die versammelten Staatsrechtslehrer daran erinnerte, dass sie dereinst ihren »Kindern und Enkeln« darüber Rede und Antwort stehen müssten, was sie in diesen Tagen sagen, tun und lehren, ohne aber zu präzisieren, was das denn seiner Meinung nach genau sein sollte.[44]

Einen anderen Ton schlug indessen *Josef Isensee* an, der fast 80-jährige Spiritus Rector der Staatsrechtslehrer strikter Observanz: Das System der Öffnung der Binnengrenzen und der Verteilung der Asylbewerber in Europa, so Isensee bei der Diskussion in Linz, bilde »heute einen Scherbenhaufen. Die Mitgliedstaaten suchen sich jeweils eine passende Scherbe heraus, die meisten eine, die einen Vorwand liefert, sich vor dem Massenansturm zu retten. Nur Deutschland holt sich aus dem Scherbenhaufen die Scherbe des Selbsteintrittsrechts heraus, um seinen nationalen Alleingang zu rechtfertigen und Unionstreue zu demonstrieren. Doch hat ein Ausnahmetatbestand überhaupt noch normative Kraft, wenn das Regelwerk, zu dem er gehört, zerbrochen ist?«[45]

Das klang gerade so, als wolle Isensee der Bundesregierung – apropos Rechtsbruch – vor allem das Versäumnis ankreiden, das Europarecht in der Stunde angeblicher Not nicht entschlossen genug gebrochen zu haben. Aber damit war Isensee noch nicht fertig: Exekutive und Judikative, fuhr er fort, offenbarten im Umgang mit nicht asylberechtigten Ausländern eine Scheu vor »hässlichen Bildern« und vor dem »Grundkonflikt (...), den auch der Jurist in sich austragen muss: zwischen der Härte des allgemeinen Gesetzes, in dem sich auch Staatsraison verkörpert, auf der einen Seite und auf der anderen Seite dem weinenden Gesicht und dem Appell der Humanität, hier zu helfen, sich wenigstens im Einzelfall über das Recht hinwegzusetzen, wenn nicht gar es auf einen humanitären Staatsstreich ankommen zu lassen, wie wir ihn – jedenfalls dem Nimbus nach – in Deutschland erlebt haben.«

Ein »humanitärer Staatsstreich« also, »jedenfalls dem Nimbus nach«. Eine rätselhafte Wortwahl: War die rechtmäßige Regierung von Menschenrechtsaktivistinnen gestürzt worden? Das war es wohl kaum, was Isensee mit dieser Formulierung sagen wollte. Aber was dann? Hatte seiner Meinung nach der Fehlgriff in den angeblichen »Scherbenhaufen« die Verfassung außer Kraft gesetzt? Oder wollte er vielleicht einfach nur mal tüchtig auf die Ernstfall- und Ausnahmezustandspauke hauen, um die versammelten Migrationssteuerer aus ihrer Selbstzufriedenheit zu reißen?

Allen in Linz war klar, dass das europäische Flüchtlingsrecht entsetzlich schlecht funktionierte. Aber warum sollte das die Dublin-III-Verordnung gleich zu einem »Scherbenhaufen« machen und das Selbsteintrittsrecht zu einer Scherbe ohne »normative Kraft«? Die Mitgliedstaaten sind rechtlich verpflichtet, sich um die Flüchtlinge, die bei ihnen Asyl beantragten, zu kümmern, ihnen ein rechtsstaatliches Verfahren zu geben und zumindest erst mal zu prüfen, wer für sie zuständig ist, anstatt sie sich nur wechselseitig zuzuschieben und als *Refugees in Orbit* im Niemandsland staatlicher Verantwortungslosigkeit ihrem Schicksal zu überlassen. Diese Pflicht soll in der Notsituation der »Flüchtlingskrise« ausnahmsweise nicht gelten oder sogar in ihr Gegenteil, eine Pflicht zur Zurückweisung, umschlagen?

Eine Reihe von Juristen hatte sich unterdessen, teils im Auftrag, teils aus eigener Initiative, längst an die Arbeit gemacht, die Rechtslage zu untersuchen. Was sie zutage förderten, erwies sich allerdings kaum als geeignet, den Streit zu befrieden.

Kapitel 5: Selbstermächtigung

Dass Staatsrechtslehrern in Politik und Öffentlichkeit aufmerksamer und respektvoller zugehört wird als anderen Wissenschaftlern, verdankt sich nicht zuletzt ihrem privilegierten Zugang zum Richteramt am Bundesverfassungsgericht. Drei der acht Sitze an den beiden Senaten des Gerichts müssen laut Gesetz[1] mit Berufsrichtern besetzt werden, aber die anderen fünf rekrutieren sich regelmäßig, mit der einen oder anderen Politikerin dazwischen, aus den Reihen der Wissenschaft. Es gibt kaum etwas Größeres im Leben einer Staatsrechtslehrerin, als zur Verfassungsrichterin erkoren zu werden: In diesem Amt erforscht man nicht nur, was die Verfassung besagt. Man entscheidet. Man ist Teil der »maßstabsetzenden Gewalt«.[2] Man ist einer von acht Letzt-Verfassungsinterpreten, die über Geltung oder Nichtigkeit von demokratisch beschlossenen Gesetzen urteilen und den Verfassungstext verbindlich für alle ausdeuten.[3]

Das Bundesverfassungsgericht ist niemandem Rechenschaft schuldig: Über ihm wölbt sich bekanntlich nur noch der blaue Himmel. Andererseits kann es, anders als Regierung und Gesetzgeber, nicht von sich aus aktiv werden. Es darf nur reden, wenn es gefragt wird. Jemand muss klagen. Und nicht irgendjemand: Es reicht nicht, einfach nur etwas rechtswidrig zu finden. Man muss auch plausibel machen können, in seinen eigenen Rechten verletzt zu sein.[4] Das Bundesverfassungsgericht ist zwar nicht *nur* ein Gericht, das im Streit zwischen zwei Parteien entscheidet, wer von beiden recht hat. Aber es ist *jedenfalls* ein Gericht. Es braucht einen Fall. Sonst hat es nichts zu entscheiden. So bleibt die »Macht der Acht« einigermaßen in der Balance.

Ein Professor aus Heidelberg

Diese Balance war immer prekär gewesen; Vorwürfe, es greife zu sehr in die Politik ein, begleiten das Bundesverfassungsgericht seit seiner Gründung. Die Gewichte verschoben sich allerdings noch einmal ganz massiv, als 1987 der bereits erwähnte Heidelberger Verfassungs- und Steuerrechtsprofessor *Paul Kirchhof* an den Zweiten Senat des Bundesverfassungsgerichts gewählt wurde. Kirchhof, ein hochgewachsener Gelehrter mit leicht gebeugter Körperhaltung und hoher Stirn, hellen Augen und beträchtlichem Charisma, war eine Ausnahmeerscheinung am Bundesverfassungsgericht. Kaum einer vor, nach und neben ihm war von einem derart glühenden Willen beseelt, aus seinem Richteramt heraus das Verfassungsrecht nach seinen persönlichen und wissenschaftlichen Vorstellungen umzugestalten.

1992 schlossen die Mitgliedstaaten der Europäischen Gemeinschaft in Maastricht den »Vertrag über die Europäische Union«. Dagegen klagte eine Reihe von Leuten. Anstatt ihre Verfassungsbeschwerden als unzulässig zurückzuweisen, wandten Kirchhof und sein Senat einen, vorsichtig gesagt, etwas gewaltsamen Kunstgriff an und erfanden einen komplett neuen Zugangsweg zum Bundesverfassungsgericht: eine Art staatsbürgerliche Popularklage in europäischen Angelegenheiten. Jede Bürgerin und jeder Bürger der Bundesrepublik Deutschland, so der Senat in seinem sagenumwobenen Maastricht-Urteil vom 12. Oktober 1993,[5] habe das Recht, den Bundestag zu wählen. Und wenn dieses Recht dadurch ausgehöhlt werde, dass zu viele Hoheitsrechte nach Brüssel übertragen würden – dann könne sie bzw. er in Karlsruhe dagegen klagen.

Jeder beliebige Euroskeptiker, sofern er in Deutschland wahlberechtigt ist, gibt somit einen potentiell tauglichen Kläger ab, wenn es gegen die EU geht. Solange sich ein solcher findet, hat es das Bundesverfassungsgericht in der Hand, sich in die Europapolitik einzuschalten, wann immer es das für angezeigt hält. Um ein von Kirchhof geprägtes und populär gemachtes Bild[6] aufzugreifen: Alles, was an Hoheitsrechten die Brücke des Europa-Artikels 23 in Richtung Brüssel passiert, muss an dem Karlsruher Kontrollhäuschen vorbei, in dem die Wächter in den roten Roben sitzen und prüfen und entscheiden, was durchgelassen und was zurückgewiesen wird. Auch der verfassungsändernde Gesetzgeber mit Zweidrittelmehrheit in Bundestag und Bundesrat ist nicht sicher vor den Brückenwärtern und ihrem Kontrollblick, wenn es um Europa geht. Denn hier sind womöglich die Grundsätze des Demokratieprinzips verletzt. Und das gehört zu den Prinzipien des Staates, die nach der berühmten »Ewigkeitsklausel« in Artikel 79 Absatz 3 des Grundgesetzes nicht einmal durch eine Verfassungsänderung angetastet werden dürfen – das wäre verfassungswidriges Verfassungsrecht.

Wer davon allerdings nichts hatte, waren die Kläger, die das Maastricht-Urteil erwirkt hatten. Sie wurden mit 60 Seiten hoch gelehrter Urteilsbegründung nach Hause geschickt und ihre Klage als unbegründet abgewiesen. Im Ergebnis war der Maastricht-Vertrag aus Sicht des Zweiten Senats dann doch passabel. Von seiner Brückenwärterfunktion hat das Bundesverfassungsgericht seither noch dutzendfach Gebrauch gemacht. Aber am Ende, nach langem Verhandeln und Kopfwiegen und Bedenkliche-Miene-Machen, hat es zuverlässig immer alles durchgelassen. Das Stoppschild in der Hand der Brückenwärter blieb, wenngleich durchaus folgenreich, das, was es immer war: Theorie.

Insoweit bleibt die These, anhand der eigentlichen Verfassung hinter der Verfassung ließen sich konkrete Fallkonstellationen in rechtmäßig und rechtswidrig scheiden, bis heute bloße Behauptung. Irgendwo ist der Punkt erreicht, wo Europa vom Staatenbund zum Bundesstaat wird – aber wo genau? Irgendwann wird der Staat zum Nicht-mehr-Staat, kippt die Demokratie in ihr Gegenteil, hat das Staatsvolk nichts mehr zu sagen – aber wann? Irgendwo verläuft sie, diese Grenze, und das Bundesverfassungsgericht hat der Beschreibung dieses hypothetischen Grenzverlaufs seither gewaltige Mengen neuer und fein ziselierter weiterer Theorie hinzugefügt. Aber entschieden im Sinn von: hier ist sie, hier geht es nicht mehr weiter, hier ist Schluss – das hat es bislang nicht gegeben. Nicht einmal in der Eurokrise.[7]

Kirchhofs schöpferische Gelehrsamkeit als Motor der Rechtsprechung des Zweiten Senats beschränkte sich indes keineswegs auf das Thema Europa. Legendär ist bis heute der von der Senatsmehrheit unter Kirchhofs Führung freihändig und unbekümmert aus der blauen Luft gepflückte »Halbteilungsgrundsatz«, wonach der Staat nicht mehr als maximal die Hälfte der Vermögenserträge seiner Bürgerinnen und Bürger wegbesteuern darf.[8] Dass das Grundgesetz dem Fiskus solches befiehlt, hatte vorher außer Kirchhof niemand auch nur geahnt. Dem angeblichen Verfassungsgrundsatz war denn auch kein langes Leben beschieden: Einige Jahre, nachdem Kirchhofs Amtszeit als Verfassungsrichter 1999 abgelaufen war, wurde er vom Zweiten Senat ohne viel Federlesen wieder einkassiert.[9]

Kirchhofs besondere Leidenschaft für das Steuerrecht und das – in seinen Augen – verfassungsrechtlich verbürgte Recht der Geldverdiener, dem Staat nicht zu viel von ihrem Geld abgeben zu müssen, machte ihn in den neoliberalen 2000er Jahren für die CDU/CSU auch politisch attraktiv. Als Angela Merkels Schattenfinanzminister zog er 2005 mitsamt seinem radikalen Steuermodell gegen Gerhard Schröder in den Bundestagswahlkampf und musste sich von diesem mit großem Erfolg als weltfremder »Professor aus Heidelberg« veralbern lassen. »Vom Visionär zum Fachidioten zu werden kann in der Politik manchmal nur Tage dauern«, schrieb *DER SPIEGEL* in seinem Jahresrückblick 2005. Seither ist das Feld, das Kirchhof mit ungebrochenem Fleiß beackert, mit einigen Ausnahmen[10] die Wissenschaft geblieben.

Der Gutachter

1999 schied Kirchhof aus dem Amt, und seine Nachfolge im Zweiten Senat trat der Münchner, später Bonner Staatsrechtsprofessor *Udo Di Fabio* an. Beide haben vieles gemeinsam. Als konservative Katholiken sind sie von Sorge getrieben um Deutschland und sein Schicksal in Zeiten wachsender kosmopolitischer Staatsvergessenheit und Bindungslosigkeit der Deutschen. Beide sind fest in der etatistischen Staatsrechtslehre verwurzelt. Was sie unterscheidet, ist ihr Hintergrund. Als Nachfahre italienischer Arbeitsmigranten und Spross des proletarischen Ruhrgebiets hatte Di Fabio seinen Berufsweg als Kommunalbeamter im mittleren Dienst in Dinslaken begonnen und auf dem zweiten Bildungsweg sein Abitur gemacht. Zur Wissenschaft war er erst nach einigen Jahren als Sozialrichter in seiner Heimatstadt Duisburg gekommen. Ihn als »Professor aus Bonn« zu etikettieren, wäre Gerhard Schröder nicht so leicht gefallen.

Was Europa betrifft, so machte Di Fabio indessen in Karlsruhe weitgehend nahtlos dort weiter, wo sein Vorgänger aufgehört hatte. Am 30. Juni 2009 verkündete der Zweite Senat sein Urteil über den Vertrag von Lissabon[11] und unternahm dabei den Versuch, inhaltlich auszubuchstabieren, welche Aufgaben unbedingt bei der Bundesrepublik verbleiben müssten, damit diese ein richtiger Staat bleibe: Strafrecht, Verteidigung, Steuern und Staatshaushalt, Sozialsystem, Kultur und Religion – abgeleitet aus einer Wesensschau deutscher Verfassungsidentität, als ob es nicht Sache fortlaufender demokratischer Willensbildung sei, festzulegen, was Aufgabe des Staates sein soll und was nicht.

Noch mehr als Kirchhof richtete Di Fabio seinen Ehrgeiz darauf, als Intellektueller in der Öffentlichkeit zu wirken, und zwar weit über sein rechtswissenschaftliches Forschungsfeld hinaus. 2005, mitten in seiner Amtszeit, veröffentlichte er einen Bestseller mit dem Titel *Die Kultur der Freiheit*, ein flott geschriebenes Pamphlet gegen Bindungsscheu und Kinderlosigkeit und in den Worten des *FAZ*-Rezensenten Patrick Bahners »ein Programm des ›reflexiven‹ Pétainismus: Arbeit, Familie, Vaterland, alles unter dem Schutz des lieben Gottes«.[12] Das kam in Karlsruhe überhaupt nicht gut an – gar nicht mal so sehr wegen des Inhalts; da hatte man schon Richterinnen und Richter mit reaktionäreren Ansichten er- und überlebt. Anstoß erregte vielmehr, dass Di Fabio, auch wenn er die rote Robe bei seinen öffentlichen Auftritten selbstverständlich im Schrank ließ, nicht als ein Professor unter vielen, sondern notwendig immer auch und vor allem als Verfassungsrichter wahrgenommen wurde.

Das hohe Ansehen des Gerichts in der Öffentlichkeit und seine Wirksamkeit gegenüber der Politik, so das Credo in Karlsruhe, verdankt sich nicht so sehr der intellektuellen Brillanz seiner einzelnen Mitglieder, sondern der kollektiven Vernunft seiner Senatsberatungen. Die Gedanken und Argumente, auf die sich seine Urteile und Beschlüsse stützen, hat sich – so der Anspruch – nicht einer mal einfach so ausgedacht. Was es in die amtlichen Urteilsgründe schafft, wird in kritischer Diskussion von acht Juristinnen und Juristen geknetet und geformt, die sich zu den Besten ihres Faches zählen. Was ihrer Kritik standhält, das hat zumeist Bestand. Und wenn das in der Ära Kirchhof nicht immer ganz so gewesen sein sollte, so bestätige diese Ausnahme die Regel nur umso eindrucksvoller: Der singuläre Über-Professor, der sich kraft höherer Weisheit gepaart mit Amtsautorität als universeller Spender von Ratschluss und Orientierung in allen Dingen des Rechts und des Staates geriert, tut der Position des Gerichts als Kollegialorgan eben am Ende nicht gut. Die Lektion hatte man gelernt in Karlsruhe.

Das ist (neben den prozessualen Problemen, die dadurch entstehen können) der Grund, warum es in Karlsruhe als ungehörig gilt, sich als Autorität in Fragen von Recht, Politik und Moral in den Vordergrund zu spielen. Mittlerweile hat das Verfassungsgericht einen Satz von »Verhaltensleitlinien«[13] erarbeitet, um seinen Mitgliedern auch nach ihrem Ausscheiden aus dem Gericht – rechtlich unverbindlich – Zurückhaltung aufzuerlegen. Die derzeitigen Richterinnen und Richter haben diese Leitlinien alle unterschrieben. Di Fabio, dessen Amtszeit 2011 endete, war da allerdings schon ausgeschieden und ließ keinerlei Neigung erkennen, sich auf seiner erfolgreichen und einträglichen Laufbahn als Schriftsteller, Vortragsredner und bezahlter Gutachter Zügel anzulegen.

Ein Haken, an dem nichts hängt

Womit wir wieder im Jahr 2015 angelangt wären. Als im Oktober der Streit zwischen CSU-Chef Horst Seehofer und der Kanzlerin eskalierte und sich die bayerische Staatsregierung nach einem Gutachter umsah, um ihren Rechtsstandpunkt argumentativ zu unterfüttern, empfahl der bayerische Justizminister *Winfried Bausback* – selbst Professor für Öffentliches Recht an der Universität Wuppertal – bei Udo Di Fabio anzufragen. Der sagte zu und machte sich ans Werk. Am 8. Januar 2016, kurz nach der Silvesternacht von Köln, war er fertig.[14]

Die Frage, die Di Fabio für den Freistaat Bayern beantworten sollte, hatte einen föderalen Hintergrund. Zwar sind Ausländer- und Asylrecht und der Schutz der Grenzen im Prinzip erst einmal Aufgaben des Bundes. Aber die Länder sind dafür verantwortlich, die Flüchtlinge unterzubringen und zu versorgen und, wenn nötig und möglich, auch wieder abzuschieben. Mit anderen Worten: Der Bund kocht die

Suppe, die die Länder auslöffeln müssen. Daraus folgt die Frage: Was genau ist der Bund den Ländern an Maßnahmen rechtlich schuldig, um einen »massenhaften und unkontrollierten Zustrom von Flüchtlingen« wirksam zu begrenzen? Und wenn er nicht liefert, können die Länder dann vor dem Bundesverfassungsgericht klagen?

Auf diese Fragen eine für den Auftraggeber zufriedenstellende Antwort zu finden, war kein einfacher Job. Denn im Grundgesetz ist nichts Explizites zu finden, woraus die Länder ein Recht ableiten könnten, den Bund dazu anzuhalten, seine Arbeit anders oder besser zu machen – zumal das Grundgesetz den Bereich des Grenzschutzes so eindeutig dem Bund zuweist wie kaum einen anderen. Allerdings, so Di Fabio, blieben beide Seiten einander zur »Bundestreue« verpflichtet: Bund und Länder müssen bei der Ausübung ihrer jeweiligen Zuständigkeiten aufeinander Rücksicht nehmen. Jedenfalls wenn der Bund durch sein Tun oder Unterlassen ein solches Durcheinander anrichtet, dass die Länder in ihrer Funktionsfähigkeit gefährdet sind, verletze er diesen Grundsatz, so Di Fabio. Und dagegen könnten die Länder in der Tat klagen.[15]

Nun hatte Bayern sicherlich kein gesteigertes Interesse, die Behauptung in die Welt zu setzen, seine Funktionsfähigkeit als Land sei in Gefahr – im Gegenteil: der Freistaat war mit einigem Recht sehr stolz darauf, wie gut er mit der Herausforderung der Flucht- und Migrationskrise bislang fertig geworden war. Di Fabio verlor denn auch in seinem Gutachten zu diesem Aspekt auch gar nicht mehr viele Worte, sondern konzentrierte sich stattdessen auf den Maßstab, mit dem die etatistische Staatsrechtslehrerschaft am liebsten hantiert: Staatlichkeit.

»Keine Ebene im Bundesstaat und kein zur Staatsleitung

berufenes Verfassungsorgan«, schrieb Di Fabio, »darf seine Kompetenzen so ausüben, dass die Staatlichkeit als Voraussetzung der demokratischen Selbstbestimmung des Volkes verletzt oder gefährdet wird.«[16] Der Grundsatz der Bundestreue verlange vom Bund, ein souveräner Staat zu bleiben, der auf seinem Territorium das Gewaltmonopol ausübt. Dazu gehöre insbesondere, die Zusammensetzung der ihm zum Schutz befohlenen Bevölkerung zu kontrollieren, sodass er seinen Schutzpflichten auch nachkommen könne. Dies, so Di Fabio, sei »keineswegs nur ein Gegenstand für staatstheoretische Reflexionen, sondern eine zwingende Voraussetzung für die Möglichkeit von freiheitlichen Demokratien«.[17]

Staat als Argument: War in der Flucht- und Migrationskrise damit endlich der Moment gekommen, an diesem bislang theoretisch gebliebenen Haken auch mal einen konkreten Fall aufzuhängen, und einen derart zentnerschweren obendrein? War das Tun und Unterlassen der Bundesregierung ab September 2015, gemessen an diesem Maßstab, ein Rechts- und Verfassungsbruch gewesen?

Gerade diese Frage zu beantworten, vermied Di Fabio indessen auf das Sorgfältigste. Das Grundgesetz, so sein Gutachten, schreibe dem Bund vor, für einen wirksamen Schutz der Grenzen zu sorgen, aber nicht »*wo und wie*«.[18] Er dürfe den Grenzschutz auch an die EU-Außengrenzen verlagern. Wenn er dort nicht funktioniere, dürfe er das aber nicht achselzuckend hinnehmen, sondern müsse aktiv werden. Was genau der Bund dann zu tun habe, sei wiederum Sache seines »politischen Gestaltungsermessens«. Gegenwärtig, so Di Fabio weiter, »deutet allerdings einiges darauf hin, dass das Mindestmaß an politischen Aktivitäten durch den Bund diesbezüglich noch unterschritten ist, denn eine ausgewogene und dauerhafte europäische Lösung ist zurzeit nicht erkennbar«.[19] Damit war Di Fabio zwar an die Feststellung, der Bund habe seine Pflichten verletzt, ziemlich nah herangerobbt – aber den letzten Schritt war er nicht gegangen.

Bei der Begutachtung der konkreten Gesetzeslage ging Di Fabio ähnlich vor. Nach § 18 Asylgesetz muss Flüchtlingen, wenn sie aus einem sicheren Drittstaat einreisen oder im Dublin-System ein anderer Staat für das Asylverfahren zuständig ist, die Einreise verweigert werden – es sei denn, der Bundesinnenminister hat nach § 18 Absatz 4 etwas anderes angeordnet. Dies, so Di Fabio weiter, sei für begrenzte Ausnahmesituationen gedacht, aber nicht für die Öffnung der Grenzen für eine massen- und dauerhafte unkontrollierte Einreise von Flüchtlingen. Dafür fehle eine gesetzliche Grundlage, sofern das Demokratieprinzip so etwas überhaupt erlaube. Jedenfalls treffe aber den Bund die Pflicht, die Initiative für eine solche Gesetzgebung zu ergreifen.[20]

Kurzum: *Wenn* dauerhaft Flüchtlinge in großer Zahl unkontrolliert über die Grenze kommen, dann – so Di Fabios durchaus angreifbarer[21] Befund – sei das verfassungswidrig. Aber *ob* das im Sommer 2015 und den Monaten danach der Fall gewesen und damit die Schwelle zur Verfassungswidrigkeit tatsächlich überschritten war – dazu traf das Gutachten keine Aussage.

Tatsächlich, das stellte Di Fabio nachträglich mit allem Nachdruck klar, war seine Antwort auf diese Frage ein klares Nein. »Verfassungsbruch habe ich so nicht vorgeworfen«, sagte er später in einem Interview[22] mit dem Chefredakteur der *Neuen Zürcher Zeitung Eric Gujer* und der Philosophin *Katja Gentinetta:* »Sondern ich habe davon gesprochen, dass, wenn man über Monate den Zustand unkontrollierter Grenzen anhalten lässt, dass das dann ein Verfassungsbruch wird und deshalb Abhilfe geschaffen werden muss. Nun ist die Abhilfe dann geschaffen worden durch wen auch immer. Aber sie ist geschaffen worden, auch durch Beiträge der Bundesregierung. Deshalb gibt es diese verfassungsrechtliche Notlage, will ich mal sagen, nicht mehr.« In Deutschland, erklärte der Staatsrechtler seinen Schweizer Zuhörern, »neigt man dazu, eine rechtliche Beurteilung auch zu einer moralischen Inquisition zu machen. So einfach war die Rechtslage hier nicht, so dass ich dieses Verdikt vom klaren Verfassungsbruch so nicht gesagt habe und so auch nicht unterschreiben würde. Aber es war eine verfassungsrechtlich zweifelhafte Lage.«

Was Di Fabio also im Auftrag der bayerischen Staatsregierung verfasst hatte, wirkt vertraut, wenn man die Europa-Rechtsprechung des Zweiten Senats des Bundesverfassungsgerichts kennt: Man errichtet in schwindelnder staatstheoretischer Abstraktionshöhe einen normativen Maßstab, dessen Tatbestandsmerkmale unbestimmt und beweglich genug sind, um die Rechtsfolge nahezulegen, aber nie wirklich eintreten zu lassen. Wann ist die eine Übertragung eines Hoheitsrechts an die EU der eine Strohhalm zu viel, der dem deutschen Staatskamel das Kreuz bricht? Welcher über die Grenze kommende Flüchtling ist derjenige, bei dem sich die Waage neigt und Deutschland vor lauter unkontrollierter Einwanderung aufhört, ein Staat zu sein? Das weiß keiner und kann auch keiner wissen. Das bleibt unbestimmt und ungeklärt, und solange es das bleibt, lässt sich jedes neue EU-Hoheitsrecht, jeder neue Flüchtling als potentielle Rechts- und Verfassungskrise *in the making* verdächtig machen, ohne je dazu wirklich eine Entscheidung fällen und verantworten zu müssen. So sitzt jahrein, jahraus der Brückenwärter in seinem Häuschen, die Hand am Hebel und jederzeit bereit, die Verfassungsschranke zu senken, ohne es jemals zu tun und ohne sich selbst und die eigene zur Norm gewordene Staatstheorie jemals einem Risiko auszusetzen.

Die Klage, die es nie gab

Aus Sicht des Auftraggebers erfüllte Di Fabios Werk indessen seinen Zweck ganz wunderbar. Am 12. Januar 2016 lud die bayerische Staatsregierung zu einer Pressekonferenz in die Münchner Staatskanzlei, um das Gutachten der Öffentlichkeit vorzustellen. »Die derzeit unkontrollierte Einreise ist nach Auffassung des Gutachters mit dem Grundgesetz nicht vereinbar«, stellte Winfried Bausback zufrieden fest. »Geltendes Recht«, so der staatsrechtslehrende Justizminister, »wird nicht beachtet«. Der *Bayernkurier*,[23] das Parteiorgan der CSU, meldete: »Indem der Bund Deutschlands Grenzen nicht sichert und unkontrollierte massenhafte Einreise zulässt, verletzt er seine Verfassungspflichten. Das schreibt der ehemalige Bundesverfassungsrichter Udo di Fabio in einem Rechtsgutachten für die Bayerische Staatsregierung.« Di Fabio selber war bei der Pressekonferenz nicht anwesend und konnte somit nicht widersprechen.

Zwei Wochen später schickte Ministerpräsident Horst Seehofer an die »sehr geehrte Frau Bundeskanzlerin, liebe Angela« einen Brief nebst Di Fabios Gutachten als Anlage.[24] Das Gutachten zeige, so der bayerische Regierungschef, »dass die derzeitige unkontrollierte Einreise mit dem Grundgesetz nicht vereinbar ist. Geltendes Recht wird nicht beachtet.« Da das europäische Grenzschutz- und Einwanderungsregime zusammengebrochen sei, sei der Bund von

Verfassungs wegen verpflichtet, selbst wieder seine Grenzen zu schützen und Asylbewerber, die aus sicheren Drittstaaten einreisen, an der Grenze zurückzuweisen. Das habe Di Fabio festgestellt. Wenn die Kanzlerin nicht »unverzüglich« die Maßnahmen ergreife, die Seehofer von ihr forderte, behalte sich »Bayern eine Klage vor dem Bundesverfassungsgericht ausdrücklich vor«.

Mit der Antwort ließ sich die Kanzlerin ein Vierteljahr Zeit. Ende April schickte sie ein dreiseitiges Schreiben[25] an Seehofer, in dem sie auflistete, was unterdessen innen- und außenpolitisch alles unternommen worden war, um die Krise in den Griff zu kriegen. Auf die Rechtsfrage und Seehofers Klagedrohung ging sie gar nicht weiter ein.

Die bayerische Staatsregierung hatte unterdessen Zeit zu überlegen, was nun aus der in den Raum gestellten Verfassungsklage werden sollte. Wer sollte die Klage verfassen und Bayern in Karlsruhe vor Gericht vertreten? Wenn man ein Gutachten in Auftrag gegeben hat, dann liegt es nahe, den Gutachter auch mit der Prozessvertretung zu betrauen. Vor Gericht, so der Normalfall, stellt sich heraus, was ein Gutachten taugt.

Im Fall Di Fabios war dieses Risiko allerdings von vornherein ausgeschlossen. Denn als ehemaliger Verfassungsrichter konnte Di Fabio gar keine Prozessvertretung in Karlsruhe übernehmen, schon gar nicht vor dem Senat, dem er selbst angehört hatte. Die bayerische Staatsregierung musste daher jemand anders für die Prozessvertretung gewinnen und betraute schließlich den Bayreuther Rechtsprofessor *Markus Möstl*[26] damit, der der CSU-Regierung schon öfter mit seiner juristischen Expertise zur Seite gestanden hatte.

Aber dazu kam es diesmal gar nicht mehr. Am 9. Mai einigten sich Bundesinnenminister *Thomas de Maizière* und sein bayerischer Amtskollege *Joachim Herrmann* darauf, die nach dem Schengen-Recht eigentlich vorgesehene kontrollfreie Ein- und Ausreise einstweilen weiter auszusetzen.[27] Von einer Zurückweisung von Flüchtlingen, die aus sicheren Drittstaaten einreisen, war in der gemeinsamen Erklärung zwar keine Rede. Doch Bayern gab sich mit dem Signal, dass an den deutschen Grenzen jetzt tüchtig kontrolliert und geschützt werde, auch so zufrieden. »Großer Erfolg für Bayern«, meldete die CSU,[28] »das Ende der Willkommenskultur« der *Bayernkurier.*[29] Tags darauf beschloss das Kabinett in München, den Plan einer Klage in Karlsruhe einstweilen nicht weiterzuverfolgen.[30] Der Prozess, den Seehofer der Kanzlerin und ihrer »Herrschaft des Unrechts« angedroht hatte, blieb aus und mit ihm das klärende Wort aus Karlsruhe.

Wenn die rote Robe versilbert wird

In der Öffentlichkeit hingegen hatte Karlsruhe sich bereits geäußert – nicht unmittelbar zwar, aber Di Fabio war schließlich nicht irgendein Professor, sondern ein ehemaliger Richter des Bundesverfassungsgerichts. Obendrein hatte zeitgleich mit der Veröffentlichung von Di Fabios Gutachten der Münchner Staatsrechts-Emeritus und ehemalige Präsident des Bundesverfassungsgerichts *Hans-Jürgen Papier* dem *Handelsblatt* ein Interview[31] gegeben und dabei eine Diagnose gestellt, wie sie brutaler kaum zu formulieren ist: »Die Flüchtlingskrise offenbart ein eklatantes Politikversagen. Noch nie war in der rechtsstaatlichen Ordnung der Bundesrepublik die Kluft zwischen Recht und Wirklichkeit so tief wie derzeit.« Die »Herrschaft des Rechts« stehe auf dem Spiel, die »engen Leitplanken des deutschen und europäischen Asylrechts« seien »gesprengt«, das geltende Recht »an die Wand gefahren« worden, weshalb die Kanzlerin »umzusteuern« habe. Und Papier sagte auch gleich, wohin: »Wenn ein einheitlicher europäischer Asylraum mit zwingenden Verteilungsquoten und einheitlichen materiellen Standards nicht zustande kommt, muss die nationale Politik selbst handeln« und die Landesgrenzen schließen.

Von wem sollte sich die Öffentlichkeit autoritative Auskunft über die Rechts- und Verfassungslage erhoffen dürfen, wenn nicht von dem »früheren obersten Verfassungshüter« (*Handelsblatt*) Hans-Jürgen Papier? Wessen Urteil trauen, wenn nicht seinem?

Es gibt in der Politik immer eine große Nachfrage nach verfassungsrechtlichen Autoritäten. Jura ist notorisch kompliziert und interpretationsbedürftig, und der abgedroschene Spruch »zwei Juristen, drei Meinungen« wäre nicht so populär, wenn er nicht so wahr wäre. Da wächst das Bedürfnis nach jemandem, der sich von höherer Warte aus zu sagen traut, wo es lang geht. Dass Juraprofessorinnen und -professoren mit ihrem Ansehen und ihrer Expertise diese Nachfrage bedienen und sich dafür nach Marktpreisen bezahlen lassen, ist weder ungewöhnlich noch ungehörig. Für so ein Gutachten kann man, je nach Renommee und Umfang, einen niedrigen bis mittleren fünfstelligen Betrag verlangen. Dieses Zubrot zum schmalen Beamtensold macht für hoch qualifizierte Juristinnen den Wissenschaftsjob finanziell oft erst richtig interessant.

In einer anderen Größenordnung bewegt sich indessen, wer obendrein die Quasiamtsautorität der roten Robe in Rechnung stellen kann. Wenn ein bekannter Ex-Karlsruher die eigene Rechtsauffassung teilt, der jahrelang *ex officio* über Gesetze und Urteile den Verfassungsdaumen mitgesenkt und mitgehoben hat, bringt das für ein Unternehmen, einen Verband oder einen anderen politischen Player im Meinungskampf doch noch einmal deutlich mehr auf die Waage als der Standpunkt irgendeines Wald-und-Wiesen-Professors. Was einen Wert hat, das hat auch einen Preis. Wie hoch der genau ist, bleibt meist vertraulich und hängt natürlich vom Einzelfall ab. Um die Vermutung eines Staatsrechtsprofessors mit eigener Marktkenntnis zu zitieren: »Einer wie Di Fabio schraubt für weniger als 100 000 Euro den Füller gar nicht auf« (Di Fabio selbst gab auf Nachfrage keine Auskunft zu der Höhe des Honorars für das Gutachten zur Flucht- und Migrationskrise, legte aber Wert auf die Feststellung: »Ich schreibe nicht mit dem Füller und in diesem Fall hat das Honorar ein ganzes Stück unter der genannten Summe gelegen.«).

Ob man für das Geld allerdings auch ein entsprechendes Mehr an Substanz bekommt, ist freilich eine ganz andere Frage. Der Senat spricht *Recht*. Seine Mitglieder, wenn sie sich außerhalb ihrer Amtsfunktion äußern, sprechen nur *über Recht* und taugen damit zur Verfassungsrechtsautorität im Prinzip kein bisschen mehr als jeder dahergelaufene Staatsrechtsprofessor auch. Wer seine Expertise als die eines »früheren Verfassungshüters« vermarktet, verkauft somit eigentlich mehr, als ihm gehört.

Kaum einer unter den Ex-Richtern hat der Nachfrage nach Verfassungsautorität in jüngerer Zeit so oft und so schmerzfrei seine Dienste angeboten wie Hans-Jürgen Papier. Wann immer es seit seinem Ausscheiden 2010 etwas zum öffentlichkeitswirksam Verfassungswidrig- oder Verfassungsmäßig-Finden gab, Papier hatte zuverlässig seinen

Finger in der Luft: zur Ehe für alle,[32] zum Solidaritätszuschlag[33], zum Bargeldverbot,[34] zum Atomausstieg,[35] zum Tarifeinheitsgesetz,[36] zu Sportwetten,[37] zum Drei-Stufen-Test für den öffentlich-rechtlichen Rundfunk,[38] zur Erbschaftsteuer,[39] zur Sperrklausel bei Europawahlen[40] – es gab so gut wie nichts, wozu das »Ein-Mann-Verfassungsgericht«[41] Hans-Jürgen Papier sich kein abschließendes Urteil zugetraut hätte. Die Folge ist, dass bei dem Namen Papier – weit mehr noch als bei Di Fabio – viele, auch konservative Staatsrechtslehrer nur noch mit den Augen rollen.

Das weiß die Öffentlichkeit freilich in der Regel nicht. Für sie musste es am 12. Januar 2016, als Di Fabio und Papier am gleichen Tage ihre geballte Ladung Verfassungsautorität auf sie abfeuerten, so ausgesehen haben, als sei es das Fleisch gewordene Verfassungsrecht selbst, das die vermeintliche »Grenzöffnung« der Kanzlerin als Abkehr von der Herrschaft des Rechts verurteile. Wenige Tage später äußerte sich der amtierende Präsident des Bundesverfassungsgerichts *Andreas Voßkuhle* in einem Gespräch mit Deutschlandfunk und Phoenix mit bemerkenswerter Offenheit. Papiers Nachfolger warnte davor, wegen einzelner Probleme bei der Umsetzung von Recht den »Untergang des Abendlandes zu beschwören« und nannte die Vorstellung, dass Staatlichkeit sich vor allem über Grenzen und ein Staatsvolk definiere, »neunzehntes Jahrhundert«.[42] Das war erkennbar auf seine beiden Ex-Kollegen gemünzt. An der öffentlichen Wirkung änderte Voßkuhle damit aber nichts. Bis heute brauchen AfD-Politiker, wenn sie nach Gründen für ihr »Rechtsbruch«-Urteil gefragt werden, zumeist nur kühl lächelnd auf Di Fabio et al. zu verweisen, um jeden Widerspruch zum Verstummen zu bringen: Ob man es etwa besser wissen wolle als die?[43]

Kaum hatten Di Fabio und Papier gesprochen, brachen alle Dämme. In Berlin meldete sich der 71-jährige emeritierte Professor *Ulrich Battis* von der Humboldt-Universität zu Wort: »Geltendes Recht wird fortwährend gebrochen. (...) Hier geht es um klare Verfassungsverstöße.«[44] Im *Kölner Stadtanzeiger* veröffentlichte der 69-jährige Verwaltungsrichter im Ruhestand *Michael Bertrams*, ehemals Präsident des Verfassungsgerichtshofs von Nordrhein-Westfalen, einen Gastbeitrag, der die Kanzlerin Angela Merkel frontal angriff: Sie habe mit der »Aufnahme Hunderttausender Flüchtlinge« Deutschland in eine »selbstherrliche ›Kanzler-Demokratie‹« umgewandelt. »Merkels Alleingang war (...) ein Akt der Selbstermächtigung.«[45]

Selbstermächtigung: Das Stichwort blieb nicht ungehört. »Damit erinnert Bertrams an 1933«, schrieb *Nicolaus Fest*, ehemaliger stellvertretender Chefredakteur der *BILD AM SONNTAG* und bei der Wahl 2017 Bundestagskandidat der AfD, in der rechten Wochenzeitung *JUNGE FREIHEIT*, »und nicht ohne Grund. Das Ermächtigungsgesetz der Nationalsozialisten beendete die Gewaltenteilung, indem es der Reichsregierung gesetzgeberische Befugnisse einräumte. Das Parlament war dadurch überflüssig, die Ermächtigung des Reichskanzlers Hitler ein Akt der Selbstabschaffung.«[46]

Bertrams hatte Angela Merkel allerdings nicht mit Adolf Hitler verglichen, sondern ihre angebliche Entscheidung zur angeblichen »Grenzöffnung« mit einem Fall, der aus dem bundesrepublikanischen Verfassungsrecht wohlbekannt ist: dem Auslandseinsatz der Bundeswehr. Dem muss nach der Rechtsprechung des Bundesverfassungsgerichts nämlich das Parlament zustimmen, die Vertretung des deutschen Volkes. »Kann also schon die Entsendung einiger Hundert Soldaten nach Mali nur mit Zustimmung des Bundestags erfolgen«, so der Ex-Landesverfassungsrichter Bertrams, »dann ist diese erst recht erforderlich, wenn es um die Aufnahme Hunderttausender Flüchtlinge geht.«

Wieso bedarf die Entscheidung, Flüchtlinge ins Land zu lassen, dringender eines Parlamentsbeschlusses als die, junge Deutsche in den Krieg zu schicken? Das erläuterte Richter Bertrams nicht näher. Worauf er hinauswollte, war, dass sie jedenfalls eines Parlamentsbeschlusses bedurft hätte. Darauf wird noch zurückzukommen sein. Zuvor ist aber noch eine andere Frage zu klären: was für eine Entscheidung überhaupt? Diese Entscheidung, die er *a fortiori* mit dem Marschbefehl an die Bundeswehr verglich – was hatte es mit der überhaupt auf sich?

Kapitel 6: Eine politische Entscheidung

Juristen gelten als Umstandskrämer. »Kommt drauf an«, geben sie typischerweise zur Antwort, wenn man sie nach der Rechtslage fragt. Und worauf kommt es an? Auf den Sachverhalt: das, was passiert ist. Die Fakten. Bevor eine Juristin etwas Vernünftiges darüber sagen kann, ob etwas rechtmäßig oder rechtswidrig ist, muss geklärt sein, *was* denn genau rechtmäßig oder rechtswidrig gewesen sein soll. Dieser Fall ist so zu beurteilen, jener anders, und bevor man sagen kann, was von beidem, muss man wissen, was exakt sich überhaupt zugetragen hat. Es in dieser Hinsicht genau zu nehmen, ist geradezu der Daseinsgrund der Juristerei. Dass sie einen *bestimmten* Sachverhalt mit einer *bestimmten* Rechtsfolge verknüpfen können, macht Juristen zu nützlichen Menschen, denen man dankbar zuhört. Leute, die abgelöst vom Sachverhalt irgendwelche Meinungen dazu äußern, was Recht sein sollte und was Unrecht, gibt es ohnehin genug.

Was genau war passiert? Wer hatte wann, wo, was entschieden? Was ist mit »Grenzöffnung« überhaupt gemeint? Wie muss man sich eine Grenze und Grenzkontrollen im heutigen Schengen-Raum überhaupt genau vorstellen? Mit einem Wort: Was ist der Sachverhalt?

Das wusste keiner so richtig. Monatelang blieb die Antwort auf diese Frage im Unbestimmten. Das hatte auch mit dem Kommunikationsverhalten der Bundesregierung zu tun. Die mauerte. Sie druckste herum. Sie äußerte sich, wenn überhaupt, dann nur lapidar und obendrein mehrdeutig.[1] Im Dezember 2015 befragte die *WELT AM SONNTAG* Bundesinnenminister *Thomas de Maizière* im Interview,[2] warum er sich gegen das Zurückweisen von Flüchtlingen entschieden habe, wo doch § 18 Asylgesetz dies an der Grenze zu Österreich ausdrücklich anordne. Anstatt mit diesem Missverständnis aufzuräumen und zu erklären, was auf welcher Rechtsgrundlage entschieden wurde, antwortete der Minister: »Darüber kann man rechtlich lange diskutieren. Das deutsche Recht wird in vielerlei Hinsicht vom europäischen überlagert. Politisch haben wir uns bisher jedenfalls dagegen entschieden.«

Das klang so, als halte es der zuständige Minister sozusagen für irrelevant, was rechtens sei und was nicht. Nicht nur Staatsrechtslehrer gewannen den Eindruck: Ob rechtmäßig oder nicht, das kümmert die überhaupt nicht mehr. Die Bundesregierung lässt sich in ihrem Handeln nicht mehr vom Recht leiten.

Auf der Suche nach dem »Geheimerlass«

Dieser Eindruck und der Verdruss, den er bewirkte, dürfte dazu beigetragen haben, dass sich das Vakuum der Unkenntnis des genauen Sachverhalts mit einer Legende der besonderen Art füllte: der vom »Geheimerlass«.

»Dem Ausländer ist die Einreise zu verweigern, wenn er

aus einem sicheren Drittstaat einreist.« So steht es, scheinbar unmissverständlich, in § 18 des deutschen Asylgesetzes. Wenn man etwas weiter liest, dann stößt man in Absatz 4 auf eine Ausnahme: »Von der Einreiseverweigerung oder Zurückschiebung ist im Falle der Einreise aus einem sicheren Drittstaat abzusehen«, wenn erstens Deutschland europa- oder völkerrechtlich für das Asylverfahren zuständig ist oder zweitens »das Bundesministerium des Inneren es aus völkerrechtlichen oder humanitären Gründen oder zur Wahrung politischer Interessen der Bundesrepublik Deutschland angeordnet hat.«

Das, so schien es, war die Norm, die das Handeln von Bundesinnenminister de Maizière bestimmte: Eigentlich war die Einreise zu verweigern, aber ausnahmsweise nicht – wenn der Minister das aus »völkerrechtlichen oder humanitären Gründen oder zur Wahrung politischer Interessen« Deutschlands so anordnete. Hier, so schien es, war der Hund begraben. Diese Anordnung war es, mit der die Bundesregierung die »Grenzen geöffnet« hatte. Nur – wo war die? Niemand kannte sie. Hatte de Maizière die »Grenzöffnung« angeordnet und einen Akt von solcher Tragweite nicht einmal zu Papier gebracht?[3]

Einer, der die Fährte dieser nicht vorhandenen Ministeranordnung mit besonderem Eifer verfolgte, war *Christian Hillgruber*. Der Staatsrechtsprofessor aus Bonn hatte im Winter 2015/16 ein Forschungsfreisemester und damit Zeit und Muße, sich in seinem Rheindorfer Arbeitszimmer in die Aufgabe zu vertiefen, den juristischen Fehler an der Flüchtlingspolitik der Bundesregierung dingfest zu machen.

Hillgruber, Jahrgang 1963, ist eine Generation jünger als Isensee und Kirchhof und heute so etwas wie der Letzte der Getreuen in der schrumpfenden Schar der etatistischen

Staatsrechtslehrer vom alten Schlag – eine Rolle, die er mit Gusto ausfüllt. Der bedrängte und marginalisierte Zustand, in dem sich diese Denkschule heute befindet, scheint ihm nichts auszumachen, im Gegenteil: Als Bedränger von Minderheiten zur bedrängten Minderheit zu werden, hat den Vorzug, dass man den bedrängten Minderheiten auch noch ihr Recht, nicht bedrängt zu werden, streitig machen und sich selbst aneignen kann. Im Februar 2014 veröffentlichte Hillgruber in der *FAZ* einen Gastbeitrag unter der Überschrift »Wo bleibt die Freiheit der anderen?«,[4] in dem er für die Freiheit der »kleinen Minderheit« der verbliebenen Homophoben in der Gesellschaft warb, homophob sein und bleiben zu dürfen, und zwar unter Anrufung ausgerechnet von Rosa Luxemburgs Diktum »Freiheit ist immer auch die Freiheit der Andersdenkenden«.

Im Januar 2016, kurz nach der Veröffentlichung des Di-Fabio-Gutachtens, druckte die *FAZ* erneut einen Gastbeitrag[5] aus Hillgrubers Feder. Er bezog sich darauf, dass die Pflicht, aus Österreich einreisende Flüchtlinge zurückzuweisen, offenbar von Bundesinnenminister Thomas de Maizière durch Ministeranordnung »ausgesetzt« worden sei. Aber diese Anordnung hatte niemand je zu Gesicht bekommen, und die Bundesregierung rückte sie nicht heraus. »Die Bürger darüber in Unkenntnis zu lassen ist angesichts der rechtlichen und tatsächlichen Tragweite dieser Anordnung ebenso unbegreiflich wie demokratisch unerträglich«, schrieb Hillgruber und ging so weit, die Regierung Merkel implizit unter Diktaturverdacht zu stellen: »Die Zeit der Geheimerlasse, so dachte man bisher, ist in Deutschland endgültig vorbei. Oder etwa doch nicht?«

»Geheimerlass« mit Fragezeichen: Das hätte auch Josef Isensee mit seinem Nimbus-Staatsstreich nicht anspielungsreicher formulieren können. Das Wort ließ an Dunkelmännertum und Obrigkeitsstaat denken, an Arkanpolitik und vordemokratische Öffentlichkeitsscheu. Aus dem Mund eines Staatsrechtslehrers und angewandt auf die stocknüchterne Frau im Kanzleramt ließ sich mit diesem Wort ein faszinierender Effekt erzielen, nicht unähnlich dem der Homosexuellen-Verwandlung von Bedrängten zu Bedrängern. Vor allem aber drehte Hillgruber damit, juristisch gesprochen, die Darlegungslast um: Wenn man den Vorwurf des Rechtsbruchs nicht in erster Linie am Rechtsverstoß, sondern am »Geheimerlass« aufhängt, dann ist nicht mehr derjenige, der den Rechtsbruch behauptet, den Beleg dafür schuldig, sondern plötzlich ist es die beschuldigte Bundesregierung, die in Lieferschwierigkeiten gerät: Wo, bitteschön, ist diese Ministeranordnung?

Das kann aber nur funktionieren, wenn die Ministeranordnung tatsächlich das eine rechtliche Nadelöhr ist, durch das die Bundesregierung ihren flüchtlingspolitischen Faden durchfädeln muss, um legal und korrekt zu handeln. Hillgruber behauptete dies ganz ausdrücklich: »Ohne eine solche Anordnung wäre die ungehinderte Einreise der vielen (syrischen) Flüchtlinge offensichtlich gesetzeswidrig.«

Zu einem anderen Schluss kam unterdessen Hillgrubers eigener Lehrstuhlmitarbeiter und Schüler, ein frisch promovierter junger Jurist namens *Gerrit Helmuth Stumpf*, der bereits im Spätherbst 2015 die Lage durchgeprüft hatte.[6] Die Dublin-III-Verordnung, so Stumpf, erlaubt es den Mitgliedstaaten ausdrücklich, Asylanträge auch dann zu prüfen, wenn ansonsten ein anderer Staat zuständig wäre. Soweit das Bundesamt für Migration und Flüchtlinge (BAMF) von diesem »Selbsteintrittsrecht« Gebrauch macht, wird die Bundesrepublik Deutschland für das Asylverfahren in vollem Umfang zuständig.[7] Stumpf stellte schlussendlich fest, »dass die Bundesregierung rechtmäßig handelt, wenn sie sich für die Prüfung der Asylanträge der über die Balkanroute Einreisenden für zuständig erklärt«.

Überstellen oder selber prüfen

»Die Mitgliedstaaten prüfen jeden Antrag auf internationalen Schutz, den ein Drittstaatsangehöriger oder Staatenloser im Hoheitsgebiet eines Mitgliedstaats einschließlich an der Grenze oder in den Transitzonen stellt.« Das steht in Artikel 3 der Dublin-III-Verordnung. Wenn ein Flüchtling an die deutsch-österreichische Grenze kommt und deutsche Grenzpolizisten um Schutz bittet, dann müssen sie erst einmal prüfen, wer dafür zuständig ist (Artikel 20 Absatz 1 Dublin-VO). Ist es Deutschland? Wenn nein, wer dann? Hat er schon woanders Asyl beantragt? Wo hat er Familienangehörige? Wo ist er in die EU eingereist? Bevor das nicht geklärt ist, können sie den Flüchtling nicht wegschicken, § 18 Asylgesetz hin oder her. Das ist aber oftmals leichter gesagt als getan. Vielleicht ist er über Griechenland in die EU eingereist, aber dort hat ihn niemand registriert. Vielleicht ist er in Ungarn registriert, aber Ungarn nimmt ihn nicht zurück. Vielleicht hat er in Italien schon einmal Asyl beantragt, aber die italienischen Kollegen stellen sich stumm. Es gibt bestimmte Fristen, bis zu deren Ablauf die Überstellung in den eigentlich zuständigen Staat erwirkt sein muss, sonst geht die Zuständigkeit ohnehin auf Deutschland über. Wenn sie nicht in die Wege geleitet und durchgeführt werden kann, weil im zuständigen Staat menschenunwürdige

Zustände herrschen, dann ebenso. Das gleiche gilt, wenn sich gar nicht erst feststellen lässt, wer zuständig ist. Wenn aber ohnehin absehbar ist, dass die Verantwortung an Deutschland hängen bleiben wird, kann man sich genauso gut den Aufwand sparen und gleich den Selbsteintritt erklären: dann wird Deutschland ebenfalls zuständig. All das nicht, weil irgendjemand das so angeordnet hat, sondern von Rechts wegen.

Am 22. Januar 2016, fast zeitgleich mit Hillgrubers Artikel in der *FAZ*, veröffentlichte der Konstanzer Professor *Daniel Thym* auf dem *Verfassungsblog* einen Beitrag unter dem Titel »Der Rechtsstaat und die deutsche Staatsgrenze«.[8] In der Tat, so Thym, seien nach der Dublin-III-Verordnung zunächst in der Regel andere Länder zuständig als Deutschland. Allerdings sei dies »zumeist nicht unser Nachbar Österreich, sondern die Länder an den Außengrenzen, also Griechenland, Kroatien oder Ungarn – und diese kooperieren derzeit nicht.«

Die Dublin-Regeln sind keineswegs einfach nur das europäische Spiegelbild der deutschen Drittstaatenregelung,[9] die Deutschland die Verantwortung für in Europa anlandende Flüchtlinge vom Leib hält – auch wenn das viele in Deutschland gerne so hätten. Der zentrale Unterschied, so Thym, bestehe darin, dass das Dublin-System »eine koordinierte Zurückweisung anstrebt. Ein Staat soll sich nicht einfach negativ für unzuständig erklären, weil dies die Gefahr birgt, dass andere dasselbe tun – mit der Folge, dass Flüchtlinge im Niemandsland zwischen den Staaten stranden. (…) Das Konzept der Dublin-Verordnung ist einfach: Deutschland muss überstellen oder selbst prüfen.«

Thym ist, anders als der verfassungsrechtliche Generalist Hillgruber, ein ausgewiesener Experte für Asyl- und Migrationsrecht. Er gilt auch eigentlich als dem konservativen Lager durchaus zugeneigt: Wie vor ihm sein Konstanzer Lehrstuhlvorgänger Kay Hailbronner ist er so etwas wie der asyl- und migrationsrechtliche Leib- und Magenspezialist der CDU/CSU-Fraktion und des Kanzleramts. Ihn lädt die Union regelmäßig als Sachverständigen in den Innenausschuss, wenn wieder einmal das Asylrecht verschärft werden soll. Als asylpolitischer Hardliner wäre er sicherlich falsch beschrieben, aber ein linksliberaler Asyl-für-alle-Enthusiast ist er zweifellos noch viel weniger. Vor allem aber ist er Europarechtler. Er blickt auf das Asylrecht nicht in erster Linie aus der Perspektive eines Staates, der seine Grenzen gegen Eindringlinge schützt, sondern aus der eines supranationalen Rechtsraums, der mit einer Krise fertig werden muss, die nicht dadurch verschwindet, dass ein Staat die Verantwortung zum nächsten weiterschiebt. Zu dem Zweck, mit dieser Art von Sankt-Florians-Politik zulasten anderer und damit aller Schluss zu machen, war die Europäische Union schließlich einst gegründet worden.

Was die Ministeranordnung betraf, so war jedenfalls das Mysterium leicht aufzulösen: Es kannte sie keiner, weil es sie nicht gab, und es gab sie nicht, weil es sie nicht geben musste. Die Flüchtlinge waren nicht aufgrund irgendeiner besonderen Anordnung nicht nach Österreich zurückgeschickt worden, sondern weil dies in den Augen der Verantwortlichen das europarechtlich korrekte Vorgehen war. Nicht das deutsche Asylgesetz mit seinem § 18 war die Norm, die in dieser Konstellation zur Anwendung kam, sondern die Dublin-III-Verordnung, die im Konfliktfall als vorrangiges Europarecht das nationale Recht verdrängt. Das war auch schon die ganze Erklärung für den vermeintlich so geheimnisvollen Umstand, dass die Ministeranordnung niemand jemals zu Gesicht bekam. Der »Geheimerlass« war genauso wenig geheim wie die Chemtrail-Gifte, die Macht der Illuminaten oder der UFO-Absturz von Roswell.

Die Schuld daran, dass die Legende vom »Geheimerlass« trotzdem solche Schlagkraft entfalten konnte, hatte sich das Bundesinnenministerium durchaus auch selber zuzuschreiben. Auf die zahlreichen öffentlichen und parlamentarischen Anfragen, wie es denn nun um die Rechtsgrundlage der sogenannten »Grenzöffnung« bestellt sei, sandte das Ministerium bis in die jüngste Zeit verwirrende, wenn nicht gar irreführende Signale.[10] So hielt sich auch in der Fachöffentlichkeit unausrottbar die Erzählung, das Bundesinnenministerium habe ausnahmsweise aus humanitären Gründen angeordnet, die Flüchtlinge nicht an der Grenze zurückzuweisen. Das war aber nicht die Ausnahme. Das war die Regel selbst.

Wo verläuft die Grenze?

Dieser Zusammenhang wurde spätestens Ende Januar 2016 auch den juristischen Gegnern der Flüchtlingspolitik der Bundesregierung klar: Mit deutschem Verfassungs- und Asylrecht allein kommt man gegen die Zuständigkeitsregeln der Dublin-Verordnung nicht an. Wer die unterbliebene Grenzschließung rechtlich kritisieren wollte, der musste das mit europarechtlichen Argumenten tun. Eine ganze Reihe von Juristen machte sich auf die Suche nach einer entsprechenden europarechtlichen Norm. Die musste es doch irgendwo geben! Lief nicht die Analyse von Daniel Thym darauf hinaus, dass der Zustand, wonach *de facto* der Asylsuchende wegen des bloßen »Durchwinkens« der eigentlich zuständigen Staaten an den EU-Außengrenzen selbst über sein Asylland entscheidet, ausgerechnet durch das Dublin-System selbst legalisiert wird? War nicht das Dublin-System gerade dazu da, eine solche »Sekundärmigration« in das Asylland seiner Wahl zu unterbinden? Das konnte doch nicht sein!

Auf dem *Verfassungsblog* löste Thyms Beitrag eine lebhafte Diskussion aus. Ein Kommentator mit dem Pseudonym »KurtBehemoth«[11] präsentierte am 26. Januar 2016 eine überraschende Idee. In der Dublin-Verordnung hatte er in Artikel 20 Absatz 4 eine ansonsten wenig beachtete Norm gefunden, die das Rätsel zu lösen schien: Wenn ein Flüchtling Asyl in Deutschland beantragt, »während er sich im Hoheitsgebiet eines anderen Mitgliedstaats aufhält«, dann hat nicht Deutschland zu bestimmen, wer für das Asylverfahren zuständig ist, sondern dieser Mitgliedstaat. Das schien auf den Fall der Flüchtlingskrise zu passen: Wer von der österreichischen Seite aus an die deutsche Grenze klopft und Asyl fordert, tut das von österreichischem Hoheitsgebiet aus, oder nicht? Ist damit nicht Österreich das Mitgliedsland, das zu ermitteln hat, wo er sein Asylverfahren bekommt, und selbst zuständig wird, wenn die Überstellung dorthin nicht möglich ist oder zu lange dauert? Und wenn das so ist und die Österreicher ohnehin den schwarzen Peter haben – warum sollte Deutschland dann die Flüchtlinge nicht an der Grenze zurückweisen können?

Es stießen auch noch andere auf diese Norm. In Bonn hatte der bereits erwähnte *Christian Hillgruber* begonnen, die Dublin-Verordnung nach einem Anhaltspunkt zu durchforsten, dass die Verantwortung für die Prüfung der Zuständigkeit bei Österreich liege, und war ebenfalls in Artikel 20 Absatz 4 fündig geworden. Unabhängig von ihm kam in Frankfurt der Urheberrechtsexperte *Alexander Peukert* auf den gleichen Gedanken. Peukert kontaktierte Hillgruber, holte den Osnabrücker Zivilprozessualisten *Ulrich Foerste* und den Passauer Strafrechtler *Holm Putzke* mit an Bord, und am 9. Februar erschien unter den Namen des Professorenquartetts ein Artikel in der *FAZ*,[12] der diese Idee detailliert ausführte. Keiner der vier Autoren war zuvor mit Arbeiten zum Asyl- und Migrationsrecht hervorgetreten.

Damit hatte die Fachwelt nicht gerechnet. Diesen Artikel 20 Absatz 4 kannte man aus völlig anderen Zusammenhängen. Diese Vorschrift soll sicherstellen, dass niemand aus dem Ausland heraus Asyl beantragt und so ein Verfahren in Deutschland erzwingen kann, ohne deutschen Boden je betreten zu haben – etwa indem er in Wien bei der deutschen Botschaft klingelt. Das Land, in dem er sich aufhält, soll verantwortlich dafür sein, den für sein Asylverfahren zuständigen Staat zu bestimmen. Das ist der Zweck von Artikel 20 Absatz 4 der Dublin-Verordnung. An der Grenze ist die Situation aber eine ganz andere: Die Grenzkontrollen befinden sich nicht in Österreich. Die Grenzpolizisten an der Autobahn schwenken im Regelfall ihre Kellen auf deutschem Territorium.

Eben, so die vier Professoren: Wer an der deutsch-österreichischen Grenze Asyl beantragt, sei zwar geografisch bereits in Deutschland. Aber das heiße noch lange nicht, dass er auch rechtlich bereits nach Deutschland eingereist ist. Wann und wo jemand deutsches Hoheitsgebiet betritt, sei keine Frage der geodätisch korrekten Vermessung der exakten Grenzlinie, sondern eine Frage des Rechts, genauer: des Schengener Grenzkodex. Und der sehe in Artikel 13 vor, dass man nach Deutschland erst dann eingereist ist, wenn man die Grenzkontrolle passiert hat. Solange das nicht der Fall ist, bleibe somit Österreich verantwortlich.

Das, so schien es, war des Rätsels Lösung: Transitländer wie Österreich mögen die durchgewunkenen Flüchtlinge busweise *an* die deutsche Grenze karren, um sich ihrer auf Kosten Deutschlands zu entledigen. Aber sie *über* die Grenze zu schaffen, das steht nicht in ihrer Macht. Da steht die deutsche Bundespolizei und kontrolliert, und wer nicht hineingelassen wird, der bleibt das Problem von Österreich. Sollen die österreichischen Behörden sich mit der Prüfung der Zuständigkeit und der Überstellung abplagen und die Folgen tragen, wenn das zu lange dauert. Wenn Österreich das verhindern will, soll es eben seinerseits die Grenzen schließen, und all die vorherliegenden Transitländer bis hinab zum Ausgangspunkt der Balkanroute, wo die Verantwortlichkeit für die Flüchtlinge ja ohnehin hingehört, sollen genauso verfahren.

Das Problem an dieser Argumentation war nur: Dass die Flüchtlinge an der Grenze rechtlich noch nicht nach Deutschland eingereist sind, macht den Transitraum noch lange nicht zu österreichischem Hoheitsgebiet.

Es sind *deutsche* Bundespolizisten, bei denen der Flüchtling an der Grenze seine Rechte auf *deutschem* Territorium geltend macht. Asylrechtlich ist der Transitraum vor den Grenzkontrollen kein Niemandsland, den Deutschland als Raum behandeln dürfte, um den es sich nicht zu kümmern hat. Um »Refugees in Orbit« zu verhindern, war das Dublin-Regime schließlich einst geschaffen worden. Wie immer das Schengen-Recht die Linie des Grenzübertritts zieht – asylrechtlich jedenfalls unterfällt der Transitraum zwischen Grenze und Grenzkontrollen mitsamt allen Menschen, die sich in ihm aufhalten, der deutschen Verantwortung.[13]

So gesehen entpuppt sich die vermeintliche Lösung als eine Verschiebung der Wahrnehmung: Sie stellt auf *Hoheitsgebiete* scharf, auf die Grenze, an die die Flüchtlinge sozusagen von außen als gesichtslose Masse von Fremden anbranden, die mit Deutschland nichts zu schaffen haben und Deutschland nichts mit ihnen. Die Gegenmeinung stellt dagegen auf die Flüchtlinge als *Menschen* scharf, die in Deutschland gegenüber Deutschland subjektive Rechte geltend machen und denen Deutschland Rechtfertigung schuldet dafür, wie es mit ihnen verfährt.

Die Frage ist: Worauf stellt die Dublin-Verordnung scharf? In Bezug auf den Rechtsrahmen, um dessen Einhaltung oder Bruch es in diesem Streit ging, war im Herbst, Winter und Frühling 2015/16 noch vieles ungeklärt – so etwa die Frage, inwieweit genau die Zuständigkeits- und Verfahrensregeln, die die Verordnung den Mitgliedstaaten auferlegt, den Flüchtlingen einklagbare Rechte verleihen. Das änderte sich in den Folgemonaten, als immer mehr Fälle vor das Gericht gelangten, das Europarecht verbindlich auslegt: den Europäischen Gerichtshof in Luxemburg.

Der Geist der Solidarität

Im Dezember 2015 machten sich *Khadija* und *Zainab Jafari*, zwei Schwestern aus Afghanistan, auf den Weg nach Westen.[14] Ihre Ehemänner waren von der Taliban-Miliz umgebracht worden, weil sie sich ihrer Zwangsrekrutierung widersetzt hatten. Die beiden verwitweten Frauen wurden von ihren Schwiegervätern in Gefangenschaft gehalten. Ihr Vater organisierte für sie und ihre drei Kinder die Flucht über die Grenze in den Iran. Von dort reisten die Schwestern und ihre Kinder über die Türkei nach Griechenland und über Mazedonien und Serbien nach Kroatien, das die Familien schleunigst nach Westen weiterwinkte. Slowenien tat das gleiche, sodass die Jafaris schließlich am 15. Februar 2016 in Österreich ankamen und dort Schutz beantragten.

Die österreichische Behörde wies den Schutzantrag zurück: Nicht Österreich, sondern Kroatien sei für die Jafaris mit ihrem Schutzanspruch verantwortlich, da es die EU-Außengrenze zwischen Kroatien und Serbien war, die die Jafaris zuletzt ohne Visum und damit illegal überschritten hatten. Allerdings hatte Kroatien sie als afghanische Flüchtlinge, die ohnehin nach Westen weiterreisen wollten, bewusst ins Land gelassen und ihren Transport quer durchs Land aktiv organisiert. Kann in einem solchen Fall von illegaler Einreise überhaupt die Rede sein? Hatte Kroatien nicht faktisch den Jafaris die Einreise erlaubt, ja sogar aktiv erleichtert? Und überhaupt: Galten die gewohnten Dublin-Kriterien,[15] nach denen in der Regel der Staat, der den Flüchtling in die EU hineinlässt, für sein Asylverfahren zuständig ist, auch in einer so chaotischen Notsituation wie im Winter 2015/16?

Diese Fragen legte das Verwaltungsgericht Wien dem EuGH zur Beantwortung vor – Fragen von enormer Sprengkraft: Sie luden den Gerichtshof in Luxemburg dazu ein, das bestehende Dublin-System im »humanitären Ausnahmezustand« für gescheitert zu erklären und retrospektiv durch andere Kriterien zu ersetzen, die die Verantwortlichkeiten in der Krise gerechter und effektiver verteilen.

Eleanor Sharpston, die britische Generalanwältin, schlug in ihren Schlussanträgen dem Gerichtshof vor, diese Einladung anzunehmen. Mit eindringlichen Worten schilderte sie die Situation, in der sich Kroatien und die anderen Staaten an der EU-Außengrenze befunden hätten: »Es gibt eine Flut verzweifelter Menschen (…). Sie bewegen sich zu Hunderten, ja zu Tausenden auf die kroatische Grenzübergangsstelle zu. Sie haben wenig oder nichts bei sich. Werden sie nicht hereingelassen, werden sie irgendwie improvisierte Lager aufschlagen (…). Es wird an der Türschwelle der Union eine humanitäre Krise geben. Offenkundig ist zu befürchten, dass benachbarte Balkanstaaten destabilisiert werden, wodurch eine echte Gefahr für Frieden und Sicherheit in der Region entsteht. Der Winter steht bevor.«[16]

In dieser Situation zwischen humanitärem Desaster und drohendem Zusammenbruch des Asyl- und Sozialsystems sei es nicht angemessen, so zu tun, als habe man es einfach nur mit hunderttausendfacher »illegaler Einreise« zu tun, und den Staat, der sie zulässt, alleine in die Verantwortung zu nehmen, nur weil er das Pech hat, an der EU-Außengrenze zu liegen. Die Dublin-Kriterien seien für eine solche Situation nicht gemacht. Daher sei am Ende der Staat zuständig, in dem die Jafaris ihre Schutzanträge gestellt hatten, und das war Österreich.

Wenige Wochen später verkündete der Gerichtshof sein Urteil. Und siehe da: Anders als sonst in der überwiegenden Zahl der Fälle folgte er diesmal den Empfehlungen der Generalanwältin nicht. Der Flüchtlingswinter, urteilte der EuGH, war mitnichten der »Ernstfall«, der eine Ausnahme von den Dublin-Kriterien erzwinge, ob humanitär oder grenzverteidigend. Dass Kroatien die Flüchtlinge ins und durchs Land gelassen habe, mache die Einreise nicht legal und ändere nichts daran, dass die Verantwortung erst einmal Kroatien zufalle. Dublin gilt auch in der Krise: Wenn außergewöhnlich viele Flüchtlinge Schutz beantragen, dann ist das kein Ausnahmezustand, sondern eine Situation, für die das Europarecht verschiedene Druckventile bereitstellt – unter anderem, dass andere Mitgliedstaaten »im Geist der Solidarität« ihren Selbsteintritt erklären und den eigentlich zuständigen, aber rettungslos überforderten Staaten auf der Balkanroute einen Teil ihrer Last abnehmen.[17] Also genau das, was die Bundesregierung ab Sommer 2015 getan hatte.

Damit hatte der EuGH einer zentralen Prämisse des »Rechtsbruch«-Argumentationsstrangs nachträglich den Boden entzogen. Die deutsche Entscheidung ab Spätsommer 2015, pauschal keine Dublin-Verfahren mehr durchzuführen und Flüchtlinge nicht mehr an die zuständigen Staaten auf der Balkanroute zu überstellen, war kein Beitrag zum Untergang des Dublin-Systems.[18] Es war ein Beitrag zu seiner Rettung.[19]

Und noch etwas hatte der Gerichtshof damit getan: Er hatte den Ball zurück ins Feld der Politik gespielt.[20] Nicht die Logik des Ausnahmezustands ist gefragt, wenn im Dublin-System Schwächen und Ungerechtigkeiten offenbar werden – sondern politische Verantwortung, um die Lasten im europäischen Flüchtlingssystem einigermaßen fair und solidarisch zu verteilen. Wenn die Mitgliedstaaten sich vor dieser Verantwortung scheuen, ob beim Schaffen der Dublin-Kriterien oder beim Umgang mit ihnen, dann ist es nicht Sache des Gerichtshofs, an ihrer Stelle in die Bresche zu springen und die Unzulänglichkeiten im System mit eigenen Lösungen zu reparieren.

Am gleichen Tag, an dem der EuGH sein Urteil in der Sache *Jafari* sprach, verkündete er noch eine weitere Grundsatzentscheidung von kaum geringerem Gewicht. Kläger war ein Mann aus Eritrea namens *Tsengezab Mengesteab,* der Anfang September 2015 über das Mittelmeer nach Europa gekommen und in Italien gelandet war, wo man ihm Fingerabdrücke abnahm. Er reiste gleich weiter nach Deutschland und beantragte dort am 14. September 2015 formlos Schutz, musste aber zehn Monate warten, bis ihm das vollkommen überlastete Bundesamt für Migration und Flüchtlinge die Möglichkeit gewährte, einen formellen Asylantrag zu stellen. Der wurde schließlich abgewiesen: Italien hatte ihn registriert, Italien war zuständig, befand das BAMF am 10. November 2016 und ordnete an, Mengesteab nach Italien abzuschieben.

Mengesteab klagte: Wenn das BAMF ihn nach Italien überstellen wolle, dann müsse es die italienischen Behörden binnen drei Monaten[21] um seine Aufnahme ersuchen – und diese Frist sei, während das BAMF mit dem Abtragen des Antragsbergs beschäftigt war, längst abgelaufen. Die Frage war: Was gehen die Fristen, denen das BAMF unterliegt, Herrn Mengesteab an? Ist die Dublin-Regel, dass Aufnahmeersuchen binnen dreier Monate gestellt werden müssen, etwas, das nur das Verhältnis zwischen Deutschland und Italien betrifft? Oder verleiht diese Regel Herrn Mengesteab Rechte?

Noch wenige Jahre zuvor hätte auch der Europäische Gerichtshof auf diese Frage wohl mit Nein geantwortet.[22] Die Dublin-Regeln, so die herrschende Meinung, seien in erster

Linie dazu da, die »Sekundärmigration« von Asylsuchenden von einem Land zum anderen zu stoppen und dafür zu sorgen, dass sie nicht immer nur dort auf Asyl klagen, wo das Sozialsystem am attraktivsten erscheint. Doch seit 2013 waren die Dinge in Bewegung gekommen. Die Dublin-III-Verordnung hatte die Dublin-II-Verordnung abgelöst, die noch viel stärker als rein zwischenstaatliches Instrument konzipiert gewesen war. Während die Flucht- und Migrationskrise bereits am Horizont dräute, hatte der europäische Gesetzgeber begonnen, bei der Regelung des Asylsystems auch die Asylsuchenden und ihre Rechte stärker in den Blick zu nehmen.

Der EuGH steuerte um. Bereits im Juni 2016 hatte er in einem anderen Fall entschieden, dass Asylbewerber klagen können, wenn über die Zuständigkeit für ihr Verfahren nach dem falschen Kriterium entschieden werde.[23] Das gleiche, so der EuGH im Fall *Mengesteab*,[24] gelte für die Fristen für das Aufnahmeersuchen. Drei Monate hat ein Land, das sich nicht für zuständig hält, Zeit, die Behörden des zuständigen Landes einzuschalten. Lässt es diese Frist verstreichen, wird es selbst für das Asylverfahren zuständig – und darauf, dass es diese Verantwortung wahrnimmt, hat der Asylbewerber ein einklagbares Recht.[25]

2017 arbeitete sich das BAMF allmählich aus dem Zustand der akuten Überforderung heraus. Die Dreimonatsfrist wurde wieder öfter eingehalten – aber sie ist nicht das einzige Problem. Wenn das Übernahmeersuchen rechtzeitig gestellt wurde, beginnt eine weitere Frist zu laufen: Binnen sechs Monaten muss der Asylbewerber tatsächlich in das zuständige Land abgeschoben sein. Wenn nicht? Dann geht ebenfalls die Zuständigkeit auf Deutschland über.

Im Oktober 2017 trieb der EuGH seine Linie, die Dublin-

Regeln im Licht der Rechte der Asylbewerber auszulegen, noch weiter voran.[26] Der Iraner *Majid Shiri* hatte zuerst in Bulgarien und dann noch einmal in Österreich Schutz beantragt, weshalb die österreichische Behörde ihn nach Bulgarien abschieben wollte. Er klagte gegen die Abschiebung, und tatsächlich hatte die Behörde einen Ermessensfehler begangen. Sie korrigierte ihn – aber unterdessen war die Sechsmonatsfrist abgelaufen. Auch diese Frist, so der EuGH, sei eine, auf deren Einhaltung der Asylsuchende ein Recht habe.[27]

Die Fristen des Dublin-Verfahrens sind somit in der Auslegung des EuGH nicht nur dazu da, säumige Mitgliedstaaten auf Trab zu bringen. Sie sorgen auch dafür, dass die Asylbewerber nicht auf unabsehbare Zeit in einem Staat leben, der für ihr Verfahren nicht zuständig ist. Sie stellen sicher, dass sich der Staat, in dem sie leben, um sie kümmert – als Menschen, die Rechte haben.[28]

Recht und Politik

Das Dublin-Recht war also keineswegs durch die Flüchtlingskrise aus den Angeln gehoben oder hinweggespült worden oder etwas dergleichen. Die rostige alte Maschine mitsamt all ihren Unzulänglichkeiten und Ungerechtigkeiten rumpelt weiter vor sich hin[29] und produziert Entscheidungen, sorgsam geölt und gewartet vom EuGH, der aber das Großprojekt einer Generalüberholung den Ingenieuren in Brüssel und den Hauptstädten der Mitgliedstaaten überlässt. Die lassen indessen auf sich warten.

Im Mai 2016 präsentierte die EU-Kommission einen

Reformvorschlag für eine Dublin-IV-Verordnung mitsamt einem sogenannten »Fairness-Mechanismus«: Für alle Mitgliedstaaten wird ein Schwellenwert errechnet, der angibt, wie viele Asylbewerber sie gemessen an ihrer Größe und Wirtschaftskraft verkraften können. Wenn die Zahl der Asylbewerber diesen Wert um mehr als das Anderthalbfache übersteigt, dann werden alle Neuankömmlinge an die anderen Mitgliedstaaten umverteilt, bis die Zahl wieder unter den Schwellenwert sinkt. Wer als Mitgliedstaat diese Umverteilung nicht will, kann sich freikaufen. Die Asylbewerber selbst, das legt der Entwurf ausdrücklich fest, müssen in dem Staat, in dem sie die EU betreten, Asyl beantragen und dort bleiben und bekommen auch nur dort Sozialhilfe. Die Fristen, Flüchtlinge in das zuständige Land zurückzuschicken, werden deutlich verkürzt, ebenso die Möglichkeiten, dagegen vor Gericht zu gehen.[30]

Und nicht zuletzt soll auch die »prozedurale Auffangverantwortung«[31] entfallen, die bislang in so vielen Fällen dazu geführt hat, dass die Zuständigkeit wegen des Scheiterns der Abschiebung auf Deutschland übergeht. Sicherlich würde Dublin IV darauf hinauslaufen, die von Dublin III und mit Geburtshilfe des EuGH ausgeweiteten Rechte der Asylbewerber wieder zurückzuschneiden. Was der europäische Gesetzgeber gegeben hat, kann er auch wieder zurücknehmen. Er müsste es nur tun.

Ob er dazu noch die Kraft aufbringt, ist aber ungewiss. Zu groß scheint der Vertrauensschaden zu sein, den die Flucht- und Migrationskrise auf allen Seiten hinterlassen hat. Die osteuropäischen Staaten, die bei dem missglückten Versuch 2015, durch Quoten Abhilfe zu schaffen, majorisiert worden waren, wollen von irgendeiner Art von Umverteilungsmechanismus nichts wissen (das wollten sie allerdings zumeist auch vorher schon nicht, deswegen waren sie ja majorisiert worden). Italien wiederum, lange Zeit mit den Flüchtlingsbooten auf dem Mittelmeer alleine gelassen, sperrt sich kategorisch gegen alles, was nicht auf die Übernahme von Flüchtlingen hinausläuft. Vor der jüngsten europäischen Flucht- und Migrationskrise hätte das politische Kapital, das zu einer Reform des Dublin-Systems nötig ist, womöglich noch gereicht. Das hat vor allem Deutschland zu verhindern gewusst. Die Rechnung dafür bezahlt Deutschland jetzt.

Solange der europäische Gesetzgeber sich zu keiner Reform entschließen kann, bleibt somit erst einmal rechtlich alles beim Alten:[32] Die Staaten im Süden und Osten haben im Prinzip das Pech ihrer geografischen Lage alleine zu schultern, aber praktisch nehmen ihnen die Länder in Mittel- und Nordeuropa durch das ineffiziente Überstellungsverfahren einen erheblichen Teil dieser Last ab. So stellt sich im »Geist der Solidarität« und mit Rücksicht darauf, dass man es mit lebendigen Menschen zu tun hat, am Ende doch wieder eine Art Ausgleich her. Gewiss keine perfekte Lösung.

Aber mehr gibt das geltende Recht nun einmal nicht her.

Kapitel 7: Der Wille des Volkes

»Ende gut, alles gut«, bewertete Bundesinnenminister Thomas de Maizière Anfang April 2016 die Situation.[1] Der »Deal« mit der Türkei war geschlossen, die Balkanroute versperrt und der »Flüchtlingsstrom« zur Erleichterung der Bundesregierung einstweilen wieder zu einem dünnen Rinnsal versiegt. Die Furcht, die Flüchtlingszahlen könnten auf dem Niveau des Herbstes und Winters 2015/16 verharren oder noch weiter in die Höhe schießen, saß allen Beteiligten noch in den Knochen, hatte sich aber einstweilen nicht realisiert. Politisch, so schien es, war die Krise vorbei. Der Staat war nicht zusammengebrochen. Der Notstand war ausgeblieben. Der Kontrollverlust, soweit er stattgefunden hatte, war beendet.

Es war aber nicht das Ende. Und schon gar nicht war alles gut. Verbrechen geschahen, begangen von Männern, die als Asylsuchende über die Grenze gekommen waren – in Ansbach, in Würzburg und in Berlin, in Freiburg, in Kandel und in Mainz. »Es sind Merkels Tote!«, twitterte der damalige Chef der nordrhein-westfälischen AfD *Markus Pretzell* am 19. Dezember 2016 abends um Viertel nach neun, etwas mehr als eine Stunde, nachdem der Tunesier *Anis Amri* auf dem Weihnachtsmarkt am Berliner Breitscheidplatz elf Menschen getötet und weitere 55 verletzt hatte. Noch wusste niemand, wer der Täter war, wo er herkam, was überhaupt genau passiert war. Aber dass die Kanzlerin Schuld trug an dem Massaker, diese Behauptung glaubte der AfD-Politiker schon mal riskieren zu können.

In der Juristerei gibt es den Begriff der sogenannten Ingerenz: Wenn man gegen seine Pflichten verstoßen und dadurch eine Gefahr begründet hat, dann haftet man hinterher nicht nur dafür, was man selber tut. Dann haftet man auch dafür, dass man die Realisierung dieser Gefahr durch andere nicht verhindert hat. Die Rechtsbruch-These machte es vermeintlich möglich, der Bundesregierung und der Kanzlerin an ihrer Spitze qua Ingerenz die Haftung für alles anzuhängen, was in der Folge der Krise von Flüchtlingen an Straf- und anderen Missetaten begangen wurde. Vom Massenmord bis zum Ladendiebstahl: Danke, Merkel!

Die Asylantragszahlen sanken wieder, die Turnhallen leerten sich, das BAMF fand allmählich wieder zu einer normalen Arbeitsweise zurück. Aber vermittelt durch die Rechtsbruch-These verdichtete sich über die folgenden zwei Jahre in einem Teil der Bevölkerung das Kollektivgefühl, dass mit der Bundesrepublik ganz grundlegend etwas nicht stimmt. Dass hierzulande nicht nur falsch, nein: illegitim regiert wird. Dass die Flüchtlingskrise und die Art, wie die Regierung sie gemeistert hatte, nicht nur ein migrationspolitisches Problem war, sondern ein Demokratieproblem. Dass hier Verrat am Souverän, am Volk geübt wurde.

Auf den Gedanken, dass die sogenannte »Grenzöffnung« ein Demokratieproblem auslöst, waren Experten schon sehr früh gekommen. Anfang Oktober 2015, während Bund und Bayern noch über die Existenz einer Obergrenze im Asylrecht stritten, gab der Berliner Staatsrechtslehrer *Michael Kloepfer* der *FAZ* ein Interview:[2] Die »vorbehaltlose Öffnung« der deutschen Grenzen für Flüchtlinge, ließ sich der Emeritus von der Humboldt-Universität von der Zeitung zitieren, sei eine »für das Zusammenleben von Menschen in Deutschland und für die Entfaltung ihrer Grundrechte wesentliche Entscheidung«. Und das habe verfassungsrechtliche Folgen: Es gehe nicht an, solche wesentlichen Entscheidungen »als Hausgut der Exekutive zu verstehen«. Solche Gesamtentscheidungen über die Einwanderung seien der Vertretung des souveränen deutschen Volkes vorbehalten – dem Deutschen Bundestag.

Kloepfers Tübinger Kollege *Martin Nettesheim* legte wenig später nach: »Die Entscheidung über Staatsgrenzen ist von so grundsätzlicher und wesentlicher Natur, dass sie vom Gesetzgeber getroffen werden muss«, schrieb Nettesheim in einem Gastbeitrag ebenfalls in der *FAZ*.[3] »Bricht das System einer Verlagerung von Grenzfunktionen auf die Außengrenzen von EU-Partnerstaaten zusammen, bedarf es jedenfalls einer gesetzgeberischen Entscheidung darüber, ob diese Funktionen wieder an der deutschen Grenze wahrgenommen werden. Das Vakuum darf nicht einfach hingenommen werden.«

Wesentlich war dabei das Wörtchen »wesentlich«. Dieses Wort versucht das Bundesverfassungsgericht seit den 70er

Jahren als Kriterium einzusetzen, um die Sphären der gesetzgebenden und der ausführenden Gewalt voneinander zu scheiden: »Alle wesentlichen Entscheidungen«[4] hat der Gesetzgeber selbst zu treffen, und zwar nicht nur dann, wenn es um Eingriffe in Freiheits- und Eigentumsrechte geht, die schon seit Kaiserreichszeiten einer gesetzlichen Grundlage bedürfen, sondern generell, und zwar aus allgemeinen Gründen der demokratischen Legitimation. Zu beurteilen, was wesentlich ist, soll dem vom Volk gewählten Parlament vorbehalten bleiben. Das soll die Regierung nicht nach eigenem Gutdünken entscheiden.

Diese sogenannte »Wesentlichkeitstheorie« gehört seit langer Zeit zum Bestand der bundesdeutschen Verfassungsrechtsdoktrin. Aber sie hat einen Makel: Sie ist nicht wirklich eine Theorie. Sie markiert das Problem mehr, als dass sie es löst. Denn was soll das eigentlich heißen: wesentlich? Woran erkennt man, was wesentlich ist? Was ist das Wesen des Wesentlichen? Darauf wusste auch das Bundesverfassungsgericht bisher keine verallgemeinerbare Antwort zu geben, weshalb der soeben erwähnte Michael Kloepfer schon vor dreieinhalb Jahrzehnten in maliziöser Zuspitzung schrieb: »Wesentlich ist, was das Bundesverfassungsgericht dafür hält.«[5]

Natürlich hat es enorme Folgen, wenn Hunderttausende Menschen nach Deutschland kommen, um zu bleiben – Folgen für die Belastung von Kommunen und Behörden, Folgen für den öffentlichen Haushalt, Folgen für die Sozialsysteme und vieles weitere mehr. Aber wie lässt sich aus diesen Folgen ein Kriterium dafür gewinnen, was Regierung und was Parlament entscheiden müssen? Ab dem wievielten Flüchtling werden diese Folgen wesentlich?

Im November 2015 fertigte der Wissenschaftliche Dienst

des Bundestags eine Studie an, die u.a. zu der Frage Stellung nahm, ob die »Einreisegestattung für Asylsuchende aus sicheren Drittstaaten« vom Gesetzgeber hätte angeordnet werden müssen.[6] Dafür spreche, dass die Flüchtlinge vielfach langfristig in Deutschland bleiben und viel Geld kosten. Dagegen, dass das Selbsteintrittsrecht »zur Verfahrensbeschleunigung sinnvoll« sein könne, »insbesondere um eine Notsituation – wie die in Ungarn – zu bewältigen«, und dass auch sonst der Gesetzgeber die Entscheidung auch über massenhafte Aufnahme von Ausländern der Regierung überantwortet habe. Ergebnis: unentschieden. »Angesichts der Vagheit der Kriterien zur Feststellung der Wesentlichkeit« lasse sich »kaum vorhersagen, ob das Bundesverfassungsgericht insofern von einer Wesentlichkeit ausgehen würde.«

Eine Frage der Identität

Ganz abgesehen von den wirtschaftlichen und sozialen Kosten – ist der Zuzug von über einer Million Ausländern nicht schon aus demokratischen Gründen wesentlich? Ausländer, die dauerhaft in Deutschland leben, sind zwar per definitionem keine Deutschen. Aber über kurz oder lang werden sie wahrscheinlich irgendwann welche. Auf die Dauer kann keine Demokratie, die eine bleiben möchte, eine große Zahl von Menschen ihrer Hoheitsgewalt unterwerfen, die am politischen Gemeinwesen keinen Anteil haben. Alle Mitgliedstaaten der Genfer Flüchtlingskonvention sind völkerrechtlich dazu verpflichtet, Flüchtlinge schnellstmöglich einzubürgern.[7] Es handelt sich nicht um Fremde,

Gäste und Touristen, sondern »kraft eigenen Rechts um potenzielle Neustaatsbürgerinnen und -bürger«[8], denen später einmal die gleichen Teilhaberechte an der Republik zustehen werden wie den Alteingesessenen auch. Deshalb ist das Ausländer- und Aufenthaltsrecht mit seinen rigiden Regeln, wer ins Land kommen und bleiben darf und wer abgeschoben oder von vornherein zurückgewiesen werden muss, demokratierelevant. Wenn sich Zahl und Herkunft der Menschen, die in Deutschland leben, so massiv verändern, kann dann der Demos, das deutsche Staatsvolk, noch derselbe bleiben? Und wenn nein – lässt sich dann noch bestreiten, dass die Folgen des Tuns und Unterlassens der Bundesregierung für das Land wesentlich waren?

Demokratie heißt Selbstbestimmung des Volkes: Maßgeblich dafür, was und wer dazugehört, ist nicht die Natur, nicht die Kultur und nicht die Tradition, sondern allein die Verantwortung des Demos für sich selbst. Demokratische Selbstbestimmung realisiert sich aber nicht nur in der Abgrenzung von Nichtzugehörigen, sondern hat eine positive Seite: Selbstbestimmung heißt, Bindungen einzugehen. Bindungen an Verfahrens- und Zuständigkeitsregeln, an Menschenwürde, Gleichheit und Freiheitsrechte, an Verträge mit anderen Staaten.[9] An die Genfer Flüchtlingskonvention und damit an das sogenannte Refoulement-Verbot – das Verbot, Flüchtlinge in die Gefahr, vor der sie fliehen, zurückzuschicken.[10] An die Europäische Menschenrechtskonvention und damit an das Verbot, Menschen der Gefahr von Folter und unmenschlicher Behandlung auszusetzen.[11] An die EU-Qualifikationsrichtlinie und damit an die Pflicht, auch Kriegs- und Bürgerkriegsflüchtlingen Schutz zu gewähren, die nicht politisch oder sonst individuell verfolgt sind.[12] An das Verbot von Kollektivausweisungen,[13] also nicht Menschen ohne Prüfung ihres individuellen Falls[14] aus- oder zurückzuweisen, nur weil sie einer bestimmten Gruppe angehören.[15] Mit einem Wort: Mit der Bindung an universelle Menschenrechte bestimmt der Demos der Bundesrepublik Deutschland über sich selbst.[16]

Diese völker- und europarechtlichen Bindungen sind nicht nur ein Signal von Edelmut. Sie rühren aus der Einsicht, dass man als einzelner souveräner Staat in die scheußlichsten Schwierigkeiten kommt, wenn man versucht, ganz allein und auf sich gestellt Flüchtlingsmigration zu steuern und zu regulieren. Wenn man es mit Menschen zu tun hat, die keinerlei Zugehörigkeit zu einer politischen Gemeinschaft mehr schützt und nichts als ihr bloßes Menschsein zu verlieren haben, hat man außer nackter Gewalt[17] wenig in der Hand, um sie dazu zu bringen, sich in geordnete Zustände zu fügen. Die bekommt man nur, indem man den Menschen Rechte gibt und möglichst großräumig mit anderen Staaten ringsum kooperiert.[18]

Selbstbestimmung ist nicht das gleiche wie Willkür. Dass der Demos der Bundesrepublik Deutschland über sich selbst bestimmt, heißt nicht, dass er stets das Recht haben muss, so zu tun, als sei er alleine auf der Welt. Selbstbestimmung heißt, Verantwortung für sich selbst zu übernehmen. In der Begegnung mit Menschen auf der Flucht, die an keinerlei kollektiver Selbstbestimmung mehr Anteil und keinen Staat mehr im Rücken haben und für die kein Staat Verantwortung übernimmt, realisiert sich diese Verantwortung. Die Bundesrepublik hat sich auf demokratisch legitimierte Weise entschieden, ihre Verantwortung für den Schutz dieser Menschen mit den anderen europäischen Staaten ringsum zu teilen. Genau genommen hat sie dafür gesorgt, dass die Außenstaaten, wenn sie sich strikt an das gemeinsam beschlossene System halten, fast die ganze Last und sie selber kaum noch etwas tragen musste. Der Preis dafür war ein Verzicht auf Kontrolle: Man musste sich auf andere verlassen und darauf, dass diese sich die ungleiche Lastenverteilung auf die Dauer gefallen lassen. Dieses Risiko war die Bundesrepublik eingegangen. 2015/16 hat sich dieses Risiko verwirklicht. Und jetzt soll sie sich von den Folgen freizeichnen können – ausgerechnet aus Gründen der demokratischen Selbstbestimmung? Wie demokratisch ist es, den deutschen Demos von den Konsequenzen seiner Entscheidung für das »Schönwettersystem« Dublin in dem Moment, wo sich der Himmel verdüstert, abzuschirmen?

Demokratie und humanitäre Flüchtlingspolitik lassen sich nicht gegeneinander ausspielen.[19] Viele der Juristen, die es trotzdem tun, verstehen freilich den Begriff der Selbstbestimmung des Volkes ganz anders. Darauf wird zurückzukommen sein.

Die Rechte des Parlaments

Selbst, wenn man das anders sieht und die Aufnahme von Flüchtlingen ab einer bestimmten Zahl für ein Demokratieproblem hält, bleibt die Frage zu beantworten: ab welcher denn? Kaum einer der Protagonisten, die auf Regierungsseite 2015/16 die flüchtlingspolitischen Entscheidungen fällten, bestreitet, dass die Grenze an irgendeinem Punkt dicht gemacht worden wäre, wenn die Flüchtlingszahlen ungebremst weiter gestiegen wären. Ab zwei, drei, vier Millionen? Das ist Spekulation. Real ist, dass 2015 rund 890 000 Asylsuchende kamen. Diese Situation hielt die Bundesregierung damals jedenfalls noch nicht für wesentlich genug, um einen formellen Bundestagsbeschluss einzuholen, geschweige denn die Grenzen zu schließen (was übrigens dann wohl gleichfalls die Frage aufgeworfen hätte, ob das ohne Parlamentsbeschluss überhaupt ginge).

Ob sie dies zu Recht oder nicht so sah, dafür hält das bestehende Verfassungsrecht kein klares Kriterium bereit.[20] Die einzige Institution diesseits des verfassungsändernden Gesetzgebers, die ein solches Kriterium verbindlich formulieren könnte, ist das Bundesverfassungsgericht. Der Freistaat Bayern hatte die Verfassungsklage, die dem Gericht dazu die Gelegenheit hätte verschaffen können, fertig in der Schublade. Es kam bekanntlich nicht dazu.

Am 18. Mai 2018, gut zwei Jahre, nachdem die bayerische Staatsregierung ihre Klagepläne in Karlsruhe beerdigt hatte, lud die AfD-Fraktion zu einer Pressekonferenz in den Bundestag. Sie hatte wenige Wochen zuvor ihrerseits eine Klage beim Bundesverfassungsgericht eingereicht. Ein rundes Dutzend Rechts- und Hauptstadtjournalistinnen war im Sitzungsraum 6555 im Jakob-Kaiser-Haus des Deutschen Bundestags erschienen und wartete darauf, erklärt zu bekommen, was es damit auf sich hatte. Vorne saßen *Stephan Brandner,* Vorsitzender des Rechtsausschusses des Bundestags, Fraktions-Geschäftsführer *Jürgen Braun* sowie ein kleiner Mann mit breitem, rot-weiß-blau-gestreiftem Schlips und einem kugelrunden Kahlkopf, der als Rechtsanwalt *Ulrich Vosgerau* vorgestellt wurde.

Bei der Klage, so Brandner, gehe es darum, »die Herrschaft des Unrechts nicht zu beseitigen (…), aber zumindest feststellen zu lassen«. Herrschaft des Unrechts: Der Schöpfer dieses von Horst Seehofer populär gemachten Wortes, stellte Brandner aufgeregt fest, saß neben ihm. Ulrich Vosgerau war der Autor jenes *Cicero*-Artikels aus dem Herbst 2015, dessen Titel Seehofer dann in seine Aschermittwochsrede aufgenommen hatte. Der Privatdozent war von der AfD-Fraktion beauftragt worden, die Klageschrift zu verfassen und sie in Karlsruhe zu vertreten.

»Wir meinen, dass die Bundesregierung sich hier über ihre Rechte als Verfassungsorgan gegenüber dem Bundestag hinweggesetzt hat«, sagte Brandner. Die Regierung sei nicht berechtigt, »als Exekutive die Grundlagen des deutschen Staates in Frage zu stellen durch eine massenhafte, millionenfache Zuwanderung mit zigmilliarden Kosten, also das gesamte Gesellschaftssystem ändern zu wollen oder zumindest fahrlässig in Kauf zu nehmen, dass es geändert wird. Lassen wir die Grenzen zu oder machen wir sie auf? Das ist eine Grundsatzentscheidung, die aus unserer Sicht nur der Gesetzgeber hätte treffen dürfen.«

Die Fragestellung, vor der die Bundesregierung gestanden hatte, war freilich genau die gegenteilige: Lassen wir die Grenzen auf oder machen wir sie zu? Die Umkehrung, die Brandner mit seiner Formulierung vornahm, verrät viel über die verschobene Wahrnehmung der migrationsrechtlichen Faktenlage nicht nur bei der AfD – zumal Brandner konsequent so tat, als wäre im vereinten Europa der maßgebliche Sitz der Regelungsmaterie das deutsche Asyl- und Aufenthaltsrecht und als gäbe es die europarechtlichen Regeln dazu überhaupt nicht.

Im Anschluss an Brandner ergriff Fraktionsgeschäftsführer Braun das Wort: »Eine Bundesregierung kann nicht einfach über geltendes Recht hinweg handeln.« Sie sei »an Recht und Gesetz gebunden, das ist ganz klar, das ergibt auch die Gewaltenteilung. Die Bundesregierung kann nicht einfach sagen: Das eine finden wir jetzt passend, was wir da als Vorschrift haben, das andere finden wir weniger passend. Nein. Es gibt keine diktatorische Kanzlerin. Die darf es nach dem Grundgesetz nicht geben. Die Kanzlerin hat sich an Recht und Gesetz zu halten.« Angela Merkel könne nicht »einfach mal so nachts« mit ihrem Innenminister »Hü und Hott machen, der schon was anderes vorbereitet hat. So geht es nicht. Das ist Herrschaft der Willkür oder eben: Herrschaft des Unrechts.«

Braun übergab schließlich das Wort an Ulrich Vosgerau. Dieser erinnerte zunächst an die großen Verfassungsgerichtsprozesse der vergangenen 30 Jahre um Europa: an die Verträge von Maastricht und Lissabon, an die Eurorettung und die Politik der EZB. Dort sei es jedesmal um Schicksalsthemen der Nation gegangen, über die aber im Bundestag gar nicht mehr groß debattiert worden sei, weshalb sich die versäumte Debatte ersatzweise in das Bundesverfassungsgericht verlagert habe. »Es wird bei diesem Prozess auch wieder so sein. Insofern ist er schon ein Stück weit historisch. Es werden vor dem Bundesverfassungsgericht jetzt die inhaltlichen Debatten um das Grundgesetz geführt werden, die im deutschen Bundestag um die Grenzöffnung seit zweieinhalb Jahren nicht geführt worden sind. Dafür ist die Klage da.«

Dazu kam es nicht. Karlsruhe dachte, anders als in der Eurokrise, gar nicht daran, sich als großes flüchtlings- und migrationspolitisches Aufarbeitungstribunal mitsamt allen damit verknüpften Risiken für die eigene Position zur Verfügung zu stellen. Kurz vor Weihnachten 2018 veröffentlichte das Bundesverfassungsgericht ein zaundürres Beschlüsschen von wenigen Seiten,[21] das Vosgerau und seiner Mandantin in knappestmöglicher Form beschied, schon an der allerersten Hürde auf dem Weg zu einer Grundsatzdebatte vor dem Bundesverfassungsgericht gescheitert zu sein: Ihre Klage war unzulässig. Was Vosgerau im Namen der AfD-Fraktion eingereicht hatte, war nach Ansicht des Zweiten Senats gar keine zulässige Organklage, mit der Bundestagsfraktionen die Rechte des Parlaments gegen Übergriffe der Regierung verteidigen,[22] sondern etwas ganz anderes.

Vosgerau hatte sich in seiner Klageschrift darüber beschwert, dass die Bundesregierung die Einreise der Flüchtlinge geduldet habe, ohne dass ihr der Bundestag in einem »Migrationsverantwortungsgesetz« dafür eine gesetzliche Grundlage verschafft habe. Damit musste sich die AfD-Fraktion aber eine peinliche Frage gefallen lassen: Wenn sie ein solches »Migrationsverantwortungsgesetz« für nötig hält, warum hat sie dann keines initiiert? Wenn sie sich schon so um die Rechte des Parlaments sorgt, warum wird sie dann nicht selbst mit einem Gesetzesentwurf aktiv? Die Willensbildung des Bundestags, deren Ausbleiben ihr angeblich so viel Kummer machte, hätte sie jederzeit herbeiführen können, seitdem sie selbst in Fraktionsstärke im Parlament vertreten war. Nur wäre die Abstimmung eben vermutlich nicht in ihrem Sinne ausgegangen. Aber kann das, wenn es ihr wirklich um die Rechte des Parlaments geht, denn maßgeblich sein?

Der AfD-Fraktion, so der Senat in seinem einstimmigen Beschluss, sei es in Wahrheit gar nicht um die Rechte des Bundestags gegangen, sondern »um das Unterbinden eines bestimmten Regierungshandelns«. Die Klägerin wolle in Karlsruhe bescheinigt bekommen, dass die Bundesregierung von Gesetzes wegen verpflichtet gewesen sei, die Flüchtlinge an der Grenze zurückzuweisen. Zu einer solchen abstrakten Rechtmäßigkeitskontrolle sei die Organklage aber nicht da.

Damit hatte sich das Bundesverfassungsgericht geschickt die Zumutung vom Leib gehalten, in den Streit um die angebliche »Grenzöffnung« hineingezogen zu werden. Es hatte jede Festlegung zur Sache vermieden und damit auch jedes Risiko, sich unbeliebt zu machen. Es hatte der AfD weder Nahrung für ihre Argumentation geboten noch einen Anlass, das Gericht als eine Ansammlung von Merkel-Knechten und Volksverrätern zu verunglimpfen.[23]

Das Ergebnis war aber, dass die AfD inhaltlich ihren Fall zwar nicht gewonnen, aber auch nicht verloren hatte – im Felde unbesiegt, wenn man so will. »In der Sache hat das Gericht nichts entschieden und ausschließlich formelle Gründe angeführt«, erklärte Fraktionsjustiziar Brandner und fügte in eigenwilliger Logik hinzu: »Nach wie vor steht fest, denn Gegenteiliges hat BVerfG nicht festgestellt, dass die Merkel-Regierung und die Altparteien millionenfachen Rechtsbruch und Aushöhlung des Rechtsstaates zu verantworten haben.«[24] Das hätte man sich auch anders vorstellen können. In früheren Jahren, als es gegen Maastricht, Lissabon und die Eurorettung ging, hatte sich das Bundesverfassungsgericht von verfassungsprozessualen Bedenken nicht weiter bremsen lassen, unzulässige Verfahren, die es attraktiv fand, unbekümmert zulässig zu machen.[25] Und auch sonst hatte das Gericht stets Mittel und Wege gefunden, sich auch bei unzulässigen Klagen zur Sache zu äußern, wenn es das angezeigt fand.[26] Man kann das Gericht für seine Selbstdisziplin in diesem Fall loben. Man kann sich aber auch fragen, ob es damit nicht eine große Chance vergeben hat, die wohl massivste Vertrauenskrise von Demokratie und Rechtsstaatlichkeit in Deutschland seit Menschengedenken wenn schon nicht zu stoppen, so doch mit ein paar klärenden Worten einzudämmen.[27]

Eines der Dinge, die sich das Bundesverfassungsgericht auf diese Weise zu erörtern ersparte, ist folgendes Argument aus Vosgeraus Klageschriftsatz: Die Zurückweisung von Flüchtlingen an der Grenze, schreibt Vosgerau unter Berufung auf das Lissabon-Urteil des Bundesverfassungsgerichts, sei eine Frage der »Verfassungsidentität«. Selbst wenn es eine europarechtliche Pflicht gegeben haben sollte, Flüchtlinge einreisen zu lassen, könne diese Pflicht aus verfassungsrechtlichen Gründen keine Geltung haben. Denn das Demokratieprinzip gebiete, die Gestaltung der inneren Angelegenheiten eines Landes auf Wahlentscheidungen des Volkes zurückzuführen, das »das *Wesen der staatlichen Gemeinschaft*« präge. Es lasse sich, so Vosgerau, »schlechterdings nicht bestreiten, dass nichts, gar nichts – also insbesondere auch kein Grundrechtskatalog, kein sonstiges rechtliches oder politisches feierliches Bekenntnis, keine Abstimmungsregel, kein Regionalproporz oder was auch immer – das Wesen einer konkreten staatlichen Gemeinschaft so zwingend und so unverkennbar prägt wie eben gerade die Bevölkerungszusammensetzung.«[28]

Das Wesen einer konkreten staatlichen Gemeinschaft? Das ist eine andere Art von Wesensschau als die, die das Bundesverfassungsgericht mit der Wesentlichkeitstheorie propagiert. Vosgerau geht es hier nicht um das, was wesentlich *fürs Volk* ist, sondern was das Wesen *des Volkes* ist. Das Volk, von dem Vosgerau spricht, ist keines, das selbstbestimmt über sich selbst bestimmt. Es ist ein Volk, das ein »Wesen« hat. Es ist ein Volk, das als solches aller Gesetzgebung, allem Recht und auch sich selbst vorgegeben ist.

Selbstbestimmung? Nichts da. Es kann gerade nicht selbst darüber bestimmen, was und wer es ist. Das Volk ist, was es ist. Und es hat zu bleiben, was es ist. Nämlich deutsch.[29]

Aus Vosgeraus Perspektive geht es nur in zweiter Linie um Selbstbestimmung – in erster Linie geht es um das Volk. Die Deutschen sollen um ihrer ethnischen Identität willen vom Zustrom von Fremden freigehalten werden. Dieses normative Bild einer auf Abstammung gegründeten Gemeinschaft von Deutschen, die ihre Identität als Volk »im natürlichen Wechsel der Generationen«[30] erhält, hält Vosgerau in Reserve, um damit nötigenfalls auch geltendes Recht, selbst Verfassungsrecht aus den Angeln heben zu können, wenn es diesem Bild zuwiderläuft. Insbesondere verbietet dieses identitär gewendete Selbstbestimmungsrecht des Volkes dem einfachen wie dem verfassungsändernden Gesetzgeber, das Volk der Deutschen als demokratisches Legitimationssubjekt und verfassungsgebende Gewalt »auszutauschen oder in quantitativ durchgreifender Weise zu ergänzen und mithin teilweise zu ersetzen«.[31] Ein Staatsangehörigkeitsgesetz, das beispielsweise wie in den USA jedem auf deutschem Boden geborenen Kind die Zugehörigkeit zum deutschen Staatsvolk verliehe, würde »auf einen Austausch des Staatsvolkes hinauslaufen und mithin einen gesetzgeberischen Ultra-Vires-Akt bilden«.[32]

Damit verschafft sich Vosgerau Zugang zu einer identitären Über- und Supernorm, die vermeintlich mächtiger ist als alles, was das reguläre Gesetzes- und Verfassungsrecht ausrichten kann. Die Selbstbestimmung des Volkes wirkt wie ein Zauberstab, mit dem sich alles Recht, das Flüchtlinge und andere Migrantinnen als Träger von Rechten erkennt, als Unrecht delegitimieren lässt. So lässt sich im Grunde einem Großteil des geltenden staatlichen, supra-

und internationalen Rechts zu Asyl, Zu- und Einwanderung, egal wie stark seine demokratische Legitimation auch ist, die Geltung streitig machen.[33]

Nicht der Wille, Fremde fernzuhalten, hat sich am Recht zu messen – nein, für Vosgerau ist es gerade umgekehrt: Das Recht hat sich an dem von Vosgerau unterstellten Willen des deutschen Volkes zu messen, Fremde fernzuhalten. Und wenn das geltende Recht diesem Maßstab nicht genügt? Dann ist das die »Herrschaft des Unrechts«.

Der Gescheiterte

Bis 2012 war der wissenschaftliche Werdegang von Ulrich Vosgerau einigermaßen reibungsfrei verlaufen. Man kannte ihn als komischen Kauz mit Ansichten am rechten Ende des politischen Spektrums, aber das war nicht notwendig karriereschädlich in der Staatsrechtszunft, zumal im Rheinland nicht, wo Vosgerau unter dem bereits erwähnten *Otto Depenheuer* in Köln als Assistent am Seminar für Staatsphilosophie und Rechtspolitik arbeitete. Vosgerau durchlief alle Qualifikationsstufen der akademischen Laufbahn, und kaum war er habilitiert, wurde ihm die Ehre zuteil, zu Paul Kirchhofs und Josef Isensees vielbändigem *Handbuch des Staatsrechts* ein Kapitel beizusteuern, was sonst zumeist etablierten Lehrstuhlinhabern vorbehalten bleibt.

Davon ist nichts mehr übrig. Schon auf seiner ersten Staatsrechtslehrertagung, 2012 in Kiel, gelang es dem frisch habilitierten Vosgerau, sich tüchtig unbeliebt zu machen. *Christian Walter* aus München und *Klaus Ferdinand Gärditz* aus Bonn hatten bejubelte und teils heftig diskutierte Vorträge zum Thema Staatsbürgerschaft und Migration gehalten. Als er anschließend mit einigen anderen zusammengestanden sei, erinnert sich Gärditz, habe sich mit einem Mal Vosgerau ins Gespräch gedrängt und nach allerhand Kritik an den Vorträgen einen Witz zum Besten gegeben, in dem eine Katze vorkam und ein Fischladen und dessen Pointe nach Gärditz' Erinnerung darauf hinauslief, dass eine Katze eben kein Fisch sei und ein Ausländer kein Deutscher, ganz egal was im Pass stehe. Die Runde sei daraufhin stumm auseinandergegangen (Vosgerau bestreitet, diese Äußerung gegenüber Gärditz getan zu haben; vielmehr habe er einem nicht benannten Kollegen »eine rhetorische Frage mit witzigem Charakter« gestellt. »Sie lautet: Wenn eine Katze im Fischgeschäft Junge bekommt – sind dies dann Katzen oder Fische?«).

Nach der Habilitation war er, wie es Sitte ist, einige Zeit von Lehrstuhlvertretung zu Lehrstuhlvertretung getingelt, hatte in München, in Hannover, in Passau und zuletzt in Halle anstelle beurlaubter Professoren die üblichen Vorlesungen im Verfassungs- und Verwaltungsrecht gehalten. So hält man sich über Wasser, bis hoffentlich eine Bewerbung auf eine Professur oder einen Lehrstuhl zum Erfolg führt. Daraus wurde im Fall Vosgerau aber nichts. Schließlich brach auch noch sein Lehrer Depenheuer mit ihm.

Im Herbst des Jahres 2015, als die Flucht- und Migrationskrise aus Südosteuropa die deutschen Grenzen erreichte, stand Vosgerau vor den Trümmern seiner akademischen Laufbahn. Gleichzeitig schien sich aber ein neues Betätigungsfeld für ihn aufzutun. An eine Fachpublikation habe er zu dem Zeitpunkt schon gar nicht mehr gedacht, schreibt Vosgerau im Vorwort eines später im Selbstverlag herausgebrachten Büchleins, »da ja den juristischen Fachleuten die Rechtswidrigkeit des Regierungshandelns ohnehin klar sein musste – und trotzdem schwiegen sie, und das wollte ich nicht mehr mitmachen.«[34] Daher habe er sich »nicht zuletzt auch aus psychohygienischen Gründen«[35] hingesetzt und einen Artikel für die Monatszeitschrift *Cicero* verfasst. Titel: »Herrschaft des Unrechts«.

Das Aufsehen, das der Artikel erregte, trug Vosgerau eine Menge Post und auch allerhand Einladungen zu Vorträgen ein – darunter eine ins oberbayerische Dachau, wo er im Juli 2016 für die örtliche AfD einen 45-minütigen Vortrag hielt. Thema: »Ist das Asylrecht noch zu halten?« Antwort: nein.[36] Im Oktober 2016 fuhr Vosgerau laut eigener Schilderung nach Münster, wo er einen Lehrstuhl an der Deutschen Hochschule der Polizei vertreten sollte. Dort sei ihm, »bleich und ungesund wirkend«, der Präsident der DHPol entgegen getreten und habe ihm eröffnet, dass aus dem Vertrag nichts werden würde. Man war zu dem Schluss gekommen, dem Autor der *Herrschaft des Unrechts* die Ausbildung junger Polizeibeamter für den höheren Dienst doch lieber nicht zu überantworten.[37] Vosgerau wertet den Vorgang als Zeichen für »eine Art Erdoğanisierung von links« der Bundesrepublik und das Ausbleiben einer schriftlichen Begründung für die Entscheidung der Polizeihochschule als Signal für »ein schlechtes Gewissen (oder jedenfalls: Unrechtsbewusstsein). Denn rechts- und verfassungswidriges Verhalten staatlicher Stellen anzuprangern, ist schlichterdings die Aufgabe eines juristischen Hochschullehrers.«[38]

Vosgerau ist akademisch eine gescheiterte Existenz. Andere aber, die inhaltlich ganz ähnliche Positionen vertreten, wenngleich auf weniger erratische Art und Weise, werden in der Staatsrechtslehre in hohen Ehren gehalten. *Dietrich Murswiek* beispielsweise, bis zu seiner Emeritierung 2016 Inhaber des gleichen Lehrstuhls für Staats- und Verwaltungsrecht an der Universität Freiburg, den vor ihm der legendäre Ernst-Wolfgang Böckenförde innegehabt hatte. »Das Grundgesetz als nationalstaatliche Verfassung setzt (...) voraus, dass das Staatsvolk in seiner großen Mehrheit aus ethnisch Deutschen besteht«, schrieb Murswiek in seinem Beitrag zu dem Bändchen des Schönburger Kreises.[39] »Die Regierung darf nicht die Identität des Volkes, dem sie ihre Legitimation verdankt, strukturell verändern. Das Volk ist das Subjekt der Demokratie.« Nur das Volk selbst dürfe kraft seiner verfassungsgebenden Gewalt über die Nationalstaatlichkeit und die Identität des Staatsvolks Deutschlands verfügen.[40]

In der Staatsrechtsszene gilt Murswiek als Einzelgänger und Sonderling mit einerseits respektierten wissenschaftlichen Leistungen, vor allem als Umweltrechtler, und andererseits politischen Standpunkten, über die selbst Konservative den Kopf schütteln. Gern wird die Anekdote erzählt, wie Murswiek im Mai 1970 als junger Student in Heidelberg und deutschnationaler Aktivist beim historischen Besuch des DDR-Ministerpräsidenten Willi Stoph in Kassel gemeinsam mit zwei Gleichgesinnten die vor dem Schlosshotel Wilhelmshöhe gehisste DDR-Flagge vom Mast holte und zerfetzte.[41] Murswiek, seit 1972 CDU-Mitglied, ist heute immer wieder mal im Auftrag der AfD aktiv: Im März 2017 hielt er beim »Extremismuskongress« der AfD-Landtagsfraktionen einen Vortrag zur Frage, was das Grundgesetz zum Thema Extremismus zu sagen habe, und erhielt dafür viel Beifall.[42] Im Oktober 2018 schrieb er dem AfD-Bundesvorstand ein Rechtsgutachten, in dem er der Partei empfahl, auf welche Begriffe und Äußerungen sie besser verzichten sollte, um einer Beobachtung durch den Verfassungsschutz zu entgehen.[43]

Schaut man ins Grundgesetz, so findet man dort in der Tat eine Formulierung, die Vosgerau und Murswiek recht zu geben scheint: »Deutsche im Sinne des Grundgesetzes«, heißt es in Artikel 116 Absatz 1, seien neben den formell Staatsangehörigen alle »Flüchtlinge oder Vertriebenen deutscher Volkszugehörigkeit« und deren Familien. Mit dieser Formulierung wollten die Mütter und Väter des Grundgesetzes für die Deutschen aus Schlesien, Pommern, Preußen und im Sudetenland Verantwortung übernehmen, damit sie nicht als Ausländer gelten, nur weil sie das Pech hatten, bei den Grenzziehungen der Nachkriegszeit auf der falschen Seite gelandet zu sein.

Im Jahr 1987, kurz vor der Wiedervereinigung, hatte das Bundesverfassungsgericht über einen kuriosen Fall zu entscheiden: *Marco Teso*, Sohn eines italienischen Vaters und einer deutschen Mutter, die nach damaligem Recht durch die Heirat mit einem Italiener ihre deutsche Staatsangehörigkeit verloren hatte, war in der DDR als ganz normaler Deutscher aufgewachsen, hatte dort Wehrdienst geleistet und war Mitglied der Jugendnationalmannschaft der DDR, Abteilung Boxen.

Er heiratete und bekam zwei Kinder, bis er Ende der 60er Jahre erfuhr, dass er sich einen italienischen Reisepass ausstellen lassen und damit in den Westen ausreisen konnte.

Das tat er. Doch in der Bundesrepublik erkannte man ihn nicht als Staatsangehörigen an: Nach dem Staatsangehörigkeitsrecht der Bundesrepublik war Marco Teso kein Deutscher, sondern Italiener.

Das, so das Bundesverfassungsgericht, könne nicht sein. Das Grundgesetz verpflichte zur Wiedervereinigung, und daraus folge, dass »die Identität des deutschen Staatsvolks zu erhalten« und die »Einheit des deutschen Volkes als des Trägers des völkerrechtlichen Selbstbestimmungsrechts nach Möglichkeit zukunftsgerichtet auf Dauer zu bewahren« sei.[44] Was im Fall des Herrn Teso hieß: Wer in der DDR ein Deutscher ist, kann in der Bundesrepublik kein Ausländer sein.

Die DDR gibt es nicht mehr. Die Deutschen haben laut Präambel des Grundgesetzes in seiner seit 3. Oktober 1990 geltenden Fassung »in freier Selbstbestimmung die Einheit und Freiheit Deutschlands vollendet«.[45] Wozu diese Pflicht, die Identität des Staatsvolks zu erhalten, daher heutzutage noch verpflichten soll, ist nicht leicht zu sagen.[46] Im Teso-Beschluss ging es dem Bundesverfassungsgericht darum zu verhindern, dass sich im geteilten Deutschland das Verständnis davon, wer Deutscher ist, auseinanderentwickelt. Diese Gefahr ist nicht mehr gegeben.

Das Grundgesetz legt zwar nicht selbst die Kriterien fest, wer zum Staatsvolk dazugehört und wer nicht, aber noch viel weniger verweist es auf eine natürliche, ethnisch-kulturelle Volkszugehörigkeit als Kriterium. Vielmehr überlässt es die Antwort auf die Frage nach der »Identität des deutschen Staatsvolks« dem Gesetzgeber. Wer Deutscher im Sinne der Staatsangehörigkeit ist, das regelt (von dem weitgehend überholten Phänomen der sogenannten ›Statusdeutschen‹ abgesehen) das Recht.

Dass sie ausschließlich nach ethnischen Kriterien bestimmen wollte, wer Deutscher ist und sein kann, war einer der Hauptgründe, warum die NPD im Januar 2017 vom Bundesverfassungsgericht für verfassungsfeindlich erklärt wurde. »Das Grundgesetz«, so das Gericht in der Begründung, »kennt einen ausschließlich an ethnischen Kategorien orientierten Begriff des Volkes nicht.« Das Volk, von dem nach Artikel 20 alle Staatsgewalt ausgeht, bestehe aus denen, die das Gesetz zu Staatsangehörigen macht, und denen, die ihnen nach Artikel 116 gleichgestellt sind. »Wer die deutsche Staatsangehörigkeit erwirbt, ist aus Sicht der Verfassung unabhängig von seiner ethnischen Herkunft Teil des Volkes.« Auch die Teso-Entscheidung von 1987 führe »nicht dazu, dass der Volksbegriff des Grundgesetzes sich vor allem oder auch nur überwiegend nach ethnischen Zuordnungen bestimmt. Vielmehr erhält Art. 116 GG als Kriegsfolgenrecht erst dadurch Sinn, dass der Träger der deutschen Staatsgewalt im Ausgangspunkt durch die Gesamtheit der deutschen Staatsangehörigen zu definieren ist.«[47]

In der Bundesrepublik Deutschland als demokratischem Verfassungsstaat beantwortet sich das Volk selbst die Frage, wer es ist und sein will, durch seine Verfassung und daraus abgeleiteten Gesetze. Wodurch auch sonst? Erst durch die Verfassung gerät ein Volk überhaupt in die Lage, kollektiv verbindliche Entscheidungen treffen zu können. Erst durch die Verfassung kann von Demokratie überhaupt die Rede sein. Ohne Verfassung sind die Deutschen, was immer sie sonst verbindet, nur ein Haufen Leute, die sich wechselseitig, außer aus Furcht vor Prügel, voneinander überhaupt nichts sagen zu lassen brauchen.

Das Volk als verfassunggebende Gewalt, als reale, natürliche Einheit von Menschen und der Verfassung vorgelagerte und übergeordnete Macht ist ein Mythos im ganz buchstäblichen Sinne: eine Schöpfungs- und Gründungserzählung, die nicht wahr sein muss, um ihren Zweck zu erfüllen, nämlich Identität zu stiften und die Möglichkeit, den eigenen Anfang und sein Dasein in der Zeit zu begreifen. Dem verfassten Volk hat dieses mythische verfassunggebende Volk nichts zu befehlen – dafür hat es sich schließlich zu einem Staat verfasst. Der faszinierende Schrecken der Vorstellung, dass die verfasste Ordnung einen Anfang haben und damit endlich sein könnte, steckt ihm zwar in den Knochen, zumal dieser Schrecken in der Erinnerung an 1789 und 1830 und 1918 und 1949 reale Evidenz anzunehmen scheint. Um ihn zu bannen, erzählt es sich seine Gründungsmythen. Sich von ihm beherrschen lassen, darf es aber nicht.[48]

Die Souveränität des Volkes über seine eigene Verfassung ist ein Stoff für Dichter und Erzähler, vor dessen verführerischer Kraft die Anwender des Rechts sich hüten sollten, wie niemand anderes als *Josef Isensee*, der Nestor des konservativen deutschen Staatsrechts, in der ihm eigenen Wortgewalt gewarnt hat: »Mythos wie Bild des Volkes als Verfassunggeber [!] taugen nicht für die Verfassungstheorie und die Verfassungsdogmatik. (...) Das Sprachbild, legitim in der politischen Rhetorik wie in der Poesie, kann in der Rechtssprache gefährlich werden für die Sache des Rechts, wenn Bild und Sinn nicht unterschieden, wenn die Metapher mit der Wahrheit verwechselt wird und zur schrecklichen Vereinfachung gerät. Im neueren deutschen Rechtsschrifttum nehmen so manche Autoren die Deklaration vom Volk als Verfassungsgeber für bare juristische Münze. Sie erwarten von ihr Antwort auf die heikle Frage, woher die Verfassung komme. Die alte Aufklärungsdoktrin wird geglaubt und weitererzählt als ein Klapperstorchmärchen für Volljuristen.«[49]

Kapitel 8: Die offene Gesellschaft der Verfassungsinterpreten

Mitte der 70er Jahre entwarf der Bayreuther Verfassungstheoretiker *Peter Häberle* die optimistische Vision einer Gesellschaft, die sich in einem lebendigen und vielfältigen Diskurs über ihre Verfassung verständigt. Nicht von oben herab sollten Gelehrte, Richter und Politiker diktieren, was als Grundlage der Staats- und Rechtsordnung gilt. Verfassung, so meinte Häberle, müsse in einem lebendigen Austausch von Argumenten, Beobachtungen und Lebenserfahrungen den Wandel von Werten und sozialen Realitäten einer Gesellschaft spiegeln. Häberle nannte dieses Ideal »die offene Gesellschaft der Verfassungsinterpreten«.[1]

Wie wenige andere deutsche Rechtstheoretiker fand Häberle weit über die Grenzen Deutschlands hinaus Beachtung und Anerkennung. Nur das Ende seiner glanzvollen Laufbahn wurde von einem spektakulären Betriebsunfall der Rechtswissenschaft überschattet: Häberle hatte die Doktorarbeit des aufstrebenden CSU-Politikers und späteren Bundesverteidigungsministers Karl-Theodor zu Guttenberg betreut, die sich als Ansammlung wüster Plagiate und schwülstiger Verfassungslyrik erwies.

Der Fall Guttenberg war der Auftakt zu einer Reihe von

Plagiatsskandalen, die den Verteidigungsminister und zwei Jahre nach ihm auch seine Kabinettskollegin Annette Schavan zu Fall brachten. Die Affären trafen Politik und Wissenschaft. Sie warfen aber auch ein Licht auf die Medien und einen Journalismus, der Guttenberg zunächst zu einer messianischen Heilsgestalt der Politik erhoben hatte, um ihn wenig später als lächerliche Witzfigur zu erniedrigen.

Es sind die Medien, die auch den Resonanzraum für jenen offenen Diskurs der Verfassungsinterpretation formen, den sich Guttenbergs Doktorvater Häberle für eine plural und freiheitlich konstituierte Gesellschaft erhofft hatte. Tatsächlich waren die Diskussionen über die wichtigsten politischen Weichenstellungen und den Wandel der Gesellschaft in der Geschichte der Bundesrepublik immer wieder auch in der medialen Öffentlichkeit geführte Verfassungsdebatten. So war auch die Diskussion um die Flüchtlingspolitik ein Testfall für die Fähigkeit der Medien, einen Diskursraum herzustellen, in dem sich die Gesellschaft über die rechtlichen Grundlagen ihres Gemeinwesens verständigen kann.

Medien in der Krise

Ganz ähnlich wie die Staatsrechtswissenschaft funktionieren auch die Medien nicht mehr so, wie das in früheren Zeiten einmal war. Gesellschaftliche Milieus, politische Lager und die daraus erwachsenden Orientierungen sind neuen Ordnungen, Leitbildern und Funktionsweisen gewichen. Der Umzug von Regierung und Parlament von Bonn nach Berlin war eine besonders markante Zäsur. Der Begriff

»Berliner Republik« drückte gerade in den ersten Jahren für viele die Hoffnung aus, dass es in der neuen Hauptstadt zu einer Neuformatierung politischer Milieus und einem Reset der politischen Kommunikation kommen werde. Rechts-Links-Schemata wurden als überholt erklärt. Die *FAZ* suchte nach den Überresten der alten Ideologien in einer aufsehenerregenden Feuilleton-Serie: »What's left?«. Publizistische Wegbereiter eines neuen Nationalkonservatismus riefen in einem gleichnamigen Sammelband die »Selbstbewusste Nation« aus.[2]

Tatsächlich bedeutete die Neuaufstellung des politischen Journalismus in Berlin einen Generationenwechsel und damit eine soziale Zäsur in fast allen Redaktionen.[3] In großer Zahl wurden junge Journalisten eingestellt, um die Hauptstadtredaktionen für den Wettbewerb um die exklusivsten Geschichten, schnellsten Nachrichten und heißesten Gerüchte aus dem Regierungsviertel aufzurüsten. Die Mitgliederzahl der Bundespressekonferenz wuchs von knapp 600 im Bonn der 80er Jahre auf über 900 in Berlin an. Es waren mehr Frauen darunter. Der Journalismus wurde jünger, weiblicher und nüchterner – in mehr als einer Hinsicht: Der Typus des bärbeißigen Leitartiklers, der erst dann richtig in Fahrt kommt, wenn er die Whisky-Flasche aus der untersten Schublade seines Schreibtischs hervorgeholt und sich einen eingeschenkt hat, wurde zum Auslaufmodell. Auch die alten Grabenkämpfe der parteipolitischen Lager verloren an Bedeutung. In Bonn hatten sich Journalisten in klar verorteten Hintergrundkreisen zu ihren vertraulichen Gesprächen mit Politikern getroffen – die Konservativen im »Ruderclub«, die sozialdemokratisch und linksliberal orientierten Kollegen in der »Gelben Karte«. Die einen schrieben für *WELT*, *BILD* oder *FAZ*, die anderen für den

SPIEGEL, die *TAZ* oder die *Süddeutsche Zeitung*. Christlich-konservative Leser lasen den *Rheinischen Merkur*, zu dessen Herausgebern der Staatsrechtler Paul Kirchhof gehörte. Gewerkschafter informierten sich durch die *Frankfurter Rundschau*. So spiegelte sich die soziale Ordnung der alten Bundesrepublik in ihren Medien. Doch das ist Geschichte. Politische Journalisten wechseln heute von der *TAZ* zur *WELT* und von *BILD* zum *SPIEGEL*. Die *Frankfurter Rundschau* wurde durch den Verlag der *Frankfurter Allgemeinen* aus der Insolvenz gerettet. Den *Rheinischen Merkur* gibt es nicht mehr, weil die katholische Kirche den Geldhahn zudrehte.

Der strukturelle, ökonomische und soziale Wandel der Medien veränderte auch die Art und Weise, wie sich Politik im öffentlichen Raum entfaltete. Die Polarisierungen, die sich traditionell entlang von Partei- und Milieugrenzen zeigten und das Spannungsfeld bildeten, in dem Politik entstand, kamen nicht mehr so zuverlässig und berechenbar wie einst zustande. Das zeigte sich auch in den Skandalisierungswellen der Jahre vor 2015. Im Fall Guttenberg entstand der Eindruck, der junge CSU-Politiker sei von einem konformen Politikjournalismus zunächst emporgeschrieben und sodann niedergemacht worden. In den Diskussionen um die Bundespräsidenten Köhler und Wulff, die in kurzer Folge in den Rücktritten endeten, schien es in den Medien keine Verteidiger, sondern nur noch Angreifer zu geben.[4] Auch das trug zu einem Vertrauensabriss im Dreiecksverhältnis zwischen Journalisten, Politikern und Mediennutzern bei. Der Eindruck eines Medienmainstreams machte sich breit, der sich – angetrieben und beschleunigt durch die Digitalisierung – zu reißenden Meinungsströmen verdichtet, die immer nur in eine Richtung fließen.

Dass Medien anders funktionieren, als man das gewohnt war, stach im Sommer 2015 schon auf den ersten Blick auf die Auslagen an den deutschen Zeitungskiosken ins Auge: Fast überall in Europa transportierten die Boulevardblätter in dramatisierenden Überschriften die Ängste, Befürchtungen und Ressentiments, die sich mit der Flucht- und Migrationskrise verbinden ließen. In Deutschland dagegen wurde die größte Boulevardzeitung zum lautesten Sprachrohr der »Willkommenskultur«. Die *BILD*-Zeitung, über Generationen als ressentimentgeladenes Hetzblatt verschrien und verhasst, rief zu Hilfsbereitschaft auf und propagierte Empathie mit Flüchtlingen. Als Anfang September der dreijährige Aylan Kurdi auf der Flucht aus Syrien im Mittelmeer ertrank und sein toter Körper an der türkischen Küste angespült wurde, druckte die Zeitung das Bild ganzseitig mit schwarzem Trauerrand. »Wer sind wir, was sind unsere Werte wirklich wert, wenn wir so etwas weiter geschehen lassen?«, fragte das Blatt seine Millionenleserschaft.[5] Wenig später startete die Zeitung die groß angelegte Kampagne »*#refugeeswelcome* – Wir helfen!«. In der Bundesliga liefen die Profis mit dem Logo der *BILD*-Aktion auf die Spielfelder. Als der Bundestag wenige Tage nach der später so heftig umstrittenen Grenzentscheidung der Kanzlerin zur Generaldebatte zusammenkam, saß Vizekanzler Gabriel mit einem »*refugees welcome*«-Anstecker auf der Regierungsbank neben Angela Merkel – »die den Button nicht trug«, wie die *BILD*-Zeitung in rügendem Ton vermerkte.

Wie kontrovers die Debatte über die Flüchtlingspolitik noch werden sollte, ließ sich in den großen traditionellen Medien erst später ablesen. Eine gegenüber Flüchtlingen empathische Grundhaltung dominierte im Frühjahr und Sommer 2015 die Berichterstattung vom Boulevard über die großen Tages- und Regionalzeitungen bis zum öffentlich-rechtlichen und privaten Rundfunk. Rassistische Kundgebungen und gewalttätige Übergriffe wie in Heidenau oder Tröglitz wurden dagegen scharf, verständnislos und einhellig verurteilt.

Der amerikanische Journalist und Kommunikationswissenschaftler *Jay Rosen*, der während eines Forschungsaufenthalts in Deutschland mit mehr als 50 Journalistinnen und Journalisten Interviews über ihre Selbstwahrnehmung führte, befand rückblickend: »Deutsche Journalisten betrachten es als ihre Aufgabe, für die Rechte von Minderheiten einzutreten und zu verhindern, dass Links- oder Rechtsextreme den öffentlichen Raum kapern«. In einem »Brief an deutsche Journalisten« konfrontierte Rosen seine Kollegen mit einer Beobachtung, über die sie sich selbst kaum bewusst seien: »Auch in ihrer journalistischen Arbeit verteidigen sie Demokratie und Menschenwürde. Sie treten für ein Staatswesen ein, das sich in der Nachkriegszeit herausgebildet hat und in Europa fest verankert ist.«[6] Nach Auffassung des Amerikaners war das eine Tugend, die den deutschen Journalismus auszeichnete.

Von Diskurs keine Rede

Detaillierter und im Ergebnis viel kritischer fiel eine von der gewerkschaftsnahen Otto-Brenner-Stiftung in Auftrag gegebene Studie aus. Der ehemalige *ZEIT*-Journalist und Medienwissenschaftler *Michael Haller* untersuchte mit seinem Team 35 000 Texte, die zwischen dem Frühjahr 2015 und dem Frühjahr 2016 in Zeitungen und Onlinenachrichtenportalen erschienen waren.[7] Besonders kritisch beurteilten Haller und seine Mitarbeiter einen gleichförmigen Umgang der Medien mit dem Narrativ der »neuen deutschen Willkommenskultur«, das im Kontext des Flüchtlingsthemas eine auf »Konformität gerichtete Meinungsmacht« entfaltet habe. Wer demgegenüber Skepsis angemeldet habe, sei »in einem hohen Gleichklang zwischen den Politiker- und den Medienaussagen« in den Verdacht der Fremdenfeindlichkeit gerückt worden.[8] Haller selbst wehrte sich gegen schnelle Interpretationen, er habe den Medien schlechthin ein »Versagen« attestiert.[9] Auch in traditionellen Leitmedien wie der *Frankfurter Allgemeinen Zeitung*, der *WELT* und der *Süddeutschen Zeitung* fand der Wissenschaftler Belege für »eine relativ breite Palette an Akteurs- und Sprecherrollen«, »skeptische und kritische Positionen« sowie »authentische Vor-Ort-Berichte und Reportagen«.[10] In ihrer Gesamtheit aber warf Haller den Medien vor, durch eine Paradoxie zu einer Verengung der Wahrnehmung beigetragen zu haben: Einerseits seien Mediennutzer mit einer nicht mehr überschaubaren Fülle von Nachrichten zum Flüchtlingsthema konfrontiert und überfordert worden. Zuschauer und Leser seien dadurch gezwungen worden, zu selektieren, zu vereinfachen und auszublenden.[11] Die Medien andererseits haben der Studie zufolge keine zugänglichen Angebote gemacht, das Sichtfeld qualitativ zu erweitern, um die Wirklichkeit auch in ihrer Vielfalt und Vielstimmigkeit erfassen zu können. So sei nicht nur Skepsis gegenüber dem Leitbild der Willkommenskultur ausgeblendet worden. Erstaunlicherweise sind nach den Auswertungen Hallers die eigentlichen Hauptakteure – Mitglieder von Helfergruppen, Initiativen und freien Trägern und vor allem die Flüchtenden selbst – kaum zu Wort gekommen. Die Medien hätten ein »Flüchtlingsthema ohne Flüchtlinge« abgebildet, meint Haller. Die Menschen, die ins Land kamen, sind nach seiner Untersuchung vor allem in den Naturmetaphern von Strömen und Fluten sowie in Abbildungen von namenlosen Gesichtern anonymisiert worden.[12]

Dafür dominierten die Stellungnahmen von Politikern und insbesondere den Regierungsparteien die Berichterstattung.[13] Es ging seit Herbst 2015 um die unionsinterne Debatte über die Obergrenze und das Für und Wider von Transitzonen. Damit, so befindet Haller, wurden stets hoch personalisierte Zweikämpfe – Merkel gegen Seehofer, CDU gegen CSU – inszeniert. »Von diskursiver Themenbearbeitung kann für das Jahr 2015 nicht die Rede sein«,[14] bilanzierte Haller.

Ein Diskurs entsteht aus Sicht der Kommunikationswissenschaft erst dann, wenn mehr als zwei Teilnehmer daran beteiligt sind, mehr als nur ein Pro und ein Contra gegenübergestellt werden. Diskurs entsteht aus einer Vielzahl von Perspektiven und durch die Erweiterung des Blickfelds. Auch dadurch können in einer unübersichtlichen Nachrichtenfülle Überblick, Deutungsmuster und Interpretationsangebote erkennbar werden. Medien müssen dafür in der Lage sein, Handlungsrahmen der Politik zu beschreiben und zu erklären, die nicht allein aus parteipolitischer Polarisierung und persönlicher Rivalität bestehen. Außenpolitische Rahmenbedingungen gehören dazu, aber auch rechtliche Normen und ihre Auslegungen, die für die Politik handlungsleitend sind.

Gerade für die Beobachtung und Analyse dieser Themenfelder aber, die für die Flüchtlings- und Migrationspolitik von entscheidender Bedeutung sind, waren und sind die Medien eher schwach aufgestellt. In Zeiten des ökonomischen Drucks und digitalen Wandels waren in Zeitungs- und Rundfunkredaktionen vor allem außenpolitische Kompetenzen abgebaut worden. Korrespondentenplätze wurden gestrichen, um Personalressourcen in den Aufbau von Onlineredaktionen umzulagern. Lange hatte man nach dem Ende des Kalten Krieges auch in Verlagshäusern und Rundfunkanstalten geglaubt, eine Friedensdividende einstreichen zu können, indem man teure Druckseiten und Sendezeiten für außenpolitische Berichterstattung einspart. Am Ende wirkte sich die Verkümmerung außenpolitischer Kompetenz in den Medien auch auf die Politik aus: Weil der öffentliche Resonanzraum schwand, wurde es für Politiker immer schwerer, sich durch den Nachweis außenpolitischer Expertise öffentlich zu profilieren. Im Bundestag war der Kompetenzverlust am Rückgang von Fremdsprachenkenntnissen und persönlicher Vernetzung der Abgeordneten in andere Länder messbar.[15] Erst im Zeichen der globalen Flucht- und Migrationskrisen erhält Außenpolitik inzwischen wieder ein neues Gewicht als Instrument, Zusammenhänge in der Welt zu verstehen und auch im eigenen Interesse an Problemlösungen mitzuwirken.

Auch die Berichterstattung über juristische und verfassungsrechtliche Fragen spielt in den Medien eine eher exotische Rolle. Die Zeiten, in denen größere Lokal- und Regionalzeitungen ausgebildete Juristen beschäftigt haben, die nicht nur als Gerichtsreporter arbeiteten, sondern regelmäßig zu Fachtagungen reisten und Verbindungen in Rechtswissenschaft und Bundesgerichte pflegen konnten, sind vorbei. Ein kleines Häuflein von juristisch qualifizierten Journalisten hat sich in Karlsruhe in der »Justizpressekonferenz« zusammengeschlossen. In den Redaktionen aber gelten Rechtsthemen meist als spröde Materie, die man sich ähnlich wie Kernphysik von Expertinnen erklären lassen muss. Lebendige Diskurse können sich so im öffentlichen Raum der Medien kaum entfalten. Wenn sich Professoren oder Richter mit ihren Rechtsauffassungen in der Medienöffentlichkeit äußern, wird ihnen gerne eine fast päpstliche Autorität zugemessen. Wer traut es sich als Journalistin schon zu, einem ehemaligen Verfassungsrichter oder gar einem ehemaligen Präsidenten des höchsten deutschen Gerichts fundierte Argumente entgegenzuhalten? Und wer kennt sich in der Fachwelt genügend aus, um eine von verfassungsrichterlicher Aura umwehte Äußerung in rechtliche Kontexte einzuordnen oder die Mechanismen des bezahlten Gutachterwesens an juristischen Fakultäten zu durchschauen?

An einem offenen, rechtlichen Diskurs schien in der Debatte über die Flüchtlingspolitik keiner der Akteure in Regierung, Parlament und Medien ein echtes Interesse zu haben. Der CSU genügte das Gutachten des früheren Verfassungsrichters Di Fabio, um den politischen Druck auf die Kanzlerin zu erhöhen. Angela Merkel und ihre Vertrauten mieden den Rechtsstreit, weil sie dem politischen Konflikt mit der CSU keine weitere Nahrung geben wollten. Journalisten fürchten, dass eine juristische Debatte schnell in schwindelerregende Abstraktionshöhen führen würde, in die ihnen ihre Leser, Zuschauerinnen und Hörer nicht mehr folgen wollen. Selbst als der Präsident des Bundesverfassungsgerichts *Andreas Voßkuhle* mit Blick auf die staatsrechtlich begründete Kritik an der Politik der Bundesregierung von Argumenten aus dem »19. Jahrhundert« sprach,[16] löste das keine Berichterstattung über den ungewöhnlichen Dissens zwischen dem obersten Richter des Landes und seinem Vorgänger aus. Das Interesse der meisten Medien konzentrierte sich auf die spektakulären Konflikte an der politischen Oberfläche des Geschehens. Vor allem die kritischen Äußerungen ließen sich so in das einfache Deutungsmuster einer unter parteipolitischem Druck stehenden Regierung einfügen. Wie sie damit klarkam, erschien in der Folge mehr als Sache politischer Standfestigkeit und Durchsetzungskraft denn als Frage juristischer Argumentationsmacht.

Nischen des Medienmarkts

So konnten der Vorwurf des Rechtsbruchs und die These von der »Herrschaft des Unrechts« ihr Eigenleben in den Nischen der Medienlandschaft entfalten und dort weitgehend unbehelligt von Widerspruch gedeihen. Der Nährboden dafür fand sich in den Internetforen und Social-Media-Kanälen der AfD und rechtsnationalistischen Publikationen wie dem Magazin *Compact*. Dessen Herausgeber *Jürgen Elsässer*, ein ehemals linker und zum »Querfront«-Aktivisten gewandelter Publizist, hatte schon im September 2015 mit revolutionärer Verve zur »Fraternisierung zwischen Volk und bewaffneten Kräften« gegen die Grenzpolitik der Regierung aufgerufen.[17] Erfolgversprechender aber als eine Meuterei von Bundeswehr und Polizei erschien es ihm, der Regierung mit rechtlichem Beistand zu Leibe zu rücken. Argumentativ unterstützt von dem Staatsrechtler *Karl Albrecht Schachtschneider*, forderte Elsässer ein Volksbegehren für ein bayerisches Grenzsicherungsgesetz, weil der Bund seine Aufgabe, für die äußere Sicherheit des Freistaats zu sorgen, nicht erfüllt habe.[18]

Wer es nicht ganz so exaltiert wollte, wurde auf dem *Achgut*-Blog bedient. In ausführlichen Beiträgen wurde hier der »Rechtsbruch und die Aufhebung der Gewaltenteilung in Deutschland«[19] beklagt, und *Thilo Sarrazin* verspottete den Europarechtler *Daniel Thym* als »Professor Unfug«, weil dieser der schrillen These vom Rechtsbruch nüchtern widersprochen hatte.[20] Immerhin aber veröffentlichte der Blog auch eine Replik Thyms[21] sowie eine weitere Entgegnung Sarrazins[22] und freute sich darüber, einer veritablen Rechtsdebatte Raum verschafft zu haben.[23]

Je weniger Lust die Regierung zeigte, sich mit den rechtlichen Attacken gegen ihre Politik herumzuschlagen, desto mehr schien die Freude ihrer Gegner am juristischen Argument zu wachsen. Das beflügelte eine Publizistik, die sich auch einem bildungsbürgerlichen Publikum als Alternative zu den traditionellen, als konform und berauscht von »Gutmenschentum« verschrienen Medien anbot. *Cicero, das Magazin für politische Kultur*, das Ulrich Vosgeraus These von der »Herrschaft des Unrechts« in die Welt setzte, gehört zu dieser Gattung ebenso wie der Blog des Wirtschaftsjournalisten *Roland Tichy*. Wer meint, dass Tageszeitungen und der öffentlich-rechtliche Rundfunk nur noch einem linksliberalen Mainstream folgen würden, findet bei *Tichys Einblick* nichts als Selbstbestätigung: Der Herausgeber und seine Autoren liefern zuverlässig Argumentationsmaterial gegen alles, was sich als Politik Angela Merkels, »Genderwahn«, grüne Öko-Diktatur oder blauäugige Flüchtlingshelferei verhöhnen und verdammen lässt. So wurde der Tichy-Blog bis weit in die CDU-Anhängerschaft hinein zu einem der Zentralorgane des Unmuts in der Mitte der Gesellschaft. CDU-Mitglieder, die sich unter dem Namen »Konrads Erben« zusammengetan hatten, veröffentlichten hier einen Appell, in dem sie zur »unmittelbaren Rückkehr zu Recht und Gesetz« aufriefen.[24] Autoren des Blogs prangerten »Hundertausendfachen Rechtsbruch im BAMF« an und wussten: »Die Verantwortlichen sitzen auf der Regierungsbank.«[25] So verdichtete sich das Bild einer mit staatlicher Autorität beförderten »Rechtsverwahrlosung« in Deutschland, die unweigerlich in die »Herrschaft des Unrechts« führe.[26]

Roland Tichy, der 1990 noch ein Buch mit dem Titel »Ausländer rein« veröffentlicht hatte, gehörte als Berliner Büroleiter des *Handelsblatts* und Chefredakteur der *Wirtschaftswoche* einst selbst zum gehobenen journalistischen Establishment. Auch etliche seiner Autoren hatten in früheren Positionen als Zeitungsherausgeber oder leitende Redakteure im öffentlich-rechtlichen Rundfunk konventionelle Meinungsmacht. Jetzt präsentierten sie sich als nonkonforme Alternative zum Mainstream ihrer jüngeren Nachfolgerinnen und Nachfolger. Tichy selbst hatte dabei mit dem Blick des ordoliberalen Wirtschaftspublizisten erkannt, dass auch der Meinungsmarkt den Gesetzen von Angebot und Nachfrage folgt. »Da gibt es eine Lücke des Unbehagens«, erklärte Tichy einem Kollegen der *ZEIT*. »Die füllt die AfD. Die füllt der Seehofer. Die fülle ich.«[27] Der Kurs zahlte sich aus. Ein Jahr nach Beginn der publizistischen Offensive gegen die Flüchtlingspolitik brachte Tichys Verlag auch eine monatliche Druckversion des Blogs mit einer Startauflage von 70 000 Exemplaren auf den Markt.[28]

Auch im traditionellen Printjournalismus, der ansonsten eher von Niedergangsstimmung geprägt war, löste der bürgerliche Überdruss an Angela Merkel und dem Meinungsklima in Zeitungen und öffentlich-rechtlichem Rundfunk Gründerstimmung aus. In der Annahme, mit einem konsequent ordoliberalen Kurs und Kritik an der Politik Angela

Merkels Leser in Deutschland gewinnen zu können, investierte die *Neue Zürcher Zeitung* in eine verstärkte Berichterstattung aus dem Nachbarland. »Es gibt in Deutschland eine Lücke für eine Stimme, die so deutlich für die Rechte des Individuums eintritt, wie wir das tun«[29], sagte Chefredakteur *Eric Gujer*, der mehrere Jahre als Korrespondent seiner Zeitung aus Berlin berichtet hatte.

Auch die Chefredakteure des *Cicero*, *Christoph Schwennicke* und *Alexander Marguier*, setzten erfolgreich darauf, mit einer Mischung aus gemütlichem Literaturfeuilleton, nationalkonservativ gefärbter Kulturkritik und Merkel-Abgesängen ihre Anteile im bildungsbürgerlichen Lesermarkt ausbauen zu können. Als der schweizer Ringier-Verlag aus dem Magazin ausstieg, übernahmen es die beiden Chefredakteure in einem Management-Buy-out, kurz nachdem ihr Autor Vosgerau im *Cicero* die »Herrschaft des Unrechts« ausgerufen hatte.

Robin Alexanders Double-Bind

Die wohl stärkste Wirkung auf die Wahrnehmung der Flüchtlingspolitik in einer breiten, bürgerlichen Leserschaft hatte ein Buch: die Reportage »Die Getriebenen« des *WELT*-Journalisten *Robin Alexander*.[30] Schon kurz nach der Veröffentlichung im Frühjahr 2017 stand das Buch auf Platz 1 der *SPIEGEL*-Bestsellerliste. Robin Alexander, der seine journalistische Karriere bei der *TAZ* begonnen hatte, wurde durch den Erfolg zum Starjournalisten mit Dauerpräsenz auf allen Kanälen, von Fernsehtalkshows bis zu seinem Twitter-Kanal mit rund 35 000 »Followern«.

Sein Buch ist einerseits eine minutiöse und akribisch recherchierte Schilderung aus dem Innenleben der Bundesregierung im Sommer und Herbst 2015 bis ins Jahr 2016. Schritt für Schritt verfolgt Alexander die Kanzlerin in den schicksalhaften Stunden am ersten Septemberwochenende. Detailreich protokolliert er die entscheidende Besprechung im Bundesinnenministerium am 13. September, in der sich Bundespolizeipräsident Dieter Romann mit seiner Forderung nach der Zurückweisung von Flüchtlingen an der deutsch-österreichischen Grenze nicht durchsetzen konnte.

Auf den ersten Blick zieht das Buch als packende Rekonstruktion von Reisen und Begegnungen der Kanzlerin, Gesprächen im engsten Beraterkreis, Telefonaten mit EU-Partnern sowie Abstimmungen mit den Koalitionspartnern seine Leser in den Bann. Die Erzählung aber folgt nicht nur dem dramatischen Gang der Ereignisse. Sie wird eingefügt in einen Frame, eine Rahmung, in der die Politik Angela Merkels als reine Imagekampagne einer nur auf ihre Popularität bedachten Regierungschefin erscheint. Die Geschichte, die Robin Alexander in diesem Licht erzählt, lässt sich knapp zusammenfassen: Eine seit jeher rein opportunistisch agierende Kanzlerin öffnet im September 2015 die Grenzen und weist ihren zaudernden Bundesinnenminister an, die Einwände seiner Sicherheitsexperten vom Tisch zu fegen, weil sie unangenehme Bilder fürchtet. Dabei setzt sich das Kanzleramt vorsätzlich über die Regeln des Dublin-Systems hinweg, das ihm ohnehin seit langem ein Dorn im Auge war. Die Folgen sind Chaos in Deutschland und Europa. So einfach stellt sich das für Leserinnen und Leser am Ende der gut 280 Seiten dar. Das ist zugleich das Narrativ, das die Reportage unausgesprochen zur Anklageschrift gegen die Kanzlerin und ihre angeblichen Mittäter machte.

Die tendenziöse Rahmung erfolgt durch gezielte Abwertungen von vermeintlich objektiv geschilderten Abläufen. Da wird von »Kalkül«[31] und »Methode«[32] geraunt. Was Merkel tue, sei ständig »inszeniert«,[33] während ihre »Kommandobrücke unbesetzt«[34] bleibe. Wenn die Kanzlerin Bürger oder Flüchtlinge trifft, ist das ein »Wanderzirkus«.[35] Die Begegnung mit der palästinensischen Schülerin Reem Sahwil missrät zur »Image-Katastrophe, wie sie in Merkels zehnjähriger Kanzlerschaft noch nicht vorkam.«[36]

Zugleich wird die Entscheidung im September 2015, die Zuständigkeit für Flüchtlinge aus Ungarn zu übernehmen, von Alexander zu einem »historischen Moment«[37] stilisiert, zu einer »Richtungsentscheidung (...), die vielleicht sogar mit Konrad Adenauers Westbindung, der Ostpolitik Willy Brandts oder der entschlossenen Wiedervereinigung unter Helmut Kohl vergleichbar ist«,[38] nur um dann Merkels Auftritt im Bundestag hinterher mit dem einer »Sparkassendirektorin bei der Bilanzvorstellung ihrer Vorortfiliale« zu vergleichen.[39] So entsteht das Bild einer Kanzlerin, der gleichzeitig alles zuzutrauen ist – und nichts.

Mit diesem Double-Bind sichert Alexander seine Rekonstruktion der Flüchtlingspolitik 2015/16 nach allen Seiten ab. Merkel und ihre Regierung erscheinen einerseits als ein Haufen halt- und planlos am Rande der Fahrlässigkeit dahindilettierender Improvisateure, die vor lauter Angst vor »hässlichen Bildern« das eigentlich längst für richtig Erkannte nicht zu tun wagen, andererseits aber als Teil einer raffinierten Verschwörung einer »Truppe« rund um EU-Kommissionspräsident Jean-Claude Juncker und Kanzleramtschef Peter Altmaier, die 2015 die »Gelegenheit« dazu erkannt und ergriffen habe, ihre »Überzeugung, Dublin müsse verschwinden«, zu verwirklichen.[40]

Das Recht selbst aber, das da angeblich so zielstrebig ausgehebelt werden sollte, bleibt in Alexanders »Report aus dem Inneren der Macht« ein blinder Fleck. Die juristischen Einwände der zuständigen Fachbeamten in der Besprechung am 13. September 2015 streift der Autor nur in einem Nebensatz, um sie dann mit dem saloppen Hinweis zu erledigen, sie seien »übrigens unbegründet« gewesen.[41] Ähnlich nonchalant wird der Hinweis auf die Tatsache, dass die deutsche Grenze im September nicht »geöffnet« wurde, weil sie bereits seit mehr als 20 Jahren offen war, als »Wortklauberei« abgefertigt. Es gehe dabei nur darum, »die Tatsache zu verdecken: Die Flüchtlinge hätten nach den EU-Regeln nicht nach Deutschland kommen dürfen«.[42] Dass diese Lesart der EU-Regeln nicht die einzige oder gar maßgebliche sein könnte – diese Überlegung hält Alexander von sich und seinen Lesern fern.

Für all diejenigen, die schon immer zu wissen glaubten, dass die Flüchtlingspolitik eine mindestens halbkriminelle Machenschaft war, wurde Alexander mit dieser Erzählung zum unfreiwilligen Kronzeugen: Mit triumphaler Inbrunst hielt Beatrix von Storch das Cover der »Getriebenen« in die Kamera. »Dieses Buch ist Dynamit«,[43] verkündete die AfD-Politikerin in mehreren Videoclips für die Social-Media-Kanäle ihrer Partei. Es zeige, »wie Merkel und die regierende Klasse das Land sehenden Auges in eine Katastrophe geführt haben.«[44] Auf dem verschwörungstheoretischen Blog »PI-news« wurde Alexander als neuer Thilo Sarrazin gefeiert: Der Islamkritiker habe »den Weg frei« gemacht »für die Wende. Jetzt kommt aber noch ein vielleicht größerer Türöffner: Robin Alexander.«[45] Der AfD-Prozessvertreter

Ulrich Vosgerau schließlich schlachtete das Buch für seine Verfassungsklage aus und verwies in den Fußnoten der Antragsschrift auf Alexander und »Die Getriebenen«, als handele es sich um ein im Auftrag der Kläger verfasstes Fachgutachten.[46]

Kapitel 9: Der Gang zum Brunnen

Recht ist keine Mathematik. Die meisten Menschen, Juristinnen und Juristen nicht ausgeschlossen, bilden sich ihr Urteil über Recht und Unrecht nicht als logische Schlussfolgerung aus vorausgesetzten Prämissen, sondern auf verschlungeneren Wegen. Was als Recht und was als Unrecht gelten soll, wird mit dem eigenen »Rechtsempfinden« abgeglichen, dem Gefühl für Ordnung und Gerechtigkeit. Über Gefühle kann man bekanntlich nicht streiten. Was man fühlt, kann und muss man nicht rechtfertigen. Das gefühlte Recht steht oft im Gegensatz zu dem Recht der Gesellschaft, das durch demokratische Aushandlung entsteht. Gefühltes Recht gilt nicht, weil es gute Gründe dafür gibt, sondern weil und indem es erspürt wird von jenen, die den Sinn dafür besitzen, woher auch immer.

Noch mächtiger als das Gefühl für das gute und richtige Recht kann das Empfinden von Unrecht und der Verletzung des Rechtsgefühls wirken. Es entfacht gewaltige und im Extremfall gewalttätige Energien: Empörung, Zorn, Tatendurst.

Michael Kohlhaas, der berühmteste Leidensmann eines verletzten Rechtsgefühls, empfindet sich als »verstoßen (...) zu den Wilden der Einöde hinaus.« Als Opfer eines eklatanten Rechtsbruchs nimmt er »die Keule, die mich selbst schützt, in die Hand« und zieht sengend und brennend durchs Land.[1]

Das Gefühl, eine Auflösung des Rechts zu erleben, ist seit der Eurokrise auch ein geistiger Treibstoff der bürgerlich-konservativen Protestbewegung im gegenwärtigen Deutschland. Von Beginn an war es auch der emotionale Kitt, der die AfD in ihrem Innersten zusammenhält. Die Partei entstand als bürgerliche Sammlungsbewegung, deren Anhänger aus ganz unterschiedlichen Motiven zusammenfanden. Da waren Männer und auch Frauen, die sich von »Genderwahn« verfolgt sahen und um ihre tradierten Geschlechterrollen in Familie und Beruf fürchteten. Da waren wertkonservative Bildungsbürger, die in der Rechtschreibreform und der Abschaffung der Frakturschrift über den Kommentaren der *FAZ* sichere Vorzeichen für den Untergang des Abendlands sahen. Und da waren zornige Volkswirtschaftsprofessoren, die seit Jahren vergeblich in Karlsruhe gegen den Euro Sturm gelaufen waren und in der Krise der Währungsgemeinschaft nun das aufwühlende Erlebnis teilten, ökonomisch recht gehabt, aber juristisch nicht Recht bekommen zu haben.

Mit der Eurokrise hatte die Bewegung ihr erstes großes Thema gefunden. Mit dem Gefühl, Deutschland werde im Modus eines fortgesetzten Rechtsbruchs regiert, fand sie ihr bis heute immer wiederkehrendes Leitmotiv. Es durchzieht die Rhetorik der AfD wie ein pulsierender Generalbass: Wechselnde Themen lassen sich darüber variieren, von der Euro- bis zur Flüchtlingspolitik und der Angst vor dem Islam. Der Vorwurf des Rechtsbruchs aber schafft den alles überwölbenden Sound. Er wird stets in einem hohen Ton der Entrüstung formuliert. Weil er Emotionen ins Schwingen bringt, hallt er länger nach als die nüchterne Logik juristischer Argumentation. Je mehr diese Vibrationen ein Bauchgefühl aktivieren, desto weniger bedarf die Behauptung des Rechtsbruchs der Begründung im Kopf. Sie muss sich nicht mehr an der Rationalität der normativen Ordnung messen lassen, weil sie an das Rechtsgefühl appelliert.

So stimuliert sie kontinuierlich das politische Erregungsniveau, das der Bundestagsabgeordnete und Hausphilosoph der AfD *Marc Jongen* mit dem Begriff des *Thymos* umschrieb.[2] Der Sloterdjik-Schüler bezeichnete damit eine Art nationalen Hormonhaushalt, der durch die Konsens- und Kompromisspolitik der Großen Koalitionen unter Angela Merkel in eine bedrohliche Unterfunktion geraten sei. Die Politik der AfD muss nach Jongens Thymos-Theorie dafür sorgen, dem erschlafften Volkskörper eine heilsame Dosis rhetorischer Stimulanzien zuzuführen, auf dass die kollektive Immunabwehr gegen Überfremdung und islamische Kulturinfektion gestärkt werde. Der Vorwurf des Rechtsbruchs hatte sich dazu schon lange vor der Flucht- und Migrationskrise des Jahres 2015 als besonders breitenwirksames Mittel erwiesen – mit politisch gewollten Nebenwirkungen.

Die Empörten

Als die Gründer der AfD an einem kalten Abend im März 2013 zu ihrer ersten öffentlichen Kundgebung einluden, fanden sich rund 1200 Menschen in der überfüllten Stadthalle von Oberursel im hessischen Hochtaunuskreis ein. Es war eine gutbürgerliche Versammlung, überwiegend von Männern, die meisten augenscheinlich gut situiert. Man trug Anzug oder Tweed-Jacket mit Schlips und Kragen. Ärzte, pensionierte Lehrer, Journalisten, Professoren und Rechtsanwälte hatten sich zusammengefunden. Es waren Menschen, die sich als gute und unbescholtene Staatsbürger empfanden und glaubten, Zeugen eines schreienden Unrechts zu sein. Beunruhigt folgten sie den kühlen volkswirtschaftlichen Argumentationslinien, mit denen der Hamburger Professor für Makroökonomie *Bernd Lucke* den unweigerlichen Niedergang der europäischen Gemeinschaftswährung prognostizierte. In Empörung fanden sie zusammen, als der künftige Parteivorsitzende verkündete: »Wir haben eine Regierung, die sich nicht an Recht und Gesetz hält.«[3] Auch dem promovierten Literaturwissenschaftler und ehemaligen *FAZ*-Feuilletonredakteur *Konrad Adam* ging es um mehr als eine währungspolitische Kehrtwende: »Unsere Forderung ist die Auflösung des Euro und die Herrschaft von Gesetz und Recht«, forderte Adam.[4] Als einen Monat später, Mitte April 2013, der offizielle Gründungskongress der AfD in Berlin stattfand, geißelte Parteigründer Lucke den europäischen Währungsmechanismus als »institutionalisierten Rechtsbruch«, der deutschem und europäischem Recht zuwiderlaufe.[5] Konrad Adam, der Feuilletonist in der AfD-Spitze, ahnte auch bald, dass der Vorwurf des Rechtsbruchs zu einem Dauerbrenner für die Partei werden könnte: »Wie soll man keine Angst vor der Zukunft haben, wenn sie von solchen Leuten gestaltet wird? Wenn der Vertragsbruch zur Regel wird und die Verantwortlichen es nicht einmal für nötig halten, diesen Vertragsbruch zu erklären.«[6]

Das war genau der Ton, an den die AfD zwei Jahre später wieder anschließen konnte. Ihr Hauptthema, die Eurokrise, war ihr in der Zwischenzeit weitgehend abhanden gekommen. Im Sommer 2015 war der akute Kollaps der Gemeinschaftswährung abgewendet. Die ersten der südlichen Krisenländer hatten die wirtschaftliche Wende geschafft. Die gefährlichsten Krisensymptome hatten dadurch an politischem Nährwert für die AfD verloren. Der Partei drohte das Schicksal früherer rechtspopulistischer Bewegungen. Nach kurzen Höhenflügen waren sie meist bald zu marginalen Randgrößen außerhalb der parlamentarischen Bühnen geschrumpft.

2013 hatte die AfD ein halbes Jahr nach ihrer Gründung den Einzug in den Bundestag um 0,3 Prozentpunkte nur knapp verpasst. Danach hatte sie sich in den Meinungsumfragen zunächst stabil über der Fünf-Prozent-Schwelle gehalten, war im Frühjahr 2014 mit 7,1 Prozent ins Europaparlament eingezogen und in den Meinungsumfragen bis in den zweistelligen Bereich gestiegen. Parallel zum Anstieg der Flüchtlingszahlen ab Ende 2014 aber sanken die Zustimmungswerte der AfD wieder. CDU und CSU dagegen lagen im August 2015 bei den großen Meinungsforschungsinstituten stabil und deutlich über der 40-Prozent-Marke. In der SPD wurde laut darüber nachgedacht, ob es sich bei der nächsten Bundestagswahl überhaupt lohnen werde, einen Kanzlerkandidaten gegen Angela Merkel ins Rennen zu schicken. Die AfD erreichte derweil in den Erhebungen der Forschungsgruppe Wahlen und von Forsa gerade noch drei Prozent Zustimmung, obwohl die Flucht- und Migrationskrise bereits sichtbar ins Zentrum der öffentlichen Aufmerksamkeit gerückt war.

Der laut vernehmbare Protest gegen die Aufnahme von Flüchtlingen kam zunächst von noch weiter rechts, von der islamfeindlichen Pegida-Bewegung. Seit Oktober 2014 zog sie erst in Dresden, dann auch in anderen deutschen Städten auf die Straßen. Mit Pegida hatte sich rechts von der AfD ein neues Sammelbecken für den islamfeindlichen Protest gebildet. Vor allem in Ostdeutschland kam bei den Demonstrationen ein zornig-verunsichertes Wutbürgertum zusammen, das sich trotzig in die Tradition der friedlichen Freiheitsdemonstrationen von 1989 stellte. Der Ruf »Wir sind das Volk«, der damals Freiheit und demokratische Teilhabe an der Macht eingefordert hatte, wandelte sich nun zu einer völkisch-nationalistischen Ausgrenzungsparole. Er richtete sich gegen all diejenigen, die nicht zum Volk dazugehören sollten: Flüchtlinge, Migranten, Muslime.[7] Die Veranstaltungen wurden zu einer Bühne für vorbestrafte Rechtsextremisten, die ethno-nationalistische Avantgarde der identitären Bewegung, sogenannte »Vordenker der neuen Rechten« wie Götz Kubitschek[8] und wirre Schreihälse wie den Autor Akif Pirinçci.

Die Pegida-Märsche versetzten nicht nur Politiker bis hin zum Bundespräsidenten in Sorge. Unter Druck geriet auch die im Niedergang kriselnde AfD, deren Expansion in das bürgerlich konservative Wählermilieu an ein Ende gekommen zu sein schien. Von den Pegida-Organisatoren hatte sich die AfD zunächst mit einem Unvereinbarkeitsbeschluss abgegrenzt. Die Frage aber, ob die Bewegung nicht auch eine neue, dringend nötige Kraftquelle für sie sein könnte, trieb die Partei 2015 in eine Identitätskrise und einen offenen Machtkampf.

Auf dem Essener Parteitag im Juli setzte sich der nationalkonservative Flügel gegen Parteigründer Bernd Lucke durch und wählte *Frauke Petry* zur Vorsitzenden. Lucke und große Teile des wirtschaftsliberalen Flügels verließen die AfD. Auch Petry sollte nur eine Übergangsfigur auf dem Weg in eine weitere Radikalisierung bleiben. Doch während das äußere Erscheinungsbild der Partei nun ganz von ihren nationalkonservativen, islamophoben und geschichtsrevisionistischen Wortführern wie Alexander Gauland, Jörg Meuthen, Alice Weidel und Björn Höcke geprägt wurde, hatte sich auch nach dem liberalen Aderlass vom Sommer 2015 ein bürgerlich-situierter Kern erhalten.

Feine Herrschaften

Man trifft den Typus des im Habitus weltläufigen und akademisch gebildeten AfD-Politikers bis heute zum Beispiel in Gestalt von *Roland Hartwig*. Der promovierte Wirtschaftsjurist ist stellvertretender Fraktionsvorsitzender der AfD im Deutschen Bundestag und Mitglied im Auswärtigen Ausschuss. In der breiteren Öffentlichkeit tritt er wenig in Erscheinung. Nach innen aber ist er eine Art »Consigliere«, ein wichtiger Berater der Fraktions- und Parteispitze, wenn es um knifflige Rechtsfragen geht. Als die Diskussion um eine mögliche Beobachtung der AfD durch den Verfassungsschutz laut wurde und einzelne Landesbehörden Teilgliederungen der Partei ins Visier nahmen, wurde Hartwig mit der Leitung einer internen Untersuchungskommission beauftragt. Unter wütenden Beschimpfungen von Parteifreunden (»Großinquisitor«, »Gesinnungspolizei«, »Stasi«) sollte die Arbeitsgruppe aufzeigen, bis zu welcher Grenze man sich verbal bewegen könne, ohne dem Verfassungsschutz zu viele Argumente für eine Überwachung in die Hände zu spielen.[9] Hartwig arbeitete dabei mit jenem Freiburger Emeritus *Dietrich Murswiek* zusammen, den die AfD bereits wegen seines national-konservativen Verfassungsverständnisses zu schätzen gelernt hatte. Sein Extremismus-Gutachten diente der Partei nun als Feldhandbuch für die rhetorische Bewegung am Rande der offenen Verfassungswidrigkeit.

In der AfD finden soignierte Staatsrechtsprofessoren wie Murswiek mit Juristen wie Roland Hartwig nach wie vor Ansprechpartner, mit denen sie ein gepflegtes Fachgespräch führen können, ohne in die plump-erregte Anklagerhetorik zu verfallen, mit der die Frontleute der Partei in der Öffentlichkeit Stimmung machen. Hartwig hat immerhin selbst eine eindrucksvolle Juristenkarriere hinter sich: Während der Promotion arbeitete er Anfang der 80er Jahre am Max-Planck-Institut für ausländisches und internationales Strafrecht in Freiburg. Dann stieg er in der Rechtsabteilung der Bayer AG zum Chefsyndikus auf und betreute 17 Jahre lang weltweit die Patent- und Rechtsangelegenheiten des Chemie- und Pharmakonzerns. Als die Eurokrise kam, war er überzeugt, dass Europa mit seiner mangelhaft konstruierten Gemeinschaftswährung keine Chance haben würde, im globalen Wettbewerb der Zukunft zu bestehen. Als oberster Bayer-Jurist hatte er besonders den Aufstieg Chinas mit einer Mischung aus Schaudern und Bewunderung verfolgt. In der Eurokrise gab Europa in seinen Augen das auf, was es auszeichnete: die Bindung ans Recht. Die Regierungen hätten die europäischen Verträge gebrochen, die Karlsruher Richter die Grenzen des gerade noch Erlaubten immer weiter verschoben. Dadurch sei das Rechtsverständnis der Bürger erodiert. Das ist die Argumentationslinie des klassischen Euroskeptizimus, die am Anfang der AfD stand.

Hartwig war ein Mann jener ersten Stunde und Anhänger des Parteigründers Lucke. Warum aber blieb einer wie dieser gebildete und leise auftretende Jurist in der Partei, nachdem der entmachtete Lucke mit einem großen Teil seiner bildungsbürgerlichen Gefolgsleute die AfD verlassen hatte?

»Weil ich im Sommer 2015 wieder sah, wie der Staat das Recht brach«, erklärt Hartwig lächelnd. Bei Kaffee und Keksgebäck in seinem Abgeordnetenbüro weiß er das Gespräch über die Entscheidungen der Bundesregierung in jenen Wochen bis in feine Verästelungen der Dublin- und Schengen-Regeln zu führen. Der ursprüngliche Rechtsbrecher bleibt in seiner Argumentation stets der Flüchtling, der sich mit jedem Grenzübertritt im Schengen-Raum tiefer in Illegalität verstricke. In Deutschland kamen nach dieser Logik im Sommer 2015 nicht Schutzsuchende an, die sich auf Rechte beriefen, sondern Gesetzesbrecher: Fälle für den Staatsanwalt, nicht für die Asylprüfer des BAMF. Die Dublin-Regeln, die den EU-Staaten das Recht einräumen, Asylverfahren an sich zu ziehen, rechtfertigen in Hartwigs Augen bestenfalls Ausnahmen in wenigen Fällen, nicht aber den massenhaften »Selbsteintritt«, auf den sich die Bundesregierung berief. Was in den Augen der Regierung eine humanitäre Geste und Ausdruck europäischer Solidarität im Rechtsrahmen der Dublin-Regeln war, ist in der Logik Hartwigs eine staatliche Kapitulation vor Massen von Kriminellen. Dass der Europäische Gerichtshof die Sache anders sieht und der Bundesregierung in seiner Jafari-Entscheidung bescheinigte, dass auch ein massenhafter Selbsteintritt im Sinne des Dublin-Systems ist, fügt sich aus Hartwigs Sicht nur weiter in das Bild des institutionalisierten Rechtsbruchs: Die Luxemburger Richter verstünden sich eben mehr als Motoren der politischen Integrationsdynamik denn als Hüter des Rechts. Das Gespräch mit dem ehemaligen Bayer-Justitiar endet im Dissens über das grundsätzliche Staats- und Europaverständnis: Hartwig wünscht sich eine Europäische Union, so wie sie einmal war, zurück: als Wirtschaftsgemeinschaft. Mehr nicht. Mehr traut er Europa nicht zu.

In seiner Partei ist Hartwig vor allem ein Akteur hinter den Kulissen. Die Partei hat sich zwar den Vorsitz des Rechtsausschusses gesichert, dort aber einen für seine rüde Rhetorik berüchtigten Exponenten des ganz rechten Flügels installiert: *Stephan Brandner*, einen Vertrauten von Björn Höcke, der sich selbst als »Pöbler aus dem [thüringischen] Landtag« bezeichnet und seiner zahllosen Ordnungsrufe rühmt.[10] Roland Hartwig ging in den Auswärtigen Ausschuss, wo man nicht die offenen Feldschlachten der Innenpolitik schlagen muss. An den vorderen Frontlinien lässt er andere agieren. Sie prägen den Ton der Partei. Beide Seiten aber – die feinen Herrschaften hinter der Kulisse und die Lautsprecher davor – gehören nach wie vor zum Doppelgesicht der AfD. Es drückt sich auch in ihrem Selbstverständnis als Rechtsstaatspartei aus: Juristen wie Roland Hartwig, die sich als Verfechter eines rational begründeten Rechts verstehen, integrieren nach innen die bürgerliche Klientel. Tatsächlich aber ist die AfD die Partei des gefühlten Rechts, das als politisches Aufputschmittel im Kampf gegen Ausländer, Migranten und die »Altparteien« eingesetzt wird. Damit macht sie ihr politisches Geschäft.

Kriminalisierung

Als sich die nach den innerparteilichen Machtkämpfen neu aufgestellte Partei im Sommer 2015 wieder dem wirklichen Leben zuwandte, war die Flüchtlingskrise für die AfD ein so unverhofftes wie willkommenes Thema, aus dem sie überlebensnotwendige politische Lebenskraft schöpfen konnte. »Grenzenloser Rechtsbruch«, twitterte die neue Vorsitzende *Frauke Petry* Mitte August entrüstet.[11] »Man kann diese Krise ein Geschenk für uns nennen«, bilanzierte *Alexander Gauland* am Jahresende im *SPIEGEL*: »Sie war sehr hilfreich«.[12] Gemeinsam mit seiner Co-Vorsitzenden hatte er zuvor die »Herbstoffensive« lanciert, mit der die AfD signalisierte: »Wir sind wieder da.«[13] Filigrane Diskussionen über die Auslegung der Dublin-Verordnung oder grundsätzliche Erörterungen über das Nationalstaatsverständnis im vereinten Europa versprachen dafür wenig Gewinn. Es musste gröberes Geschütz her. Am 9. Oktober 2015 verkündeten Petry und Gauland auf einer Pressekonferenz in Berlin, dass sie Strafanzeige gegen die Kanzlerin gestellt hatten. Angela Merkel sollte als Schleuserin gemäß § 96 Absatz 1 Aufenthaltsgesetz bestraft werden. Die Regierungschefin hatte nach Ansicht der AfD den verschärfenden Tatbestand erfüllt, »wiederholt oder zugunsten mehrerer Ausländer« gehandelt zu haben. Bis zu fünf Jahre Haft sieht das Gesetz dafür vor.

Nahezu zeitgleich zur Berliner AfD-Pressekonferenz hatte der Passauer Strafrechtsprofessor *Holm Putzke* auf seiner Homepage einen kurzen Beitrag unter der Überschrift: »Ist Angela Merkel eine Schleuserin? – Eine strafrechtliche Betrachtung« veröffentlicht.[14] Putzke argumentierte zugespitzt, als habe die Bundeskanzlerin höchstpersönlich Zehntausende Menschen mit ihrem Dienstwagen über die Grenzen kutschiert. Die Regierungschefin sollte danach kaum anders strafbar sein als ein professioneller Menschenschlepper, der Flüchtlinge illegal über die deutsche Grenze brachte. Selbst Lokführer, die im Sommer 2015 Züge über die deutsch-österreichische Grenze gefahren hatten, seien als Schleuser straffällig geworden, resümierte Putzke.

Tatsächlich hatten Polizei und Strafverfolgungsbehörden in Zehntausenden Fällen Strafanzeigen gegen Flüchtlinge und angebliche Schleuser gestellt und Ermittlungsverfahren wegen illegalen Grenzübertritts sowie der Unterstützung dabei eingeleitet. Knapp 3000 Ermittlungsakten stapelten sich deswegen Ende 2015 in den bayerischen Gerichten.[15] Allein in der ersten Jahreshälfte hatten die Sicherheitsbehörden etwa 600 Menschen unter dem Vorwurf der Schleuserei in Untersuchungshaft genommen. Die Gefängnisse in Rosenheim und Passau waren deswegen an die Grenzen ihrer Kapazitäten gekommen. Mutmaßliche Schleuser und Menschenschlepper mussten auf Haftanstalten in ganz Bayern verteilt werden.[16] In Schnellverfahren wurden Ungarn, Rumänen, Bulgaren, Iraker und andere im Halbstundentakt wegen Schleuserei an den Grenzen abgeurteilt.[17]

Unter den Inhaftierten waren keineswegs nur Mitglieder von professionellen Schleuserorganisationen, die Asylsuchende gegen horrende Summen in den dicht verschlossenen Laderäumen ihrer Lieferwagen über die Grenzen gefahren hatten. Auch arglose Mitarbeiter von privaten Hilfsorganisationen, die auf dem Heimweg von Einsätzen an der österreichisch-ungarischen Grenze Flüchtlingen eine Mitfahrgelegenheit im Auto angeboten hatten, fanden sich in

Arrestzellen der Polizei und bayerischen Untersuchungsgefängnissen wieder.[18] Selbst ein Vater, der seine 14-jährige Tochter mit dem Auto aus Salzburg zu sich nach Deutschland geholt hatte, wurde von zwei Instanzen bayerischer Gerichte als Schleuser verurteilt.[19]

Der Passauer Strafrechtsprofessor *Holm Putzke* erklärte in seinem Artikel, dass es ihm allein darum gehe, »auf die widersprüchliche Anwendung des Rechts hinzuweisen«. Einerseits Flüchtlinge mit regierungsamtlichem Segen über die Grenzen zu transportieren, andererseits Menschen hinter Gitter zu bringen, die gleiches auf eigene Faust taten: Das war ein Widerspruch, auf den Putzke hinweisen wollte.

Andere Strafrechtler taten sich nicht schwer damit, das Dilemma fachlich zu lösen. Die Strafvorschrift stellte schließlich darauf ab, dass eine Einreise »unerlaubt« erfolgt sei. Wenn aber eine Regierung sich entscheidet, Menschen aus humanitären Gründen oder mit Blick auf völkerrechtliche Verpflichtungen aufzunehmen und dabei auf die Pass- oder Visumspflicht zu verzichten, lag es auf der Hand, dass die Einreise nicht nachträglich kriminalisiert werden konnte. § 22 Aufenthaltsgesetz bestimmt ausdrücklich, dass eine Aufenthaltsgenehmigung zu erteilen ist, wenn die Bundesregierung »die Aufnahme erklärt« hat. Zumindest für die Menschen, die im Spätsommer 2015 im Rahmen der Absprachen mit Österreich nach Deutschland gelassen wurden, traf das zu. Entsprechend stellte auch die Staatsanwaltschaft das von der AfD beantragte Strafverfahren nach wenigen Wochen ein.[20] Sie wendete dabei genau jenes Argument gegen die AfD, das die Regierungskritiker selbst ansonsten gerne gegen die Kanzlerin richteten: Der Exekutive obliege ein »staatliches Hausrecht«. Wer forderte, die Regierung müsse ein Recht haben, Menschen nicht ins Land zu lassen, konnte dem Staat schwerlich das Recht absprechen, Menschen die Einreise zu erlauben, wenn er das für notwendig hielt.

Auch Holm Putzke plädierte nicht ernsthaft dafür, die Bundeskanzlerin vor den Kadi zu ziehen. Der Strafrechtler stellte in seinem Artikel ein kapriziöses Gedankenspiel an und lenkte mit einer schrillen Überschrift die Aufmerksamkeit darauf. Konsequenzen sollte das nicht haben. »Von Strafanzeigen gegen die Bundeskanzlerin oder Zugführer halte ich gar nichts«, gestand Putzke am Ende seines Artikels. Tatsächlich aber hatte er der AfD mit seinen Spekulationen die strafrechtliche Munition für ihre politische »Herbstoffensive« geliefert und ihre öffentlichkeitswirksame Strafanzeige wissenschaftlich veredelt. Dass es sich rein juristisch betrachtet um eine Platzpatrone handelte, war aus Sicht der AfD unerheblich. Der Knall genügte. In den sozialen Netzwerken zog der Vorwurf seine Kreise, Medien berichteten. »Macht sich Merkel strafbar?«, fragte die *Frankfurter Allgemeine Zeitung*.[21] Als die Staatsanwaltschaft das Verfahren nach wenigen Wochen einstellte, hing der schweflige Geruch des Strafvorwurfs noch in der Luft. Die Behörde gab nicht einmal mehr eine Pressemitteilung heraus. Die Zeitungen, die zuvor von Putzkes spektakulären Thesen und der Anzeige der AfD berichtet hatten, nahmen von der Einstellung des Strafverfahrens keine Notiz mehr.

Die Delegitimierung und Kriminalisierung der Flüchtlingspolitik war das Ergebnis eines Zusammenspiels von publizistischen Zuspitzungen, rhetorischen Eskalationen und schließlich einer offenen Radikalisierung des politischen Diskurses. Mehr oder weniger arglose Juristen kommentierten zunächst eine krisenhafte Lebenswirklichkeit mit gewagten und oft fragwürdigen akademischen Gedankenspielen. Medien griffen sie auf. Politiker instrumentalisierten sie. So entstand das toxische Gemisch aus dem Raunen »besorgter Staatsrechtler«, spektakulären Strafrechtsspekulationen, akademischen Hypothesen und politischen Rechtsgutachten, in dem sich der Rechtsbruch-Vorwurf zu politischem Sprengstoff verdichten ließ.

Am Ende dieser Transformationen stand dann stets eine dankbare AfD, die nur noch einsammeln musste, was ihr andere in die Hände spielten. Ihre nach der Eurokrise leeren Arsenale wurden innerhalb weniger Wochen mit neuem, juristisch angereichertem Argumentationsmaterial gefüllt. Es wurde ihr frei Haus und ohne Bestellung zugeliefert, aber von der Partei umso dankbarer entgegengenommen. Als es der Vorwurf von der »Herrschaft des Unrechts« aus der Feder eines randständigen Juristen über ein *Magazin für politische Kultur* in das Aschermittwochsinterview des bayerischen Ministerpräsidenten geschafft hatte, brauchte Alexander Gauland nur noch zu erklären: »Was die AfD schon seit langem beklagt, hat nun Seehofer ausgesprochen.« Der bayerische Ministerpräsident habe »erkannt, dass Frau Merkel sich weder um Gesetze, noch um den Wählerwillen schert.«[22]

Die »Gemeinsame Erklärung 2018«

Je länger der Vorwurf eines Rechtsbruchs ungeklärt im Raum steht, desto weniger bedarf er einer stichhaltigen Begründung. Er entfaltet seine korrosive Wirkung dann auch als reine Behauptung, selbst als raunend wiederholter Verdacht, der das vage Gefühl nährt, dass da etwas nicht in Ordnung ist. Davon profitieren die Ankläger, die mit dem

Rechtsbruch-Verdikt in der politischen Arena operieren. Es geht ihnen nicht um die Befriedung eines Streites, an dessen Beilegung beiden Seiten gelegen wäre. Es geht ihnen darum, die Ordnung des Rechts durch die Dynamik des Rechtsgefühls zu verdrängen.

Wie sich auf diese Weise das politische Klima erhitzen lässt, hat am erfolgreichsten Donald Trump im US-Präsidentschaftswahlkampf bewiesen. Mit dem Schlachtruf »lock her up« – sperrt Hillary Clinton ein – brachte er die Massen auf seinen Wahlkampfveranstaltungen zum Rasen. Der Mann, der selbst bis zum Hals in jeder Art von Skandalen steckte, warf mit juristisch kontaminiertem Schmutz auf seine Mitbewerberin, denn er wusste: Es wird etwas hängen bleiben. Der Verdacht, Hillary Clinton könnte es als US-Außenministerin bei der Nutzung eines privaten Emailaccounts für dienstliche Korrespondenzen mit den Richtlinien der Regierung nicht so genau genommen haben, genügte, um ihre Glaubwürdigkeit als die erfahrenere und kompetentere Kandidatin wirksam zu beschädigen.

Auch in Deutschland prägte der Vorwurf des Rechtsbruchs das politische Klima bis in den Bundestagswahlkampf 2017 hinein und weit darüber hinaus. Lange hatten die Koalitionsparteien zunächst noch geglaubt, einen Wahlkampf führen zu können, in dem die Krise des Jahres 2015 keine entscheidende Rolle mehr spielen würde. Man hatte gehofft, den Blick nach vorne richten zu können: Soziale Themen, die öffentliche Infrastruktur, Fragen der Integration von Migranten sollten im Mittelpunkt der Wahlkampagnen stehen. Die Strategen in den Parteizentralen von Union und SPD setzten darauf, dass die Menschen kein Interesse mehr daran hätten, sich rückwärtsgewandt mit den Weichenstellungen des Jahres 2015 zu beschäftigen.

Bis wenige Wochen vor der Wahl sah es auch so aus, als ginge das Kalkül auf: Noch Anfang August 2017 lag die AfD in den Umfragen der Meinungsforscher deutlich unter zehn und die Union bei knapp 40 Prozent. Erst in den letzten Augustwochen drehte sich die Stimmung.

Als die heiße Phase des Wahlkampfs begann, schlug Angela Merkel vor allem in den ostdeutschen Ländern bei ihren Auftritten auf den Marktplätzen offener Hass entgegen. Bundestagskandidaten meldeten in die Wahlkampfzentralen ihrer Parteien, dass auch an den Ständen in den Fußgängerzonen immer wieder der Sommer 2015 zum Gesprächsthema wurde. Da gärte noch etwas. Auch die Medien änderten ihre Agenden. Anfang September machte vor allem SAT1-Moderator Claus Strunz die Flüchtlingspolitik zum dominierenden Thema des Fernsehduells zwischen Angela Merkel und Martin Schulz. Die Werte der AfD stiegen wieder deutlich an. Am Abend des 24. September wuchs der blaue Balken auf den Ergebnisgrafiken der Wahlsendungen schließlich auf über zwölf Prozent.

Der Einzug in den Bundestag war der AfD mit einer Kampagne gelungen, die auf den Überdruss an der Kompromisspolitik der Großen Koalition, Hass auf die Kanzlerin, nationale Rhetorik und unverhohlene Islamophobie setzte. Damit begab sich die Partei aber auch in ein fortwährendes Dilemma: Je aggressiver sie den Ton gegen Muslime aufdrehte, je toleranter sie sich gegenüber Björn Höckes Forderungen nach einer »erinnerungspolitischen Wende« zeigte, desto mehr aktivierte sie die Immunabwehr der Gesellschaft gegen extremistische Positionen und drohte, die Anschlussfähigkeit am rechten Rand der bürgerlichen Mitte zu verspielen. Ein halbes Jahr nach der Bundestagswahl zeigte sich, welches Unterstützerpotential die Partei gerade hier noch aufbieten konnte – und als Schlüssel dazu diente einmal mehr der Rechtsbruch-Vorwurf.

Eine neue Allianz

Am 15. März 2018, einen Tag nachdem Angela Merkel im Deutschen Bundestag ihren vierten Amtseid als Bundeskanzlerin geschworen hatte, veröffentlichte eine Gruppe von rund 30 Publizisten, Journalisten und Professoren unter dem Titel »Gemeinsame Erklärung« einen Aufruf, mit dem sie gegen die Flüchtlingspolitik der Bundesregierung protestierten und sich mit Demonstrationen dagegen solidarisierten. Zu den Erstunterzeichnern gehörten die ehemalige DDR-Bürgerrechtlerin und CDU-Bundestagsabgeordnete *Vera Lengsfeld*, der Autor *Henryk M. Broder*, der Dresdner Schriftsteller *Uwe Tellkamp* und der vom SPD-Politiker zur Galionsfigur des »Man wird doch noch sagen dürfen«-Bürgertums mutierte *Thilo Sarrazin*.

Der Aufruf ging aus einem losen Gesprächskreis hervor, der bereits seit dem Herbst 2015 in Berlin zusammengefunden hatte. Man traf sich mal in der »Bibliothek des Konservatismus« in der Charlottenburger Fasanenstraße, mal in der »Gedenkbibliothek zu Ehren der Opfer des Kommunismus« im ehemals Ostberliner Nikolaiviertel. Der *ZEIT*-Autor Martin Machowecz beschrieb die Runde als »interessante Melange aus konvertierten Alt-68ern West und wütenden Alt-89ern Ost«.[23] Ein großer Teil von ihnen war lange vorher als Beststellerautoren, in Fernsehtalkshows oder als verantwortliche Redakteure in Zeitungen oder Zeitschriften zu Bekanntheit und Meinungsmacht gelangt. Jetzt fanden sie im Gefühl zusammen, keine Stimme mehr in einem »Medienmainstream« zu haben, der ihnen die lange gewohnte Aufmerksamkeit versage und sie am rechten Rand stigmatisiere. Der Kern der Gruppe machte seit dem Herbst 2015 auf unterschiedlichen Plattformen gegen »Rechtsbruch und Aufhebung von Gewaltenteilung in Deutschland« mobil.[24] Vera Lengsfeld hatte schon im vorangegangenen Herbst die »Charta 2017« gegen eine angeblich drohende »Gesinnungsdiktatur« initiiert. »Wir orientieren uns am Widerstand«, verkündete sie auf ihrem Blog und stellte ihren Protest gegen die Flüchtlingspolitik der Bundesregierung in eine direkte Kontinuität zur friedlichen Revolution von 1989/90: »Wenn sich genügend viele Menschen finden, die den Herrschenden die Legitimation absprechen und die Gefolgschaft verweigern, bricht auch ein bis an die Zähne atomar bewaffnetes System zusammen. Damals verschwand fast über Nacht eine ganze politische Klasse.«[25] So wollte man jetzt auch mit einer neuen Allianz das »System Merkel« in die Knie zwingen.

Der Aufruf, den Lengsfeld und ihre Mitstreiter im März 2018 ins Internet stellten, verzichtete auf offenes Revolutionspathos. Damit hätte man wohl genau jene verunsicherten, aber konfliktscheuen Bildungsbürger verschreckt, die man nun ansprechen und für die gemeinsame Sache gewinnen wollte. Auch pauschalisierende Islamkritik und rechtsnationale Umvolkungsrhetorik, die man an anderen Stellen pflegte,[26] verkniffen sich die Initiatoren in ihrer »Erklärung 2018«. Es sollte eine Formel gefunden werden, die auch all diejenigen zur Unterstützung ermutigte, die es zumindest in der Öffentlichkeit nicht wagen würden, bei Pegida mitzumarschieren, sich offen zu rassistischen oder nationalistischen Thesen sowie der AfD zu bekennen.

Die Behauptung, sich vor allem um die Geltung des Rechts zu sorgen, sollte wie ein Schutzschild gegen stigmatisierende Kennzeichnungen wirken: Wer sich nur dafür einsetzt, dass Recht und Gesetz beachtet werden, kann schwerlich als rechter Ideologe diskreditiert werden. Wer einen Rechtsbruch an den deutschen Grenzen beklagt, kann sich schließlich auf so honorige Stimmen wie die eines ehemaligen Verfassungsgerichtspräsidenten, des bayerischen Ministerpräsidenten und angesehener Staatsrechtslehrer berufen. Das – so suggerierte es die »Erklärung 2018« – wird man doch noch unterschreiben dürfen, ohne sogleich mit den Schmuddelkindern von der AfD in einen Topf geworfen zu werden.

Nur zwei Sätze umfasst der Text, den die Initiatoren der »Erklärung 2018« veröffentlichten: »Mit wachsendem Befremden beobachten wir, wie Deutschland durch die illegale Masseneinwanderung beschädigt wird. Wir solidarisieren uns mit denjenigen, die friedlich dafür demonstrieren, dass die rechtsstaatliche Ordnung an den Grenzen unseres Landes wiederhergestellt wird.«[27] Neben Lengsfeld, Tellkamp, Sarrazin und Broder waren unter den Erstunterzeichnern der ehemalige Kulturchef des *SPIEGEL Matthias Mattusek*, der »Privatgelehrte« *Jörg Friedrich*, der mit seiner 2002 erschienen Anklageschrift gegen den anglo-amerikanischen »Luftterror« im Zweiten Weltkrieg einen neuen deutschen Opferdiskurs inspiriert hatte, der Althistoriker *Egon Flaig*, der sich mit Gastbeiträgen in der *FAZ* als früher Islamkritiker[28] einen Namen gemacht hatte, sowie der Fondsmanager *Max Otte*, ein ehemaliges CDU-Mitglied und mittlerweile Kuratoriumsmitglied der AfD-nahen Desiderius-Erasmus-Stiftung.

Wer sich näher mit der Namensliste beschäftigte, konnte

indes leicht erkennen, dass der Bogen der Unterzeichner noch deutlich weiter nach rechts gespannt war: Der Historiker *Karlheinz Weißmann* war darauf zu finden, einer der intellektuellen Vordenker der neuen Rechten, sowie Dieter Stein, Chefredakteur der *JUNGEN FREIHEIT*, des Zentralorgans des neuen Rechtskonservatismus. Das direkte Verbindungsglied zur AfD war *Michael Klonovsky*, ein scharfzüngiger Polemiker und ehemaliger *FOCUS*-Redakteur, nun Mitarbeiter des AfD-Fraktionsvorsitzenden Alexander Gauland.

Als Lengsfeld und Broder einige Wochen nach der Veröffentlichung der »Erklärung 2018« in einer Pressekonferenz ankündigten, den Aufruf auch als förmliche Petition im Deutschen Bundestag einzureichen, saß Klonovsky mit auf dem Podium und machte sich über den Europarechtler *Daniel Thym* lustig, der kurz zuvor in mehreren Artikeln gegen die Rechtsbruch-These angeschrieben hatte: »Thym wie Thymos«, kicherte Klonovsky selbstzufrieden, aber einsam, weil außer ihm kaum einer der Zuhörer das Wortspiel mit dem philosophisch verbrämten Volkszornjargon der AfD verstand.

Unter den veröffentlichten Namen der Erstunterzeichner der »Erklärung 2018« stand ursprünglich auch der von *Ellen Kositza*. Damit war auch die Verbindung zur Kaderschmiede der neuen Rechten im sachsen-anhaltinischen Schnellroda offenkundig. Kositza widmet sich dort gemeinsam mit ihrem Ehemann *Götz Kubitschek* in einem öko-nationalistischen Lebens- und Arbeitsprojekt neben der Aufzucht von Ziegen und einer vielköpfigen Kinderschar der publizistischen Wegbereitung der »konservativen Revolution«. Der Name Kositza verschwand indes nach wenigen Tagen wieder aus der Namensliste unter der »Erklärung 2018«. »Wer vermutet, daß sie manchem anderen Erstunterzeichner nicht tragbar schien, liegt richtig«, offenbarte ihr Ehemann in seinem Blog.[29]

Für Kubitschek, einen kühlen Apologeten der gesellschaftlichen Spaltung, war die »Erklärung 2018« Ausdruck einer neuen »Bekenntnislust«. Die Liste der Erstunterzeichner, so war sich Kubitschek sicher, sei nur »die Spitze des Eisbergs. (...) Zigtausend Leute werden den Finger heben und sich namentlich dazu bekennen, AfD zu wählen, oppositionelle Medien zu lesen, demonstriert zu haben und aus alledem keinen Hehl mehr machen zu wollen«, sagte Kubitschek voraus.

In der ersten Phase der Kampagne durften ausschließlich Akademiker ihre Namen und Doktor- oder Professorentitel unter die Erklärung setzen. Nach wenigen Tagen hatten die Initiatoren die selbst gesetzte Marke von 2018 Unterschriften erreicht – Ärzte, Hochschulprofessoren, Lehrer, Rechtsanwälte. Damit war die Hemmschwelle für diejenigen hinreichend gesenkt, die fürchteten, sich mit ihrem Bekenntnis zu der Aktion in anrüchige Gesellschaft zu begeben. In der zweiten Phase fiel die Akademikerbarriere und innerhalb von zwei Wochen standen 70 000 Namen unter dem Aufruf. In der dritten Phase reichten die Initiatoren ihre Erklärung mit leicht verändertem Text als offene Petition beim Deutschen Bundestag ein.

Um die nötige, konkrete Handlungsaufforderung an das Parlament zu formulieren, stellten Lengsfeld und ihre Mitstreiter den beiden Sätzen der Erklärung einen weiteren Satz voran: »Der Bundestag möge beschließen, die Rechtmäßigkeit an den deutschen Grenzen wiederherzustellen.«[30] Auf der entsprechenden Website des Parlaments war wiederum innerhalb von zwei Wochen das Quorum von 50 000 Unterschriften erreicht. Damit hatten die Initiatoren ihr Ziel erreicht: eine öffentliche Anhörung.

Im Oktober 2018 durften Vera Lengsfeld und Henryk M. Broder als zugelassener »Beistand« ihre Anklage gegen die Bundesregierung vor dem Ausschuss vortragen. Zum Tribunal, das sich mancher erhofft haben dürfte, taugt das streng regulierte Anhörungsverfahren vor dem Petitionsausschuss nicht. Fünf Minuten lässt es den Petenten, ihr Anliegen zu begründen. Eine knappe Stunde geht es danach mit strikt auf je eine Minute begrenzten Fragen und Antworten hin und her. Lengsfeld und Broder listeten »Messerverbrechen« von Asylbewerbern auf und klagten, die Unterzeichner ihrer Erklärung würden unter einen »rechten Generalverdacht« gestellt.

Der Parlamentarische Staatssekretär im Bundesinnenministerium *Günter Krings* antwortete für die Bundesregierung. Der CDU-Politiker verwies auf die anhaltenden Kontrollen an den Grenzen und ausgeweitete Maßnahmen zur Schleierfahndung im grenznahen Bereich, Bemühungen zum Schutz der EU-Außengrenzen und die Einrichtung der neuen sogenannten »ANKER-Zentren« in Deutschland, in denen Asylverfahren und Prüfungen nach den Dublin-Regeln beschleunigt würden.

Ein paar Mal versuchte Henryk Broder, die nüchterne Stimmung im runden Anhörungssaal anzuheizen. Das Spektakel aber, das die Initiatoren beim Beginn ihrer Unterschriftensammlung versprochen hatten, blieb aus. Entsprechend mager war das Medienecho. Darauf aber kam es für Lengsfeld und ihre Mitstreiter zu diesem Zeitpunkt längst nicht mehr an. Das eigentliche Ziel ihrer Aktion war eine breite Mobilisierung außerhalb des Parlaments gewesen – und immerhin mehr als 160 000 Menschen hatten die »Erklärung« nach Lengsfelds Angaben mittlerweile unterzeichnet.[31] Die knappe, nicht weiter begründete Behauptung, an den deutschen Grenzen sei das Recht außer Kraft gesetzt worden, hatte eine neuartige Allianz geformt. Der Rechtsbruch-Vorwurf war der gemeinsame Nenner, auf den sich vom rechtsextremen Nationalrevolutionär bis zur konservativen Bildungsbürgerin ein Spektrum von Menschen einigen konnte, die sonst nicht so leicht zueinander gefunden hätten.

Wie sicher sich die Initiatoren der »Erklärung 2018« in ihrem Urteil über die Rechtslage fühlen zu können glaubten, wurde wenig später offenbar, als der Konstanzer Rechtsprofessor und Migrationsrechtsexperte *Daniel Thym* im *TAGESSPIEGEL* einen Gastbeitrag veröffentlichte und darin noch einmal geduldig das »Missverständnis der Dublin-Regeln« aufklärte, das der Rechtsbruch-These zugrunde liege.[32] »Professor Unfug legitimiert den Rechtsbruch«, schäumte daraufhin *Thilo Sarrazin*.[33] »Professor Thym argumentiert nicht ehrlich und versucht seine arglosen Leser für dumm zu verkaufen, um sie gegen die Unterzeichner der Erklärung 2018 aufzuhetzen.« Als Thym daraufhin nachlegte und auf dem *Verfassungsblog* seine juristischen Argumente Schritt für Schritt begründete,[34] legte Sarrazin offen, was er unter Herrschaft des Rechts versteht: Die Dublin-Verordnung sei ihm unverständlich. Das nationale Asylrecht mit seiner Drittstaatenregelung könne dagegen »jeder verstehen, und aus diesem Verständnis heraus war die Öffnung der Grenzen am 5. September 2015 rechtswidrig. Ganz unabhängig von der Rechtsfrage hat sie schweren Schaden über die Bundesrepublik gebracht ist und war verantwortungsethisch unvertretbar.« So wird der Verständnishorizont des Ökonomen Sarrazin zum Maßstab dessen, was als Recht gilt und was nicht: Die Praxis an der Grenze »nenne ich eine Herrschaft des Unrechts und bleibe dabei.«[35]

Das Recht und die Sprache der Tat

Während im Frühjahr 2018 die Unterschriftenliste unter der »Erklärung 2018« immer länger wurde, bereiteten sich in Bayern die Parteien auf die im Oktober bevorstehende Landtagswahl vor. Vor allem aus Sicht der CSU war die Mobilisierung im bürgerlichen Milieu ein Alarmsignal. Wie ein Rammbock hatte die Unterschriftenaktion die soziale Trennwand zwischen einem in der Mitte integrierten Bürgertum und den politischen Außenseitern der neuen Rechten aufgerissen. Bei der bayerischen Landtagswahl drohte nun ein weiterer Durchbruch der AfD ins Wählerlager der CSU.

Das Mobilisierungspotential, das in der Instrumentalisierung eines verletzten Rechtsgefühls steckt, ist in Bayern eine bekannte Größe in der Politik. Man hat im Freistaat seit jeher ein eigenes Rechtsverständnis gepflegt und eine besondere Rechtsstellung im föderalen Gefüge für sich in Anspruch genommen. Dazu gehört auch die Bereitschaft, den Konflikt zwischen dem Bund und seinen Institutionen zu inszenieren und eskalieren zu lassen.

Legendär ist der Auftritt des damaligen Ministerpräsidenten *Edmund Stoiber* bei der Massendemonstration gegen die »Kruzifix«-Entscheidung des Bundesverfassungsgerichts im September 1995. 30 000 Menschen hatten sich damals vor der Münchner Feldherrnhalle versammelt, um gegen das »Intoleranzedikt« (Friedrich Kardinal Wetter) aus Karlsruhe zu protestieren. In einer Fünf-zu-drei-Entscheidung hatte das Bundesverfassungsgericht zuvor die gesetzliche Verpflichtung, in den Klassenzimmern bayerischer Volksschulen Kruzifixe aufzuhängen, für unvereinbar mit dem

Grundgesetz erklärt.[36] »Lebensfremd« sei die Entscheidung der Karlsruher »Fünferbande«, hieß es nun auf den Spruchbändern und Protestplakaten auf dem Münchner Odeonsplatz, »selbständig und christlich« müsse sich der Freistaat Bayern dagegen behaupten.[37]

Die Demonstration war mehr als nur erregter Widerspruch gegen eine Gerichtsentscheidung. Eine Allianz von Staatsregierung, beiden christlichen Kirchen und empörten Bürgern brachte ein kulturell tradiertes Rechtsempfinden gegen die verfassungsrechtlich normierte Autorität des höchsten Gerichts in Stellung. Es ging um kulturelle Identität, um Autonomie des Freistaats im föderalen Gefüge und um die Akzeptanz von Verfahren, in denen Konflikte im Verfassungsstaat ausgetragen werden.

Dem Gericht, das sich in besonderer Weise dem Schutz von Minderheitenrechten verpflichtet sieht, wurde ein Rechtsverständnis entgegengehalten, das sich aus dem Empfinden einer behaupteten Volksmehrheit begründete. »Freiheit für die Mehrheit« hieß es auf einem der Protestplakate. Edmund Stoiber wendete den Topos in seiner Rede in die Formel: »Auch die Minderheit muss in bestimmten Fällen tolerant sein gegenüber der Mehrheit.«[38]

Am Ende der Veranstaltung sangen die Teilnehmer die Bayernhymne bis zur letzten, sonst kaum gesungenen dritten Strophe: »Gott mit uns und Gott mit allen, die der Menschen heilig Recht treu beschützen und bewahren, von Geschlechte zu Geschlecht.« Das Recht, dass hier beschworen wurde, war nicht das menschengemachte Recht des Verfassungsstaats und der internationalen Menschenrechte. Wenn Politik sich auf »der Menschen heilig Recht« beruft, begibt sie sich auf das Feld der Glaubenskämpfe und Ideologien.

Als ein gutes Vierteljahrhundert später *Markus Söder* den innerparteilichen Machtkampf gegen Horst Seehofer gewonnen und das Amt des bayerischen Ministerpräsidenten angetreten hatte, versuchte er genau jene Stimmungslage zu revitalisieren, die 1995 bei der Kruzifix-Demonstration vor der Feldherrnhalle geherrscht hatte. Der Erlass, mit dem Söder im Frühjahr 2018 die Anbringung von Kruzifixen in den Eingangsbereichen bayerischer Landesbehörden anordnete, war ein Signal, dass der bevorstehende Landtagswahlkampf auch als Kampf um kulturelle Hegemonie geführt werden sollte. Was Ende der 90er Jahre noch eine Auseinandersetzung um landsmännische Identität im föderalen Bundesstaat war, wurde nun in den Kontext der Debatten über die Migrations- und Integrationspolitik im 21. Jahrhundert platziert.

Das entsprach einer politischen Strategie, die darauf abzielte, die Auseinandersetzung mit der AfD auf genau den Themenfeldern auszutragen, auf denen die Rechtspopulisten die Diskurshoheit für sich reklamierten. Es gehe darum, rhetorische Räume zu besetzen, die vor allem von der unter Angela Merkels Führung politisch nach links gerückten CDU preisgegeben worden seien, erklärten führende CSU-Politiker in Hintergrundgesprächen mit Journalisten. Immer wieder wurde öffentlich auch an das von Franz Josef Strauß formulierte Dogma erinnert, nach dem es rechts von der Union keine demokratisch legitimierten Parteien geben dürfe. Entsprechend müssten sie nun ihre »rechte Flanke schließen«, leiteten die Wahlkämpfer der CSU daraus ab.

Das Ziel war es, die sprachlichen Spielräume der rechten Konkurrenz so weit zu besetzen, dass die AfD in einen offenen Rechtsextremismus abgedrängt würde, der sie für die bürgerliche Klientel der Unionsparteien unwählbar machte.

Jedes Anzeichen einer weiteren Radikalisierung der AfD erschien in diesem Kalkül als Beleg für den Erfolg dieser Verdrängungsstrategie. Der Preis dafür freilich war es, dass sich die CSU gleichsam an die Rhetorik der AfD kettete. Wer hier wen immer weiter in die Radikalisierung zog oder schob, war kaum noch zu unterscheiden.

Wie weit die Strategen der CSU bereit waren, sich dabei der Rhetorik ihrer rechten Konkurrenten anzuverwandeln, hatte der neue Vorsitzende der CSU-Landesgruppe im Deutschen Bundestag *Alexander Dobrindt* schon zu Beginn des Landtagswahljahrs 2018 mit einem Gastbeitrag in der Zeitung *DIE WELT* deutlich gemacht: »Auf die linke Revolution der Eliten folgt eine konservative Revolution der Bürger«,[39] kündigte der CSU-Statthalter in Berlin an. Dobrindt machte sich damit einen Zentralbegriff des alten und neuen Rechtsintellektualismus zu eigen.[40] Das war der provokante Auftakt zu einer zielstrebigen Eskalation der politischen Rhetorik. Die nächsten Stufen waren polarisierende Attacken gegen eine »aggressive Antiabschiebeindustrie«[41] und einen »Asyltourismus in Europa«.[42] Um dem beizukommen, sei es »endlich Zeit für klare Regeln auch in Deutschland«, forderte Markus Söder. Der neue bayerische Ministerpräsident spielte den Ball damit seinem Vorgänger Seehofer zu.[43] Der einst mächtigste Kritiker Angela Merkels saß mittlerweile als Innenminister am Kabinettstisch der Kanzlerin und war qua Amt dafür zuständig, jene Politik zu gestalten, die er einst mit dem Begriff von der »Herrschaft des Unrechts« in Verbindung gesetzt hatte.

Seehofer agierte in seiner neuen Rolle als politischer Augias, ein einsamer Held, der vor der Aufgabe steht, ein verwahrlostes Anwesen in Ordnung zu bringen und dabei immer wieder auf neuen Unrat stößt. »Wo immer ich hinlange, gibt es Bedenken oder Probleme. Aber das ist doch kein Argument für ein ›Weiter so‹. Wir müssen die Dinge anpacken und lösen«, erklärte der Innenminister in einem Interview der *Süddeutschen Zeitung*.[44] Die Journalisten hatten ihn nach den Rechtsgrundlagen gefragt, die für den Umgang mit den im Mittelmeer aus Seenot geretteten Menschen gelten sollten. Der Verweis auf eine rechtliche Ordnung, die für die Politik handlungsleitend sein könnte, wurde als lästige Bedenkenträgerei abgewehrt. Der Innenminister, der zwei Jahre zuvor als Kämpfer gegen die »Herrschaft des Unrechts« angetreten war, postulierte nun das Primat der Tat. Es signalisierte die Entschlossenheit, rechtliche Bindungen und gesetzlich geregelte Verfahren als Hindernisse zu disqualifizieren, die einer Politik im Wege stehen, wo immer sie tatkräftig »hinlangt«, um eine außer Kontrolle geratene Wirklichkeit in Ordnung zu bringen.

Zur nächsten Eskalationsstufe wurde die Diskussion um die Abschiebung von Ausländern, die von den Sicherheitsbehörden als ideologisch motivierte »Gefährder« eingestuft wurden. Wochenlang prangerte die *BILD* im Frühsommer 2018 den Fall des »Bin-Laden-Leibwächters« *Sami A.* als Beleg für einen »Abschiebeirrsinn« an.[45] Seit mehr als zehn Jahren hatten nordrhein-westfälische Behörden mehrfach erfolglos die Ausweisung des salafistischen Predigers betrieben. Der Fall war vor Gerichten über Jahre hin- und hergegangen.

»Wir müssen erreichen, dass diese Abschiebeverbote durch Gerichte aufhören«, verlangte nun der Bundesinnenminister. »Mein Ziel ist, diese Spirale aus Gerichtsentscheidungen zu durchbrechen«.[46] Seehofer versprach, sich der Sache persönlich anzunehmen. Täglich ließ er sich vom Stand der Dinge in Nordrhein-Westfalen unterrichten.[47] In aufgeheizter Stimmung war man dort bereit, die Grenzen des Zulässigen auszutesten. In einer Nacht-und-Nebel-Aktion wurde Sami A. in einem Charterflugzeug nach Tunesien ausgeflogen, obwohl das zuständige Verwaltungsgericht dies am Tag zuvor untersagt hatte. Als das Fax mit dem Abschiebeverbot bei den Behörden einging, war der Flieger bereits auf dem Weg nach Nordafrika in der Luft. Die Richter hatten darauf vertraut, dass vor ihrer Entscheidung keine vollendeten Tatsachen geschaffen würden. In der Exekutive aber hatte sich offenkundig eine Stimmung breitgemacht, in der es opportun oder gar politisch gewollt schien, unpopuläre Regeln des Rechtsstaats als Hindernisse zu betrachten, die es vor allem zu umgehen gelte.

Die maximale Erhitzung erreichte die Diskussion um die Flüchtlingspolitik schließlich im Streit um den »Masterplan« des Bundesinnenministers, der die Koalition im Sommer 2018 an den Rand des Bruches führte. Die CSU hatte im anschwellenden Landtagswahlkampf die Forderung, Flüchtlinge an der deutsch-österreichischen Grenze abzuweisen, zu ihrem zentralen Thema gemacht. Schon kurz nach der Bundestagswahl hatte die CSU vergeblich versucht, die große Schwesterpartei dazu zu bewegen, die einseitige Zurückweisung von Asylsuchenden zu akzeptieren und als gemeinsame Forderung in die bevorstehenden Koalitionsverhandlungen einzubringen. Angela Merkel hatte sich im Oktober 2017 mit ihren Verweisen auf die europäische Rechtslage durchgesetzt. Auch Horst Seehofer bekannte damals nach einem langen Verhandlungsabend mit der Kanzlerin: »Die Zurückweisung an der Grenze ist eine hochkomplizierte, auch juristische Angelegenheit, die eine Reform des Dublin-Verfahrens voraussetzen würde.«[48]

Ein halbes Jahr später aber sollte das nicht mehr gelten. Der Minister, dessen Partei sich den Kampf für die Durchsetzung von »Recht und Ordnung« an den Grenzen auf die Fahnen geschrieben hatte, zeigte nun die Bereitschaft zur Tat, vor der Thomas de Maizière 2015 auch mit Blick auf die europarechtlichen Bindungen noch zurückgeschreckt war. Horst Seehofer werde nun »an der Grenze durchgreifen«, kündigte CSU-Generalsekretär Markus Blume an, Zurückweisungen von Flüchtlingen seien eine »existentielle Frage«.[49]

Die Bundesregierung stand damit drei Jahre nach der Krise des Sommers 2015 exakt an dem Punkt, an dem sich schon damals die Geister der Sicherheitsexperten von denen der Juristen sowie der Europa- und Migrationsfachleute im Bundesinnenministerium geschieden hatten. In Krisensitzungen, mit Rücktrittsankündigungen und der Drohung, die Fraktionsgemeinschaft mit der Union zu beenden und damit auch die Regierung zu sprengen, wurde die erneute Auseinandersetzung um die einseitige Zurückweisung von Flüchtlingen auf die Spitze getrieben.

Die Behauptung, im Sommer 2015 habe sich die Regierung über geltendes Recht hinweggesetzt, stand am Anfang dieser Konfliktgeschichte. Und die Regierung brauchte lange, um deren korrosive Wirkung zu erkennen und ernst zu nehmen. »Wir waren zu sehr mit der Bewältigung der politischen Herausforderungen von den Verhandlungen mit der Türkei bis zur Registrierung und Unterbringung der Flüchtlinge in den Bundesländern beschäftigt«, bekennt ein hochrangiger Regierungsvertreter im Rückblick. »Wir haben nicht rechtzeitig erkannt, welche Wucht die Delegitimierung unserer Politik durch die Behauptung des Rechtsbruchs entfalten würde«, ergänzt ein anderer. Der

Vorwurf des Rechtsbruchs war dadurch zu einem Topos im politischen Diskurs geworden, der seine Wirkung aus sich selbst zu beziehen schien: Um ein in der Migrationskrise verunsichertes, für nationale Sehnsüchte und islamophobe Ressentiments anfälliges Publikum zu überzeugen, bedurfte er keiner weiteren Referenz oder Beglaubigung mehr.

Kapitel 10: Die Rechtsbruch-Erzählung und die Herrschaft des Rechts

In der Begegnung mit dem Flüchtling wird der demokratische Territorial- und Verfassungsstaat sich selbst zur Paradoxie. Ihm gegenüber stößt die demokratische Legitimation von Herrschaft buchstäblich an ihre Grenze. Der Flüchtling ist das verkörperte Außen im Innen, er steht auf fremdem Boden einer fremden Staatsmacht gegenüber, Inhaber von Menschenrechten, aber nicht von Bürgerrechten, und das nicht nur vorübergehend, nicht nur zu Besuch als Angehöriger eines anderen Staates, der ihn schützt und mit Rechten ausstattet, sondern vor diesem auf der Flucht. Der demokratische Verfassungsstaat muss irgendwie mit ihm umgehen und weiß nicht wie, ohne sich selber fremd zu werden. So verkörpert der Flüchtling wie kaum sonst jemand für den Demos des Verfassungsstaats die Gefahr, sich ins Unheimliche zu verlieren.[I]

In der Begegnung mit dem Unheimlichen, dieses Phänomen ist vermutlich so alt wie die Menschheit, erzählt man sich Geschichten. Das paradoxe Gegenüber wird in ein Nacheinander aufgelöst, in eine Abfolge erzählbarer Begebenheiten. Also, hört zu, wird erzählt, das mit den Flüchtlingen, das kam so: Einst lebten wir, das Volk der Deutschen, sicher und frei in unseren Grenzen, unser selbst gewiss und mit uns selbst identisch und vor der gefährlichen und instabilen Welt dort draußen abgeschirmt durch einen Kordon sicherer Drittstaaten. Doch dann kam mit einem Mal aus dem Osten und Süden mit katastrophischer Gewalt hunderttausendfach verkörperte Unordnung über uns. Heerscharen von Unbegreifbaren tauchten am Horizont auf, und ihr Ziel waren – wir. Sie kamen immer näher, so wird erzählt, wir drinnen, sie draußen. Und dann waren sie drinnen. Sie schwappten über die Grenze, als sei sie gar nicht da. Diese Menschen sind Rechtsbrüchige: Sie reisen illegal ein. Und obendrein sind sie lauter »junge Männer aus einem fremden Kulturkreis« und somit mutmaßliche Terroristen, Vergewaltiger und Sozialbetrüger, zumindest in Potenz. Und jetzt sind sie hunderttausendfach mitten unter uns. Wie kam das? Das kam so, wird erzählt, dass sie jemand hereingelassen hat. Dass jemand die uns umschließenden und sicher bergenden Grenzen geöffnet hat wie der Verräter die Pforte in der Mauer der belagerten Burg. Wer war das? Das, so wird erzählt, war niemand anders als die Kanzlerin Angela Merkel. Sie hat ihren Innenminister gezwungen, per Geheimerlass den Unheimlichen die Grenzen aufzutun, und sie obendrein mittels Selfie-Fotos und »Wir schaffen das« geradezu herbeigerufen. Warum tat sie das? Aus Angst vor hässlichen Bildern, so wird erzählt, aus sentimentaler, humanistischer Gesinnungsethik, jedenfalls aber aus Schwäche. Dabei ist sie von dämonischer, geradezu diktatorischer Machtfülle, unsere Kanzlerin – aber gleichzeitig ist sie schwach. Und diese starke Schwäche, diese Diktatur des Verrats, dieser Widerspruch löst sich auf, wenn man erkennt, dass dahinter dunkle Mächte wirken, von George Soros und anderen wurzellosen Kosmopoliten verkörpert, die uns, das Volk der Deutschen, durch ein anderes, willfährigeres Volk von eingewanderten Zombie-Sklaven zu ersetzen und auszutauschen trachten. Ja, so wird erzählt. So kam das.

Die Kraft dieser Erzählung reicht aus, um einen erheblichen Teil der deutschen Bevölkerung zum Glauben an sie zu bekehren und das politische Klima in Deutschland auf irreversible Weise zu verändern. Dass sie mit dem, was sich zugetragen hat, wenig zu tun hat, dass Deutschland niemals dieses abgeschirmte Idyll hinter den sieben Bergen gewesen war und niemand irgendwelche Pforten in irgendwelchen Mauern geöffnet hat und schon gar nicht irgendwelche dunklen Mächte am Austausch des deutschen Volkes arbeiten – all das ist aus der Perspektive derer, die an sie glauben, nicht nur zweifelhaft und umstritten, sondern regelrecht irrelevant. Das interessiert sie nicht. Wichtig ist, dass die Rechtsbruch-Erzählung in sich hinreichend stimmig ist und dass sie funktioniert.

Der Schlüssel dazu, *dass* sie funktioniert, ist die Kennzeichnung der Flüchtlinge als Rechtsbrüchige *per se*: So können wir sie begreifen. So werden sie mit einem Mal sinnfällig in all ihrer verkörpert vor uns stehenden Nichtzugehörigkeit: Sie sind nicht so sehr unheimlich und unvertraut, sondern schlicht und einfach kriminell. Wir wüssten mit ihnen als Rechtsbrüchige eigentlich auch fertig zu werden. Jedenfalls solange Recht und Ordnung herrschen. Und doch laufen sie frei unter uns herum, als gehörten sie ganz normal zu uns. Die Herrschaft des Rechts kann es nicht sein, die das zulässt. Das ist die Herrschaft des Unrechts! Und auch die hat ihre Verkörperung. In der Kanzlerin nämlich, der Frau aus dem Osten, deren Herrschaft uns immer schon ein Ärgernis wider die natürliche Ordnung der Dinge war. So ergibt das ganze Grauen plötzlich Sinn.

Die Rechtsbruch-Erzählung bedient sich des Codes des Rechts: Sie markiert die Gegenwart der Flüchtlinge auf deutschem Territorium als Unrecht. Im Funktionssystem des Rechts wäre dieser Befund gegebenenfalls der *End*punkt, die stringente Schlussfolgerung aus normativen Prämissen, gerechtfertigt mit guten Argumenten, warum das so sein soll. Für die Rechtsbruch-Erzählung ist dieser Befund dagegen der *Ausgangs*punkt: Dass die Gegenwart der Flüchtlinge auf deutschem Territorium das Recht bricht, *ist* die Prämisse. Das muss von vorneherein so sein, damit die Erzählung funktioniert und dem Unheimlichen Sinn verleiht. Der Verurteilte ist schon verurteilt, bevor der Prozess beginnt. Die Sprache, Methoden und Verfahren des Rechts finden zwar Verwendung, aber vielfach in rein ritueller Funktion, als handle es sich um Monstranzen, Litaneien und Bekreuzigungsgesten, die den Rechtgläubigen dazu dienen, die Ihren zu erkennen und von den Spöttern, Ketzern und Pharisäern zu scheiden (und von den Neonazis). Und bei aller Observanz des Rituals wird peinlich darauf geachtet, dass es nie so weit kommt, tatsächlich zu tun, was Recht tut, nämlich fallbezogen und verfahrensmäßig Recht und Unrecht voneinander zu scheiden. Ihre Rechtsgutachten sind dann doch nur als abstrakte Was-wäre-wenn-Szenarien gemeint. Ihre Klagen werden dann doch lieber nicht eingereicht. Oder wenn doch, sind sie unzulässig, sodass es zu einer Verhandlung gar nicht erst kommt und auch zu keinem Urteil über ihre Begründetheit. So waschen sich die Gläubigen der Erzählung vom Rechtsbruch jeden Tag aufs Neue ihren Juristenpelz und werden doch niemals nass.

Den Schaden davon hat das Recht. Das Recht, wie alle

Funktionssysteme der modernen Gesellschaft, unterscheidet. Es arrangiert das Gegenüber von drinnen und draußen ganz nüchtern und funktionell als Dies und nicht Das: Dies ist rechtens, und zwar im Unterschied zu Dem. Die Unterscheidung von Recht und Unrecht eignet sich einerseits hervorragend zum Ausschließen und Draußenhalten, sorgt aber andererseits auch auf charakteristische Weise für eine Öffnung: Entschieden wird am Ausgang eines *Verfahrens*. Es wird eine Weile formell im Ungewissen gehalten, auf welcher Seite der Unterscheidung ein bestimmter Fall am Ende zu liegen kommt.[2] Das Recht arbeitet somit auf ganz andere Weise mit der Zeit als die Erzählung – nicht als im Präteritum erzähltes »So kam das«, sondern als ins Futur prozessierendes »Das werden wir sehen«: Ob Recht oder Unrecht, darüber wird erst im Ausgang eines rechtsförmigen Verfahrens entschieden, und solange dieses nicht beendet ist, steht noch nichts fest. So hält das Recht eine Zeitspanne der Ungewissheit offen, während derer sich möglichst alle Betroffenen äußern können und sollen. Die Betroffenen werden zu Beteiligten: Dadurch wird nicht nur wahrscheinlicher, dass man nichts Entscheidendes übersieht, sondern auch und vor allem kann man von den Beteiligten erwarten, das Verfahren als legitim zu akzeptieren, auch wenn es für sie negativ ausgeht. Der verlorene Prozess ist auch Recht. Das Recht kann einen ins Unrecht setzen, ohne sich selbst damit durchzustreichen. Auch wenn es nicht befolgt wird, bleibt erwartbar, dass es befolgt wird. Die Rechtsverletzung, so sie eine war, bleibt damit prozessierbar und wird nicht gleich zur Krise des Rechts, geschweige denn zur Herrschaft des Unrechts.

Das ist der Unterschied zwischen einer Geflüchteten, die ohne Verfahren zurückgewiesen und dorthin zurückgeschickt wird, woher sie kommt, und einer, die ein Verfahren bekommt (und sei es auch nur zur Feststellung, wer für ihr Verfahren zuständig ist): Von letzterer kann man etwas erwarten. Sie wird angehört. Sie kann ihren Fall und ihre Beweismittel und ihre Argumente vortragen und Gründe verlangen dafür, wie über sie entschieden wird. Sie kann ihre Menschenrechte geltend machen, die kein Verfahren, das als legitim akzeptiert werden will, aufs Spiel setzen darf. Sie wird zur Beteiligten. Sie wird ein Stück weit zugehörig. Sie ist nicht mehr ganz draußen, sie wird zum Rechtssubjekt, sie hat Anteil. Entsprechend wird erwartbar, dass sie sich dafür in die Pflicht nehmen lässt – wenn schon nicht faktisch, so doch normativ. So löst das Recht die Paradoxie demokratischer Herrschaft über die Nichtzugehörige immer weiter auf, indem es sie Verfahren für Verfahren und Recht für Recht zu einer immer Zugehörigeren macht[3] und dafür erwartbarer macht, dass sie sich rechtstreu verhält. Die Herrschaft über Nicht-mehr-nicht-Zugehörige ist die Herrschaft des Rechts.

Hier steckt der wahre Kern der Behauptung, dass in der »Flüchtlingskrise« 2015/16 das Unrecht geherrscht habe: Ein Staat nach dem anderen hatte unter dem Druck der Krise aufgehört, den Flüchtlingen ein Verfahren, Rechte und Zugehörigkeit zu geben und sie stattdessen in schlammverkrusteten Zeltlagern sich selbst überlassen bzw. busweise nach Westen weitergewunken, wo auf Verfahren, Rechte und Zugehörigkeit noch zu hoffen war. Wie Dominosteine war die Herrschaft des Rechts in einem Staat nach dem anderen entlang der Balkanroute umgefallen. Der vorläufig letzte Stein in der Reihe, Deutschland, wankte und schwankte ebenfalls, blieb aber am Ende doch stehen und stoppte diesen Kollaps der Herrschaft des Rechts (wofür sich Deutschland freilich nicht allzu sehr auf die eigene Schulter klopfen sollte nach allem, was es zuvor zur Instabilität und Unausgewogenheit der Verantwortungsverteilung in Europa und somit zu den Ursachen des Kollapses beigetragen hatte).

Wem um das Recht und seine Herrschaft zu tun ist, der sollte daher weniger Geschichten erzählen und stattdessen mehr Mühe investieren, über den Sinn, die Funktionsweise und den Gerechtigkeitsgehalt des Europarechts aufzuklären. Hier hat sich über die vergangenen dreieinhalb Jahre, von einer Handvoll unerschrockener Europa- und Migrationsrechtler abgesehen,[4] kaum jemand mit Ruhm bekleckert. Die Bundesregierung hatte viel zu lange geglaubt, das Problem vernebeln und sich alle Optionen offenhalten zu können, anstatt öffentlich aufzuklären darüber, auf welche rechtlichen Vorgaben sie ihr Tun und Unterlassen gründet. Die Rechtswissenschaft war zu sehr in ihre eigenen Binnenkonflikte und ihre Ambivalenzen gegenüber dem Europarecht verstrickt, um bei der Klärung der Rechtslage eine große Hilfe zu sein. Die Medien waren teils viel zu fasziniert von der Kraft der Erzählung von der angeblichen Herrschaft des Unrechts, teils zu rechercheschwach und desinteressiert an den Komplexitäten des Europarechts, um sich dieser Erzählung entziehen, geschweige denn ihr effektiv entgegentreten zu können.

Dieses Desinteresse an juristischer Aufklärung ist nicht erst seit 2015/16 zu beobachten. Im Bundestag gibt es kaum noch profilierte Rechts- und Verfassungspolitikerinnen und -politiker, die der Regierung mit eigener juristischer Expertise Kontra zu geben verstünden. In der Wissenschaft vom öffentlichen Recht wird die Forschung zu klassischen Verfassungsfragen wie Wahl-, Parlaments- und Parteienrecht immer mehr von ökonomisch nachgefragten Boomfächern wie Medien- und Energierecht an den Rand gedrängt. Auch das Asyl- und Migrationsrecht galt bis vor kurzem als ein eher abgelegenes juristisches Betätigungsfeld, auf dem hauptsächlich Menschenrechtsanwälte und -aktivistinnen ihr karges Brot verdienten. In den Medien gibt es immer weniger Redakteurinnen und Korrespondenten mit eigener juristischer Fachkenntnis, die den von ihnen interviewten Autoritäten kritisch auf den Zahn fühlen können.

2019 feiert das Grundgesetz seinen 70. Jahrestag. Zu diesem Anlass liegt an allen Kiosken der Republik ein Hochglanzmagazin aus, in dem in schickem Layout und bunten Farben der komplette Text der Verfassung von Artikel 1 bis 146 abgedruckt ist. Das ist eine schöne Sache und sieht sehr hübsch aus, und wer es kauft, kann sich mitsamt dem Heft das angenehme Gefühl in die Tasche stecken, eine gute Verfassungspatriotin zu sein. Doch gemessen daran, was in der heutigen Zeit verfassungspolitisch auf dem Spiel steht, wirken solche frommen Gesten der Textverehrung eigentümlich regressiv. Als ob die Verfassung ein heiliger Text wäre, ewig und unveränderlich und von höherer Stelle herabgereicht. Und nicht ein Stück Recht, für das wir alle Verantwortung tragen, die wir dem deutschen Recht unterworfen sind, mit und ohne deutschen Pass, mit und ohne deutsche Ahnen, mit und ohne »deutsche Kultur«. Ein Stück Recht, das wir alle jeden Tag gestalten und entwickeln und bestätigen und mit Leben füllen in der offenen Gesellschaft der Verfassungsinterpreten.[5] Ein Stück Recht, das durch und durch von Europarecht durchwirkt ist und sich ohne Kenntnis des europäischen Rechtskontexts gar nicht mehr sinnvoll lesen und verstehen lässt (auch wenn das manche Juraprofessoren immer noch nicht wahrhaben wollen).

Die Verfassungsordnung, der wir unseren Frieden und unseren Wohlstand verdanken, verlangt nach einer kompetenten und kritischen juristischen Öffentlichkeit, die sich von niemandem etwas auf die Nase binden lässt. Wie wenig diese entwickelt ist, wurde in den vergangenen dreieinhalb Jahren schmerzhaft offenbar. Insoweit tragen wir alle Verantwortung dafür, dass sich die Rechtsbruch-Erzählung so sehr verbreiten und verfestigen konnte: So wie wir es uns bis zur Krise 2015/16 jahrelang als vermeintlich vor Flüchtlingsmigration sicheres Binnenland in der Mitte Europas bequem gemacht hatten, haben wir seither die juristische Auseinandersetzung um ihre Bewältigung in viel zu großem Ausmaß den Geschichtenerzählern überlassen. Beides kam uns teuer zu stehen.

Anhang

Anmerkungen

Einleitung

1 Unser Dank gilt den vielen Gesprächspartnern, die ihre Zeit geduldig opferten, um mit uns die vielen Facetten und Aspekte dieses komplexen Themas durchzudiskutieren. Großen Dank schulden wir besonders Marion Detjen sowie Gudula Geuther, Stefan Braun, Pauline Endres de Oliveira, Michaela Hailbronner, Per Leo und Anna von Notz, die das Rohmanuskript oder einzelne Kapitel gelesen und an vielen Stellen mit wertvollen Hinweisen verbessert haben. Carla Dietmair danken wir für ihre Hilfe bei den Recherchen.

2 https://vera-lengsfeld.de/2017/10/17/charta-2017-gegen-willkuer-auf-der-frankfurter-buchmesse/.

3 Zitate aus Mitschnitten der CDU-Regionalkonferenzen in Lübeck am 16.11.2018 und in Seefeld am 21.11.2018.

4 Handelsblatt vom 12.1.2016, S. 4.

Kapitel 1: Aschermittwoch

1 Gustav Radbruch: *Gesetzliches Unrecht und übergesetzliches Recht.* Süddeutsche Juristenzeitung 1946, S. 105–108.

2 Süddeutsche Zeitung vom 4.2.2016, S. 5.

3 Abendzeitung vom 1.2.2016, S. 9.

4 Süddeutsche Zeitung vom 15.2.2016, S. R15.

5 Frankfurter Allgemeine Zeitung vom 11.2.2016, S. 3.

6 Barbara Wasner: Politischer Aschermittwoch, in: https://www.historisches-lexikon-bayerns.de/.

7 Frankfurter Allgemeine Zeitung vom 15.2.2018, S. 2, »Tanz auf dem Pavianhügel«.

8 https://www.bayernkurier.de/inlanda/31591-der-groesste-stammtisch-der-welt/.

9 https://www.sueddeutsche.de/politik/franz-josef-strauss-zum-aschermittwoch-die-deftigsten-sprueche-1.300575-13.

10 https://www.cicero.de/kultur/medien-und-fluechtlinge-die-erfindung-der-willkommenskultur.

11 https://wobo.de/news/problematisch-ist-was-nicht-im-leitantrag-steht.

12 http://www.taz.de/!5315142/.

13 Siehe Kapitel 7, S. 160 ff.

14 https://www.polizei.bayern.de/content/4/3/7/17_kriminologische_regionalanalyse.pdf, S. 37.

Kapitel 2: Offene Grenzen

1 https://www.presseportal.de/blaulicht/pm/64017/2955112.

2 http://www.bpb.de/nachschlagen/zahlen-und-fakten/soziale-situation-in-deutschland/61643/spaet-aussiedler; Bundesverwaltungsamt: www.bva.bund.de; Statistisches Bundesamt: Mikrozensus – Bevölkerung mit Migrationshintergrund.

3 Andrew Geddes: *The Politics of Migration and Immigration in Europe*, SAGE London 2003.

4 Douglas B. Klusmeyer, Demetrios G. Papademetriou: *Immigration Policy in the Federal Republic of Germany*, Berghahn New York/Oxford 2009, S. 199.

5 Dieter Grimm: *Parteiinteressen und Punktsiege. Wie man eine Verfassung verderben kann*, Frankfurter Allgemeine Zeitung vom 12.12.1998, S. I.

6 TAGESSPIEGEL vom 15.10.2015.

7 Klusmeyer/Papademetriou, Immigration Policy, a. a. O., S. 207.

8 Klusmeyer/Papademetriou, Immigration Policy, a. a. O., S. 197.

9 Klusmeyer/Papademetriou, Immigration Policy, a. a. O., S. 208 f.

10 Klusmeyer/Papademetriou, Immigration Policy, a. a. O., S. 219 f.

11 Andrew Geddes: *The Europeanization of What? Migration, Asylum and the Politics of European Integration*, in: Thomas Faist; Andreas Ette, (Hrsg.), *The Europeanization of National Policies and Politics of Immigration. Between Autonomy and the European Union*. Palgrave Macmillan London 2007, S. 49–70, hier S. 55.

12 http://www.bpb.de/gesellschaft/migration/dossier-migration-ALT/56443/flucht-und-asyl-seit-1990.

13 Klusmeyer/Papademetriou, Immigration Policy, a. a. O., S. 176.

14 http://www.bpb.de/gesellschaft/migration/dossier-migration-ALT/56443/flucht-und-asyl-seit-1990.

15 Elias Bierdel: *Ende einer Rettungsfahrt. Das Flüchtlingsdrama der Cap Anamur*. Ralf Liebe Weilerswist 2006; http://www.taz.de/!5057177/; http://www.faz.net/aktuell/politik/ausland/europa/italienische-marine-schuesse-auf-ein-fluechtlingsboot-12863371.html.

16 Frankfurter Allgemeine Zeitung vom 14.1.2001; TAZ vom 26.5.2001; Frankfurter Allgemeine Zeitung vom 12.3.2001.
17 Christine Langenfeld, Heinz Faßmann: *Steuern und Schützen*, Frankfurter Allgemeine Zeitung vom 12.11.2015, S. 7.
18 Ulrich Fichtner et al.: *Agenda eines Untergangs*, SPIEGEL 26/2015, S. 59 ff.
19 Süddeutsche Zeitung vom 24.4.2015, S. 8.
20 Süddeutsche Zeitung vom 27.6.2015, S. 6.
21 Süddeutsche Zeitung vom 27.6.2015.
22 https://www.bmi.bund.de/SharedDocs/pressemitteilungen/DE/2015/04/asylantraege-maerz-2015.html.
23 Süddeutsche Zeitung vom 30.7.2015, S. 6.
24 Frankfurter Allgemeine Zeitung vom 1.9.2015, S. 6.
25 https://www.bmi.bund.de/SharedDocs/pressemitteilungen/DE/2015/09/asylantraege-august-2015.html.
26 http://www.bamf.de/SharedDocs/Anlagen/DE/Downloads/Infothek/Statistik/Asyl/201509-statistik-anlage-asyl-geschaeftsbericht.pdf?__blob=publicationFile.
27 Frankfurter Allgemeine Zeitung vom 9.4.2016, S. 2.
28 https://www.bmi.bund.de/SharedDocs/pressemitteilungen/DE/2016/09/asylsuchende-2015.html.

Kapitel 3: »Dublin gilt«

1 Urteil des Europäischen Gerichtshofs für Menschenrechte vom 21.1.2011 (30 696/09).
2 Urteil des Europäischen Gerichtshofs vom 21.12.2011 (C-411/10).
3 Beschluss der 1. Kammer des 2. Senats vom 8.5.2017 (2 BvR 157/17).
4 http://www.spiegel.de/politik/deutschland/fluechtlinge-bundesamt-in-der-kritik-a-1052130.html.
5 http://www.asylumineurope.org/news/24-08-2015/germany-halt-dublin-procedures-syrians.
6 DIE WELT vom 18.6.2018.
7 Siehe Kapitel 6.
8 https://www.tagesspiegel.de/politik/wende-in-der-asylpolitik-deutschland-setzt-dublin-regeln-fuer-aus-syrien-fluechtende-aus/12229884.html.
9 Bundespresseamt, Protokoll RegPK 21.8.2015.
10 Bundespresseamt, Protokoll RegPK 26.8.2015.
11 Bundespresseamt, Protokoll RegPK 26.8.2015.
12 Ausarbeitung des Wissenschaftlichen Dienstes des Deutschen Bundestages, PE-6–3000–50/18, https://www.bundestag.de/blob/560168/10fbcc213fe94b1066f58d3ac8377c46/pe-6-050-18-pdf-data.pdf.
13 Jahresbericht 2015 der Bundespolizei, hrsg. vom Bundespolizeipräsidium Potsdam, S. 48.

14 Otto Depenheuer, *Die Selbstbehauptung des Rechtsstaats*, Schöningh Paderborn 2007. Dazu und zu der damals kontrovers diskutierten Leseempfehlung Wolfgang Schäubles: DIE ZEIT vom 9.8.2007, S. 7; Neue Zürcher Zeitung vom 24.9.2007, S. 23

15 Christian Klos: *Rahmenbedingungen und Gestaltungsmöglichkeiten der europäischen Migrationspolitik*, Hartung-Gorre Konstanz 1997.

16 FAZ vom 27.8.2018, S. 10.

17 Jahresbericht 2015 der Bundespolizei, hrsg. vom Bundespolizeipräsidium Potsdam, S. 48.

18 Jahresbericht 2015 der Bundespolizei, hrsg. vom Bundespolizeipräsidium Potsdam, S. 48.

19 DIE WELT vom 8.12.2015, S. 4, »Wortführer gegen die Kanzlerin«.

20 Süddeutsche Zeitung vom 10.10.2018, S. 1, »Seehofers Feldzug«.

Kapitel 4: Ausnahmezustand

1 Hermann von Stahleck, der sich dauernd mit dem Erzbischof von Mainz herumstritt und das Kurmainzische »mit Mord und Mordbrand« überzog, nahm seinerseits ein böses Ende: Sein Neffe Kaiser Friedrich Barbarossa kam aus Italien hinaufgezogen und verurteilte seinen schlimmen Onkel auf dem Reichstag zu Worms nach altem Gesetz zu der entehrenden Strafe des »Hundetragens«: »Hermann von Stahleck nebst zehn anderen Grafen, seinen Complicen, mussten vor den Augen der versammelten Fürsten einen Hund auf die Schultern nehmen und das bellende Thier eine deutsche Meile weit tragen. (…) So furchtbare Strafen, die das Herz im Innersten empören, mussten angewandt werden, um diese unbändigen Ritter von ihren Fehden abzuhalten und die Ruhe des Landes zu sichern! Pfalzgraf Hermann ertrug die Schmach nicht: er ging in's Kloster und starb noch im nämlichen Jahre.« Johann Heinrich Hennes: *Die Grafen von Nassau im zwölften und dreizehnten Jahrhundert*. DuMont-Schauberg'sche Buchdruckerei Köln 1839, S. 11.

2 Website der Gemeinde Oberwesel, https://www.oberwesel.de/sehenwuerdigkeiten/schoenburg/.

3 Ein Mitglied des Kreises beklagt den »Sprung von Jugendherbergs-Niveau« auf Luxushotel als »übertrieben«.

4 Der Würzburger Emeritus *Helmuth Schulze-Fielitz* hat die akademischen Abstammungsverhältnisse in der deutschen Staatsrechtslehre in regelrechten Stammbäumen kartografiert, ders.: *Staatsrechtslehre als Mikrokosmos. Bausteine zu einer Soziologie und Theorie der Wissenschaft des Öffentlichen Rechts*, Mohr Siebeck Tübingen 2013, Anhang.

5 In der Verlagsankündigung der Reihe, in der die Beiträge der Schönburger Tagungen erscheinen, beschreiben Depenheuer und Grabenwarter das Profil des Schönburger Kreises so: »Der Staat repräsentiert politi-

sche Einheit, generiert und garantiert das geltende Recht, ist kategoriale Größe juristischer Argumentation. Diese Selbstverständlichkeiten sind der neueren deutschen Staatsrechtslehre fragwürdig geworden: sie neigt zu ideeller Auflösung des Staates und begrifflicher Ersetzung durch ›Verfassung‹, ›Freiheit‹ und ›Demokratie‹. Die staatliche Bedingtheit dieser Errungenschaften wird ausgeblendet mit der paradoxen Folge, daß die Staatsrechtslehre das Substrat ihres Faches zunehmend aus den Händen gibt.« https://www.schoeningh.de/katalog/reihe/schoenburger_gespraeche_zu_rec.html. Teilnehmer berichten allerdings, dass auch im Schönburger Kreis die alte, staatsfixierte Staatsrechtslehrerschule auf dem Rückzug ist. Depenheuer, auf den die oben genannten Formulierungen zurückgehen dürften, hat sich mittlerweile in den Ruhestand zurückgezogen und die Leitung des Kreises abgegeben.

6 Verfasst wurde das Vorwort von den beiden Herausgebern *Otto Depenheuer* und *Christoph Grabenwarter*. Die Diktion des Vorworts lässt allerdings vermuten, dass die Autorschaft vor allem bei Depenheuer liegt.

7 In einer 2017 erschienenen zweiten Auflage fügen die Autoren dem ansonsten unveränderten Band ein weiteres Vorwort hinzu, das den Akzent dann doch etwas anders setzt: Anliegen des Bandes sei es gewesen, die »staatsrechtliche Sprachlosigkeit angesichts einer beispiellosen Herausforderung der Staatlichkeit zu überwinden, die sich aufdrängenden Probleme als staatsrechtliche zu formulieren und in ihren juristischen Implikationen offen zu diskutieren«, S. 9.

8 Thorsten Kingreen: *Mit gutem Willen und etwas Recht. Staatsrechtslehrer in der Flüchtlingskrise.* Juristenzeitung 18/2016, S. 887 ff.; Dana Schmalz. Kritische Justiz 2/2016, S. 260 ff. Ein anderer Rezensent, der Münchner Emeritus *Rupert Scholz*, rät die »Lektüre (…) nicht nur unseren politisch Verantwortlichen nachhaltig (an) (…), soll die aktuelle Flüchtlingskrise nicht eines Tages auch in eine akute Verfassungskrise umschlagen«, ohne allerdings zu spezifizieren, was sie dort genau hätten lernen und dann anders machen können. Deutsches Verwaltungsblatt 2016, S. 1119.

9 Siehe dazu Kapitel 7.

10 Ein Mitschnitt der Pressekonferenz ist auf der Website der AfD-Bundestagsfraktion zu finden, https://www.afdbundestag.de/organklage-gegen-die-bundesregierung-afd-fraktion-zieht-vor-verfassungsgericht-mitschnitt-pressekonferenz/.

11 Otto Depenheuer, Christoph Grabenwarter: *Der Staat in der Flüchtlingskrise.* Schöningh Paderborn 2016, S. 18 ff.

12 Depenheuer, Ernstfall a. a. O., S. 23.

13 Depenheuer, Ernstfall a. a. O., S. 19.

14 Depenheuer, Ernstfall a. a. O., S. 18.

15 Depenheuer, Ernstfall a. a. O., S. 20 f.

16 Carl Schmitt: *Politische Theologie. Vier Kapitel zur Lehre von der Souveränität*, Duncker & Humblot Berlin 1922, zit. nach 8. Aufl. 2004, S. 13.

17 Otto Depenheuer: *Selbstbehauptung des Rechtsstaats.* Schöningh Paderborn 2007, S. 18.

18 Depenheuer, Selbstbehauptung a. a. O., S. 65.
19 Depenheuer, Selbstbehauptung a. a. O., S. 72.
20 Gunther Hofmann: *Schäubles Nachtlektüre*, DIE ZEIT 33/2007 vom 9.8.2007, S. 7, https://www.zeit.de/2007/33/Schaeubles_Nachtlektuere.
21 Depenheuer, Selbstbehauptung, S. 64.
22 Seine Antrittsvorlesung an der Universität Köln am 31. Januar 2001 stand unter dem Titel: »Kölner Humor als Quelle staatsphilosophischer Erkenntnis«.
23 Depenheuer ist ausgebildeter Kirchenmusiker und gibt regelmäßig Orgelkonzerte. Er betreibt auch den kleinen Verlag »édition bon(n)orgue«, in dem er Orgelmusiknoten herausgibt,
24 Kyrill-Alexander Schwarz: *Gefährdung der Souveränität? Das Verfassungsrecht und der Vorbehalt des Möglichen unter dem Eindruck der ›Flüchtlingskrise‹*, in: Depenheuer/Grabenwarter, a. a. O., S. 71 ff.
25 Christoph Schönberger: *The »German Approach«. Die deutsche Staatsrechtslehre im Wissenschaftsvergleich*, Mohr Siebeck Tübingen 2015, S. 2.
26 Christoph Schönberger, German Approach, a. a. O., S. 20 f.
27 Bernhard Schlink: *Die Entthronung der Staatsrechtswissenschaft durch das Bundesverfassungsgericht*. Der Staat 1989, S. 161, 162 f.
28 Für Carl Schmitt ist die »Verfassung« als »Gesamt-Entscheidung über Art und Form der politischen Einheit« vom positiven Text des »Verfassungsgesetzes« strikt zu unterscheiden (*Verfassungslehre*, Duncker & Humblot Berlin 1922, S. 20). In dieser Unterscheidung »vollzieht sich die Emanzipation der Staatsrechtslehre vom Verfassungspositivismus. (...) Darin liegt ein Stück Selbstermächtigung der Wissenschaft, weil sie nun die Verfügung beansprucht über einen Schlüsselbegriff des staatlichen Lebens«, Josef Isensee: *Das Volk als Grund der Verfassung*, Westdt. Verlag Opladen 1995, S. 67.
29 Christoph Schönberger: *Geschichten vom Reich, Geschichten vom Recht. Der Fortbestand des Deutschen Reiches als rechtliche Imagination*, in: Christoph Schönberger, Sophie Schönberger (Hrsg.): *Die »Reichsbürger«. Eine neue verfassungsfeindliche Bewegung zwischen Staatsverweigerung und Rechtspersiflage* (Veröffentlichung in Vorbereitung). In der heutigen »Reichsbürgerbewegung« schreibt sich diese Gespenstergeschichte bis in die heutige Zeit fort und gewinnt zusehends an Gruseligkeit.
30 Entscheidungen des Bundesverfassungsgerichts, Bd. 36, S. 1.
31 Josef Isensee: *Staat und Verfassung*, in: Paul Kirchhof, Josef Isensee (Hrsg.): *Handbuch des Staatsrechts*, Bd. 1, 1. Aufl. C. F. Müller, Heidelberg 1987, S. 595 f.
32 Mittlerweile ist das *Handbuch des Staatsrechts* in der 3., seit 2015 vollendeten Auflage auf zwölf Bände angewachsen.
33 So lautet die Formulierung der Präambel des Grundgesetzes seit 1990.
34 Art. 116 Abs. 1 Grundgesetz.
35 Z. B. *Josef Isensee* auf der Sondertagung der Staatsrechtslehrervereinigung zur Wiedervereinigung 1990 in Berlin: »Unter den gegebenen Umständen ist das ›Grundgesetz für die Bundesrepublik Deutschland‹

die bestmögliche Verfassung für das vereinigte Deutschland. (…) Inhalt wie Duktus des Grundgesetzes sollten tunlichst geschont werden, wenn es aus Anlaß des Beitritts zu Verfassungsänderungen kommt. Diese können sich auf die notwendigen staatsorganisationsrechtlichen Anpassungen beschränken. Die Bundesrepublik braucht nicht zu versuchen, den Deutschen der DDR verfassungspolitische ›Belohnungen‹ zuzuteilen.« Josef Isensee: *Staatseinheit und Verfassungskontinuität*, Veröffentlichungen der Vereinigung der Deutschen Staatsrechtslehrer, Bd. 49, S. 56.

36 Eine »zu selten gewürdigte Bankrotterklärung« nennt das Christoph Möllers: *Staat als Argument*, Vorwort zur 2. Aufl., Mohr Siebeck Tübingen 2011, S. XVII.

37 Christoph Möllers: *Staat als Argument*, C.H.Beck München 2000.

38 Ihr Monument in Entsprechung zum *Handbuch des Staatsrechts* ist das von Hoffmann-Riem, Schmidt-Aßmann und Voßkuhle herausgegebene dreibändige Werk *Grundlagen des Verwaltungsrechts*, 2. Aufl., C.H.Beck München 2012.

39 Skeptisch dazu Klaus Ferdinand Gärditz: *Die ›Neue Verwaltungsrechtswissenschaft‹ – Alter Wein in neuen Schläuchen?*, in: Martin Burgi (Hrsg.): *Zur Lage der Verwaltungsrechtswissenschaft*. Berlin, Duncker & Humblot 2017, S. 105 ff.

40 Dass dieser Ansatz sich selbst nicht als politisch in den Blick bekommt, ist wiederum der blinde Fleck dieser Denkschule: »Die Identifizierung bestehender Zustände als ›Problem‹ stellt (…) einen originär wertend-politischen, keinen wissenschaftlichen Vorgang dar.« Sophie Schönberger: *Mehr Wissenschaft wagen! Die uneingelösten Versprechen der Neuen Verwaltungsrechtswissenschaft*. Jahrbuch des Öffentlichen Rechts der Gegenwart 2017, S. 511 ff., 524.

41 Veröffentlichungen der Vereinigung der Deutschen Staatsrechtslehrer, Bd. 76, S. 87.

42 A. a. O., S. 109.

43 »Was wir beobachten, ist eine vertikal geöffnete Politikformulierung. Das ist, was die Menschen aufregt. Dinge, die sie für essentiell halten für ihr Leben, werden nicht mehr alleine von ihrem Staat entschieden«, a. a. O., S. 111.

44 »Naja, wir haben einfach auch Angst, uns werden die Fensterscheiben eingeworfen, wenn wir uns kritisch äußern. Kann das richtig sein, dass wir deswegen keine Stellung nehmen, sei es als Staatsrechtslehrer insgesamt oder eben auch der einzelne? Ich halte das für sehr gefährlich. (…) Vielleicht gibt es eines Tages einmal eine Tagung, die unser Verhalten heute analysieren wird. Aus diesem Grund würde ich dazu auffordern, diese Dinge auch konstruktiv anzugehen. Nicht nur zu analysieren, sondern jetzt eben raschestmöglich nach Lösungen, nicht nur für die kleinen vielleicht anstehenden Probleme, sondern vor allem für die, wie ich denke, absehbar auf uns zurollende Katastrophe zu finden, damit diese eben nach Möglichkeit nicht eintritt«, a. a. O., S. 113 f.

45 A. a. O., S. 104 f.

Kapitel 5: Selbstermächtigung

1 Gesetz über das Bundesverfassungsgericht, § 2 Abs. 3. »Mit der richterlichen Tätigkeit ist eine andere berufliche Tätigkeit als die eines Lehrers des Rechts an einer deutschen Hochschule unvereinbar«, heißt es in § 3 Abs. 4.

2 Oliver Lepsius: *Die maßstabsetzende Gewalt*, in: Matthias Jestaedt, Oliver Lepsius, Christoph Möllers, Christoph Schönberger: *Das entgrenzte Gericht. Eine kritische Bilanz nach sechzig Jahren Bundesverfassungsgericht*, Suhrkamp Berlin 2011, S. 159 ff.

3 § 31 Bundesverfassungsgerichtsgesetz.

4 Das gilt jedenfalls für die meisten praktisch relevanten Verfahrensarten.

5 Entscheidungen des Bundesverfassungsgerichts, Bd. 89, S. 155, 171 ff.

6 »Art. 24 GG [die Vorgängernorm von Art. 23] ist die Brücke zur Übertragung von Hoheitsgewalt an die Europäischen Gemeinschaften, zugleich aber auch die Kontrollstelle, die jede Ausübung von Hoheitsgewalt gegenüber dem deutschen Staatsvolk und dem deutschen Staatsgebiet durchschreiten muss«. Paul Kirchhof: *Brauchen wir ein erneuertes Grundgesetz?* C. F. Müller Heidelberg 1992, S. 13.

7 Was nicht bedeuten soll, dass die Europa-Rechtsprechung des Bundesverfassungsgerichts wirkungslos geblieben wäre – im Gegenteil: Als Motor der Rechtsentwicklung in Europa ist ihre Bedeutung gar nicht hoch genug einzuschätzen. Aber diese Wirkung funktioniert indirekt, durch mehr oder weniger konkrete, jedenfalls aber hypothetische rote Linien für den Gesetzgeber und durch mehr oder weniger kämpferischen »Dialog« mit anderen Gerichten wie dem EuGH, die auf die Urteile des Bundesverfassungsgerichts reagieren.

8 Entscheidungen des Bundesverfassungsgerichts, Bd. 93, S. 121. Kirchhofs Senats- und Staatsrechtslehrerkollege *Ernst-Wolfgang Böckenförde* kritisierte in seinem Minderheitsvotum diese Kirchhof-Innovation scharf: »Indem der Senat das einmal erworbene und besteuerte Eigentum als unmittelbaren Gegenstand einer Besteuerung ausscheidet und überdies auch noch annähernd die Hälfte von dessen Erträgen garantiert, greift er in diese Verantwortung des Gesetzgebers über. Er nimmt ihn bei der Mittelbeschaffung verfassungsrechtlich an die kurze Leine und schlägt ihm ein je nach Situation vielleicht wesentliches Mittel für die Bewerkstelligung eines sozialen Ausgleichs aus der Hand«, S. 164.

9 Entscheidungen des Bundesverfassungsgerichts, Bd. 115, S. 97, 114.

10 Die Reform des Rundfunkgebührenrechts 2013 geht auf ein Rechtsgutachten von Paul Kirchhof zurück.

11 Entscheidungen des Bundesverfassungsgerichts, Bd. 123, S. 267 ff.

12 Frankfurter Allgemeine Zeitung vom 25. Juli 2005.

13 »Verhaltensleitlinien für Richterinnen und Richter des Bundesverfassungsgerichts«, https://www.bundesverfassungsgericht.de/DE/Richter/Verhaltensleitlinie/Verhaltensleitlinien_node.html.

14 Das Gutachten ist auf der Website der bayerischen Staatsregierung ver-

öffentlicht, http://www.bayern.de/wp-content/uploads/2016/01/Gutachten_Bay_DiFabio_formatiert.pdf.

15 Widerspruch kam u. a. von *Josef Isensee*: »(...) eine föderale Klage dürfte scheitern, weil sich schwer darlegen ließe, dass der Freistaat Bayern in eigenen Rechten beeinträchtigt wäre.«, Interview mit FOCUS Online, 15.1.2016, https://www.focus.de/politik/deutschland/staatsrechtler-mahnt-die-europaeische-union-ist-funktionsuntuechtig-und-ihre-regeln-sind-zerbrochen_id_5213630.html.

16 Gutachten, S. 49.

17 Gutachten, S. 52.

18 Gutachten, S. 87, Hervorhebung im Original.

19 Gutachten, S. 89.

20 Gutachten, S. 96 f.

21 Christoph Möllers, Jürgen Bast: *Dem Freistaat zum Gefallen – über Udo Di Fabios Gutachten zur staatsrechtlichen Beurteilung der Flüchtlingskrise*, Verfassungblog 16.1.2018, https://verfassungsblog.de/dem-freistaat-zum-gefallen-ueber-udo-di-fabios-gutachten-zur-staatsrechtlichen-beurteilung-der-fluechtlingskrise/, DOI: http://dx.doi.org/10.17176/20160902-165743.

22 NZZ Standpunkte, Sendung vom 27.8.2017, https://www.youtube.com/watch?v=TAORdcbb_JQ, ab Minute 40:27.

23 https://www.bayernkurier.de/inland/9250-bund-ist-verpflichtet-die-staatsgrenzen-zu-sichern/.

24 http://www.bayern.de/wp-content/uploads/2016/01/Schreiben_an_BKM.pdf.

25 Zu dem Schreiben siehe Robert Rossmann: *Merkels Retoure*, https://www.sueddeutsche.de/politik/brief-der-kanzlerin-merkels-retoure-1.2968014.

26 http://www.bayern.de/bericht-aus-der-kabinettssitzung-vom-23-februar-2016-2/#2. Den Inhalt der Klage hat Möstl zu einem Aufsatz im *Archiv des öffentlichen Rechts* weiterverarbeitet, AöR 2017, S. 175 ff.

27 http://www.bayern.de/wp-content//uploads/2016/05/Erkl%C3%A4rung_Grenzkontrollen.pdf.

28 https://www.csu.de/aktuell/meldungen/mai-2016/grosser-erfolg-fuer-bayern/.

29 https://www.bayernkurier.de/inland/13489-das-ende-der-willkommens-kultur-2/.

30 https://www.bayern.de/wp-content/uploads/2016/05/160510-Ministerrat.pdf

31 Handelsblatt vom 12.1.2018, S. 4. Einige Tage später relativierte Papier seinen Angriff in einem Beitrag auf dem *Verfassungsblog* in weiten Teilen wieder, https://verfassungsblog.de/asyl-und-migration-recht-und-wirklichkeit/. Zur Korrektur der öffentlichen Wahrnehmung, dass der »frühere oberste Verfassungshüter« die Herrschaft des Rechts in der Bundesrepublik bezweifelte, trug das aber nur noch wenig bei.

32 http://www.spiegel.de/politik/deutschland/ehe-fuer-alle-ex-verfassungsrichter-hans-juergen-papier-haelt-sie-fuer-verfassungswidrig-a-1155215.html.

33 http://www.faz.net/aktuell/wirtschaft/wirtschaftspolitik/steuerplaene-fdp-streitet-ueber-den-soli-12353857.html.

34 http://www.faz.net/aktuell/wirtschaft/hans-juergen-papier-kritisiert-obergrenzen-fuer-barzahlungen-14284946.html.

35 http://www.faz.net/aktuell/kernkraftwerke-gutachter-papier-rudert-zurueck-11040621.html.

36 https://www.bundestag.de/blob/364850/ac1343545b15f33e1fc621f-0da6da258/stellungnahmen-data.pdf.

37 Hans-Jürgen Papier, Christoph Krönke: *Sportwetten und Verfassungsrecht. Verfassungsmäßigkeit der Einführung eines Konzessionssystems für das Veranstalten von Sportwetten in Deutschland,* Nomos Baden-Baden 2012.

38 http://www.ard.de/home/die-ard/gremien/gvk-pressemitteilungen/Verfassungsrechtliches_Gutachten_zur__Presseaehnlichkeit__von_Onlineangeboten_und_zur_Abgrenzung_von_Rundfunk_und_Presse_im_Internet__Presse_macht_Rundfunk/67786/index.html.

39 https://www.wirtschaftsrat.de/wirtschaftsrat.nsf/id/urteils-spielraeume-bei-der-reform-der-erbschaftsteuer-nutzen-de.

40 http://www.spiegel.de/politik/deutschland/ex-praesident-von-bundesverfassungsgericht-papier-zu-dreiprozenthuerde-a-957583.html.

41 Wolfgang Janisch: *Ehemalige Verfassungsrichter dürfen sich einmischen – aber nicht in alles,* Süddeutsche.de 15.2.2016, https://www.sueddeutsche.de/politik/bundesverfassungsgericht-vorsicht-vierter-senat-1.2864270.

42 »Forum Politik« von Phoenix und Deutschlandfunk vom 20.1.2016, https://www.youtube.com/watch?v=gNT3_PQ44os: »Die klassische Vorstellung, dass Staaten abgeschlossene Grenzen haben, also ein festes Territorium und ein Staatsvolk, das dann dort lebt, ist 19. Jahrhundert. Wir arbeiten mit einem solchen Begriff teilweise noch. Aber uns ist klar, dass Staatlichkeit heute anders gedacht werden muss. Wir leben in einer Europäischen Union, in einer Rechtsgemeinschaft (…). Da sind die Grenzen weitestgehend aufgehoben innerhalb dieses Bereichs (…)« (ab Min. 25:01).

43 Z. B. der AfD-Vorsitzende Jörg Meuthen im ZDF-Morgenmagazin vom 5.7.2018: »Wir wollen diese Kanzlerin loswerden, weil diese Kanzlerin diese Politik verantwortet. Und dass das nun nicht nach Recht und Gesetz zugeht, ist keine originäre Erfindung der AfD. Das bestätigen Ihnen führende Staatsrechtler. Reden Sie mal mit Professor Di Fabio. Reden Sie mal mit Rupert Scholz. Das sind nun alles sicherlich keine AfD-Wähler. Das sind führende Staatsrechtsprofessoren und Verfassungsrechtler. Und die sagen sehr, sehr deutlich, dass das gegen Recht und Gesetz ist. Auf die berufen wir uns da. Das ist keine Erfindung der AfD.«

44 https://www.nwzonline.de/interview/ich-verstehe_a_6,0,2862605044.html.

45 https://www.ksta.de/politik/-merkel-bertrams-sote-kanzlerin-23448180.

46 https://jungefreiheit.de/debatte/kommentar/2016/ermaechtigung-ohne-gesetz/.

Kapitel 6: Eine politische Entscheidung

1 »Eine eindeutige Positionierung der Bundesregierung zur Zulässigkeit von Zurückweisungen lässt sich ihren Stellungnahmen zu entsprechenden parlamentarischen Anfragen aus der 18. und 19. Wahlperiode nicht entnehmen.« Wissenschaftlicher Dienst des Deutschen Bundestages, WD 3–3000–230/18, S. 7.

2 https://www.welt.de/politik/deutschland/article149895074/Der-Hass-kriecht-bis-in-die-Mitte-der-Gesellschaft.html.

3 In Udo Di Fabios Gutachten heißt es dazu lapidar: Das Einreiseverbot »kann durch Ministeranordnung nach § 18 Abs. 4 Nr. 2 AsylVfG praktisch außer Kraft gesetzt werden. Es kann nicht festgestellt werden, ob das geschehen ist – es fehlt jedenfalls an einer öffentlichen Bekanntmachung eines so wesentlichen Beschlusses.« Überdies sei eine solche Anordnung »ihrer Natur nach auf überschaubare und beherrschbare Fälle oder allenfalls situativ zeitlich oder örtlich begrenzt erlaubt. Es bestünden danach bereits einfachgesetzlich Zweifel, ob die Bundesregierung noch im Rahmen der gesetzlichen Ermächtigung des § 18 Abs. 4 Nr. 2 AsylVfG handelt, wenn sie über das Instrument der womöglich nur faktischen (unausgesprochenen?) Ministeranordnung eine politische Leitentscheidung (mit unionsweiter Auswirkung) über den Massenzustrom trifft, die unionsrechtlich eigentlich dem Rat mit qualifiziertem Mehrheitsentscheid überantwortet ist.«, a. a. O., S. 94.

4 http://www.faz.net/aktuell/politik/staat-und-recht/homosexualitaet-schutz-und-freiheit-einer-neuen-minderheit-12812195.html.

5 http://www.faz.net/aktuell/politik/staat-und-recht/fluechtlinge-ein-geheimerlass-zur-oeffnung-der-grenze-14024916.html.

6 Gerrit Hellmuth Stumpf: *Der Ruf nach der ›Rückkehr zum Recht‹ bei der Bewältigung der Flüchtlingskrise. Eine Untersuchung der Rechtmäßigkeit des derzeitigen Regierungshandelns.* Die Öffentliche Verwaltung 2016, S. 357 ff., 364.

7 Art. 17 Verordnung Nr. 604/2013 (Dublin-III-Verordnung).

8 https://verfassungsblog.de/der-rechtsstaat-und-die-deutsche-staatsgrenze/. Bereits im Oktober 2015 hatte Thym in einem Interview im *SPIEGEL* erklärt, dass die Drittstaatenregelung des deutschen Asylrechts durch »europäische Normen überlagert« sei – dieser Formulierung hatte sich später auch Innenminister de Maizière bedient. Nach diesen europäischen Normen, so Thym weiter, »kann man schon an der Grenze, also noch vor der Einreise, Schutz beantragen – was dann vom Einreisestaat geprüft werden muss. Zurückweisen kann man den Flüchtling erst, wenn man seinen Antrag geprüft hat.« SPIEGEL 45/2015, S. 8 f.

9 Das Wort »Drittstaat« – das dürfte einen Teil der rechtlichen Konfusion in der Öffentlichkeit ausgemacht haben – kommt auch in der Dublin-III-Verordnung vor, bezeichnet dort aber etwas ganz anderes, nämlich einen Staat, der nicht der EU angehört. Wenn Art. 3 Abs. 3 Dublin-VO

von dem Recht der Mitgliedstaaten spricht, Asylbewerber »in einen sicheren Drittstaat zurück- oder auszuweisen«, dann ist damit nicht der EU-Staat Österreich gemeint. Das zeigt schon ein Blick in Art. 2a und in Art. 13 Abs. 1 Dublin-VO.

10 Am 20. Januar 2016 bezog sich das Ministerium in einer Antwort auf eine Anfrage der Linken-Fraktion auf »§ 18 Abs. 2, Abs. 4 AsylG«, was allerdings auch die Möglichkeit offen lässt, sich auf die Ausnahme wegen europarechtlicher Zuständigkeit (§ 18 Abs. 4 Nr. 1 AsylG) statt auf die der Ministeranordnung (§ 18 Abs. 4 Nr. 2 AsylG) zu stützen. So oder so tat das Ministerium nichts, um die Legende von der Ministeranordnung zu entkräften. Im Gegenteil, noch im Februar 2018 hieß es in einer Antwort auf eine parlamentarische Anfrage der AfD-Fraktion, es habe keine »schriftliche Anweisung« gegeben, sondern der Minister habe die Bundespolizei am 13. September 2015 über die Entscheidung der Bundesregierung »mündlich informiert«, Bundestags-Drucksache 19/883, S. 3. Im November 2018 drang allerdings ein inoffizielles Papier an die Öffentlichkeit, in dem Beamte des Innenministeriums mit Datum vom 15. Oktober 2015 ihre damalige Sicht auf die Rechtslage festhielten. Darin stellten die Ministerialen unmissverständlich klar, dass sie von einem Vorrang der europäischen Regeln vor § 18 Asylgesetz ausgingen. Wörtlich heißt es in dem nichtveröffentlichten Papier: »Nach nationalem Recht ist einem Ausländer mit einem Schutzersuchen die Einreise zu verweigern, wenn er aus einem sicheren Drittstaat einreist oder Anhaltspunkte dafür vorliegen, dass ein anderer Mitgliedstaat für die Durchführung des Asylverfahrens zuständig ist und ein Auf- oder Wiederaufnahmeverfahren eingeleitet wird (§ 18 Abs. 2 Nr. 1 und 2 AsylVfG). Allerdings hat die Dublin-Verordnung grds. Anwendungsvorrang vor nationalem Recht. Nach der Dublin-Verordnung prüfen die Mitgliedstaaten bei jedem Antrag auf internationalen Schutz, den ein Drittstaatenangehöriger im Hoheitsgebiet eines Mitgliedstaates einschließlich an der Grenze oder in den Transitzonen stellt (Art. 3 Abs. 1, Art. 20 Abs. 1 Dublin-VO), welcher Mitgliedstaat zuständig ist.«

11 https://verfassungsblog.de/der-rechtsstaat-und-die-deutsche-staatsgrenze/#comment-635514. Im Alten Testament (Hiob 40, 15 ff.) ist Behemoth ein Monster in Nilpferdgestalt und landbewohnendes Gegenstück zum Meeresungeheuer Leviathan. Thomas Hobbes' *Leviathan* schildert die vom Gesellschaftsvertrag gestiftete Ordnung und ist ein kanonischer Text der europäischen politischen Theorie. Weniger bekannt ist sein Buch *Behemoth*, das den englischen Bürgerkrieg als Naturzustand zum Gegenstand hat. Es ist den Autoren nicht gelungen, zu eruieren, wer sich hinter dem Pseudonym verbirgt.

12 http://www.faz.net/aktuell/politik/fluechtlingskrise/fluechtlingskrise-in-deutschland-rechtsstaatlich-machbar-14060376.html. Die vier Professoren veröffentlichten ihren Befund später auch als juristischen Fachaufsatz in der Juristenzeitung 71/2016, S. 347 ff. sowie in der Zeitschrift für Ausländerrecht 2016, S. 131.

13 Roman Lehner: *Grenze zu dank Art. 20 Abs. 4 Dublin-III-VO? Eine Replik.* Verfassungsblog 26.2.2016, https://verfassungsblog.de/grenze-zu-dank-art-20-abs-4-dublin-iii-vo-eine-replik/; Constantin Hruschka: *»Rückkehr zum Recht« an der deutsch-österreichischen Grenze? Zur Zuständigkeit für an der deutschen Grenze gestellte Asylanträge.* FlüchtlingsforschungsBlog 2.3.2016, https://fluechtlingsforschung.net/ruckkehr-zum-recht-an-der-deutsch-osterreichischen-grenze/; Anna Lübbe: *Ist der deutsche Transit österreichisches Hoheitsgebiet?* Verfassungsblog 4.3.2016, https://verfassungsblog.de/ist-der-deutsche-transit-oesterreichisches-hoheitsgebiet/.

14 Schlussanträge der Generalanwältin am Europäischen Gerichtshof Eleanor Sharpston vom 8. Juni 2017 in der Rechtssache C-646/16, *Jafari*, RNr. 83 ff.

15 Art. 13 Dublin-III-Verordnung.

16 Schlussanträge Jafari, a. a. O., RNr. 182.

17 Urteil des Europäischen Gerichtshofs vom 26. Juli 2017 in der Rechtssache C-646/16, *Jafari*, RNr. 100. Die Formulierung von den »im Geist der Solidarität aufgestellten Zuständigkeitskriterien« entnimmt der Gerichtshof dem Text der Dublin-III-Verordnung (Erwägungsgrund 25), RNr. 85.

18 In diese Richtung argumentieren z. B. Markus Möstl: *Verfassungsfragen der Flüchtlingskrise 2015/2016*, Archiv des öffentlichen Rechts 2017, S. 175 ff., 206 f.; Alexander Peukert, Christian Hillgruber, Ulrich Foerste, Holm Putzke: *Einreisen lassen oder zurückweisen? Was gebietet das Recht in der Flüchtlingskrise an der deutschen Staatsgrenze?* Zeitschrift für Ausländerrecht 2016, S. 131 ff., 135. Im Frühjahr 2018, als der Streit um die Zurückweisung von Flüchtlingen an der Grenze erneut ausbrach, beauftragte die FDP-Bundestagsfraktion den bereits erwähnten Hans-Jürgen Papier mit einem Rechtsgutachten, das im Kern die von Hillgruber, Peukert et al. entwickelte Argumentationskette rekapituliert. *Rechtsgutachtliche Stellungnahme zu Fragen der Einreiseverweigerung*, online zu finden unter https://podcasts.rp-online.de/chefredakteur/wp-content/uploads/sites/3/2018/06/Einreiseverweigerung-Rechtsgutachtliche-Stellungnahme.pdf.

19 Anuscheh Farahat, Nora Markard: *Recht an der Grenze: Flüchtlingssteuerung und Schutzkooperation in Europa.* Juristenzeitung 2017, S. 1088 ff., 1092.

20 Daniel Thym: *Die Flüchtlingskrise vor Gericht – Zum Umgang des EuGH mit der Dublin-III-Verordnung.* Deutsches Verwaltungsblatt 2018, S. 276 ff., 278.

21 Art. 21 Abs. 1 Unterabsatz 1 Dublin-III-Verordnung.

22 Urteile des Europäischen Gerichthofs in der Sache *N. S. et al.* vom 21. Dezember 2011, C-411/10, 493/10, RNr. 79, in der Sache *Kaveh Puid* vom 14. November 2013, C-4/11 und in der Sache *Abdullahi* vom 10. Dezember 2013, C-394/12.

23 Urteil des Europäischen Gerichtshofs in der Sache *Ghezelbash* vom 7. Juni 2016, C-63/15.

24 Urteil des Europäischen Gerichtshofs in der Sache *Mengesteab* vom 26. Juli 2018, C-670/17.

25 Dana Schmalz: *Subjektive Rechte aus der Dublin-Verordnung: Der Fall Mengesteab vor dem EuGH*. Verfassungsblog vom 29. Juli 2017, https://verfassungsblog.de/subjektive-rechte-aus-der-dublin-verordnung-der-fall-mengesteab-vor-dem-eugh/.

26 Urteil des Europäischen Gerichtshofs in der Sache *Shiri* vom 25. Oktober 2017, C-201/16.

27 Weitere Entscheidungen, die in die gleiche Richtung zielten, folgten: in der Sache *Aziz Hasan* vom 25. Januar 2018, C-360/16, in der Sache *Adil Hassan* vom 31. Mai 2018, C-647/16, und in der Sache *X* vom 5. Juli 2018, C-213/17.

28 Marei Pelzer: Urteilsanmerkung zu *Shiri*. Neue Zeitschrift für Verwaltungsrecht 2018, S. 45.

29 Der Göttinger Staatsrechtler *Frank Schorkopf* erwägt, der Dublin-III-Verordnung wegen ihrer Defizite als *lex imperfecta* ihre Bindungskraft abzusprechen: »Warum sollen Mitgliedstaaten und Bürger an Rechtsakte gebunden sein, die ein strukturelles Vollzugsdefizit haben und die von politisch exponierten Vertretern der Mitgliedstaaten als obsolet und überholt bezeichnet werden? Kann es eine mit Anwendungsvorrang gehärtete Bindung an das Obsolete geben? Kann eine unionsrechtliche *lex imperfecta*, die seit zwei Jahrzehnten die Mitgliedstaaten asymmetrisch belastetet und dysfunktional ist, verfassungsrechtlich als Ergebnis eines demokratischen Entscheidungsverfahrens in einem Sachbereich akzeptiert werden, der ›besonders vom demokratisch diskursiven Prozess in den Mitgliedstaaten‹ abhängt?«, Frank Schorkopf: *Die Dublin-III-Verordnung als Sinnbild dysfunktionaler Gesetzgebung*. Zeitschrift für Gesetzgebung 2018 (im Erscheinen).

30 Vorschlag der EU-Kommission vom 4.5.2016, COM(2016) 270. Der britische Europa- und Asylrechtsexperte *Steve Peers* beurteilt diesen Vorschlag wie folgt: »Essentially, these proposals amount to the ›Orbanisation‹ of EU asylum law. They copy and entrench across the EU the key elements of the Hungarian government's policy, which was initially criticized: refusing essentially all asylum-seekers at the external border and treating them as harshly as possible so as to maintain the Schengen open borders system. (...) For over twenty-five years now, the EU and its Member States have been attempting to get the Dublin system to work. The continued abject failures of those attempts to get this pig to fly never seem to deter the next attempt to launch its aviation career. With this week's proposals, the Commission is in effect trying to get the poor beast airborne by sticking a rocket up its backside. It might be best to stand back.« Steve Peers: *The Orbanisation of EU asylum law*. EU Law Analysis, 6. Mai 2016, http://eulawanalysis.blogspot.com/2016/05/the-orbanisation-of-eu-asylum-law.html.

31 Daniel Thym: *Die Flüchtlingskrise vor Gericht – Zum Umgang des EuGH*

mit der Dublin-III-Verordnung. Deutsches Verwaltungsblatt 2018, S. 276 ff., 283.

32 »Wenn eine notwendige Reform am Widerstand einiger Mitgliedstaaten scheitert, bleibt es bei den bestehenden Regeln und deren Defiziten, die Produkte eines demokratischen Entscheidungsverfahrens sind, dessen anderweitige solidarische Unvollkommenheiten (namentlich die Überlastung der Staaten mit Außengrenzen) lange Zeit politisch gebilligt wurden, als man davon noch profitierte.« Klaus Ferdinand Gärditz, *Kommentierung zu Artikel 16 a Grundgesetz*, in: Maunz/Dürig/Herzog/Scholz (Hrsg.), Grundgesetz-Kommentar, April 2018, RNr. 446.

Kapitel 7: Der Wille des Volkes

1 https://www.zeit.de/politik/deutschland/2016-04/thomas-de-maiziere-will-grenzkontrollen-nach-oesterreich-aufheben.

2 http://www.faz.net/aktuell/politik/fluechtlingskrise/fluechtlingsstrom-begrenzen-wenn-berlin-nichts-tut-will-bayern-klagen-13855023.html.

3 Martin Nettesheim: *Ein Vakuum darf nicht hingenommen werden*, Frankfurter Allgemeine Zeitung vom 29.10.2015, S. 8. Ähnlich argumentierte auch Hans-Detlev Horn: *Grenzschutz im Migrationsrecht*, in: Depenheuer/Grabenwarter, a. a. O., S. 140 ff., 147 f.

4 Beschluss des Zweiten Senats vom 8. August 1978 (»*Kalkar I*«), Entscheidungssammlung Band 49, S. 89 ff., 126.

5 Michael Kloepfer: *Der Vorbehalt des Gesetzes im Wandel*, Juristenzeitung 1984, S. 685 ff., 692.

6 Wissenschaftliche Dienste des Deutschen Bundestags: *Einreise von Asylsuchenden aus sicheren Drittstaaten*, 26.11.2015, Az.: WD 3–3000–299/15, S. 8 ff.

7 Art. 34 des Abkommens über die Rechtsstellung der Flüchtlinge vom 21. Juli 1951.

8 Klaus Ferdinand Gärditz: *Die Ordnungsfunktion der Staatsgrenze*, in: Depenheuer/Grabenwarter, a. a. O., S. 105 ff., 110.

9 »Jeder Akt demokratischer Gesetzgebung ist zugleich ein Akt der Selbstdefinition. Durch die Gesetze, an die wir, das souveräne Volk, uns binden, definieren wir uns zugleich als Volk.« Seyla Benhabib: *Die Rechte der Anderen*, Suhrkamp Berlin 2017, S. 53.

10 Art. 33 des Abkommens über die Rechtsstellung der Flüchtlinge vom 21. Juli 1951. Das Refoulement-Verbot umfasst auch den Fall, dass der Flüchtling über eine Kette von Drittstaaten zurückgeschickt oder sonst einer Gefahr für Leib und Leben ausgesetzt wird (Pflicht zur Vermeidung von Refoulement), James C. Hathaway, Michelle Foster: *The Law of Refugee Status*, Cambridge University Press 2014, S. 36 ff.

11 Diese Pflicht gilt nicht nur für das eigene Staatsgebiet: Der Europäische

Gerichtshof für Menschenrechte hat 2000 im berühmten Fall *TI v. United Kingdom* (Nr. 43844/98) geurteilt, dass Großbritannien einen Flüchtling aus Sri Lanka nicht nach Deutschland abschieben darf, obwohl Deutschland nach den Dublin-Regeln zuständig gewesen wäre, weil Deutschland damals noch keinen Schutz vor nichtstaatlicher Verfolgung gewährte. Der britische Staat, so der Gerichtshof, sei »für alle und jede vorhersehbare, auch außerhalb seines Hoheitsgebiets erlittene Konsequenz der Abschiebung« verantwortlich.

12 Richtlinie 2011/95/EU vom 13. Dezember 2011.

13 Art. 4 des 4. Zusatzprotokolls zur Europäischen Menschenrechtskonvention, Verbot der Kollektivausweisung.

14 Art. 13 Europäische Menschenrechtskonvention, Recht auf wirksame Beschwerde.

15 2012 hat der Europäische Gerichtshof für Menschenrechte im Fall *Hirsi Jamaa et al.* Italien verurteilt, weil die italienische Küstenwache auf dem Mittelmeer abgefangene somalische und eritreische Flüchtlinge direkt nach Libyen zurückgebracht und so ihres Rechts beraubt hatte, ihre Rechte individuell prüfen zu lassen (Nr. 22765/09).

16 »For governments with ostensible human rights commitments, the dilemma has ultimately been between treating people as humans and risking changing who ›we‹ are (in terms of the composition of our population), or giving up human rights and risking changing who ›we‹ are (in terms of our constitutive commitments).« Itamar Mann: *Humanity at Sea.* Cambridge University Press 2016, S. 11.

17 Zu dem Zustand der Rechtlosigkeit, der z. B. im ungarischen Transitverfahren herrscht, siehe das Urteil des Europäischen Gerichtshofs für Menschenrechte in der Sache *Ilias and Ahmed v. Hungary* vom 14.3.2017 (Nr. 47287/15).

18 Anuscheh Farahat, Nora Markard: *Flüchtlingssteuerungsrecht. Auf der Suche nach der verlorenen Souveränität*, in: Stephan Beichel-Benedett, Constanze Janda (Hrsg.): *Festschrift für Klaus Barwig*, Nomos Baden-Baden 2018, S. 325 ff., 351 ff.

19 »Vielleicht ist dies ja die eigentliche Herausforderung, vor die der Flüchtling uns stellt: dass er uns nötigt, eine Antwort darauf zu geben, was wir unserem Land zutrauen und wie wir es uns künftig vorstellen.« Uwe Volkmann: *Der Flüchtling vor den Toren der Gemeinschaft.* Kritische Justiz 2016, S. 180 ff., 193.

20 Obendrein stellt sich die Frage, ob die Forderung nach einer klareren gesetzlichen Grundlage nicht eher an den europäischen Gesetzgeber als an den nationalen zu richten wäre: »Die Achtung gegenüber der legislativen Gestaltungsprärogative des Unionsgesetzgebers zeigt (...), dass die innerstaatliche Diskussion um einen national-verfassungsrechtlichen Parlamentsvorbehalt zu kurz greift. Dieser könnte sich allenfalls dort entfalten, wo ein expansiver Gebrauch des Selbsteintrittsrechts unionsrechtlich zulässig wäre. Jenseits dieser Schwelle ist aber stets eine Intervention des Unionsgesetzgebers erforderlich, der die einzufordernde

Repräsentationsleistung auf europäischer Ebene zu erbringen hat – durch Europäisches Parlament und Rat.« Mattias Wendel: *Asylrechtlicher Selbsteintritt und Flüchtlingskrise.* Juristenzeitung 2016, S. 332 ff., 341.

21 Beschluss des Zweiten Senats vom 11. Dezember 2018 (Az.: 2 BvE 1/18).

22 Bundestagsfraktionen können auch die Rechte des Parlaments als Ganzem im eigenen Namen vor dem Bundesverfassungsgericht einklagen (§ 63 Bundesverfassungsgerichtsgesetz).

23 Vosgerau erwähnt in seinem Büchlein *Die Herrschaft des Unrechts.* (a. a. O., S. 45), »von verschiedenen Bürgern gebeten« worden zu sein, gegen die »Grenzöffnungspolitik der Bundesregierung« Verfassungsbeschwerde einzulegen, woraufhin er ihnen erklärt habe, dass er die Erfolgsaussicht einer solchen »auf weniger als 5%« einschätze. In einer Fußnote ergänzt er aber, dass auch völlig aussichtslose Verfassungsbeschwerden strategisch eine scharfe Waffe sein können: »In meiner Jugend war ich begeisterter Unterstützer und Förderer von Greenpeace. Ich erinnere mich daran, wie Greenpeace Deutschland e. V. in den 1980er Jahren einmal eine Verfassungsbeschwerde u. a. namens der Seehunde in der Nordsee erhob. Diese war juristisch zwar unsinnig – weder sind die Seehunde grundrechtsrechtsfähig, noch hatte Greenpeace e. V. eine Vollmacht, um in ihrem Namen aufzutreten – aber es handelte sich eben in Wahrheit nicht um einen Rechtsstreit, sondern um eine politische Aktion, die den Zweck hatte, eine entsprechende Berichterstattung, Thematisierung und Sympathiewerbung in den Medien (angefangen mit der eigenen Mitgliederzeitschrift) auszulösen. Die absehbare Zurückweisung der Verfassungsbeschwerde wurde dann jedenfalls seitens der Unterstützer von Greenpeace nicht eigentlich als Niederlage erlebt, sondern umgekehrt gerade als Bestätigung der eigenen Auffassung, nach der das bestehende politisch-gesellschaftliche System gravierende Defizite aufweist, die wirksamem Umweltschutz entgegenstünden. *Quod erat demonstrandum* (was zu beweisen war).«

24 https://www.afdbundestag.de/brandner-bundesverfassungsgericht-verweigert-inhaltliche-positionierung-und-entwertet-organklage/.

25 Siehe Kapitel 5.

26 Beispiele dafür zählt *Christian Rath* auf: *Karlsruhe und die formalen Zwänge.* Legal Tribune Online vom 19.12.2018, https://www.lto.de/recht/hintergruende/h/bverfg-afd-antraege-fluechtlingspolitik-begruendung-kritik/.

27 Dazu näher Maximilian Steinbeis: *Die AfD und ihr Flüchtlingsmythos – im Felde unbesiegt.* Verfassungsblog vom 19.12.2018, https://verfassungsblog.de/die-afd-und-ihr-rechtsbruch-mythos-im-felde-unbesiegt/.

28 Organklage, a. a. O., S. 82 f., Hervorhebungen im Original.

29 In seiner 2013 erschienenen Habilitationsschrift *Staatliche Gemeinschaft und Staatengemeinschaft (*2016 bei Mohr Siebeck in Tübingen) schließt Vosgerau die völkerrechtliche und die demokratische Selbstbestimmung

des Volkes miteinander kurz und dreht so das Demokratieprinzip in Richtung eines Gebots, das Volk als »dauerhaft im Sinne von in seiner Geschlechterfolge fortlebend(en)« Personenverband als den »*eigentliche(n)* Souverän, der sich im Laufe der Geschichte allmählich zum *wirklichen* Souverän entwickelt hat« (S. 141 f.), anzuerkennen und vor tiefgreifenden Veränderungen in seiner Zusammensetzung zu beschützen.

30 Ulrich Vosgerau: *Selbstbestimmungsrecht in der Weltgemeinschaft*, in: Paul Kirchhof, Josef Isensee (Hrsg.): *Handbuch des Staatsrechts*, Bd. XI, § 228, 3. Aufl., C. F. Müller Heidelberg 2013, S. 107.

31 Vosgerau, Selbstbestimmungsrecht, a. a. O., S. 106. Dieser Gedanke, den Willen des Volkes auch gegen den verfassungsändernden Gesetzgeber in Stellung zu bringen, klingt auch in der Rechtsprechung des Bundesverfassungsgerichts an, wenn es um Europa geht. Nach dem *Lissabon*-Urteil könnte den Schritt in einen europäischen Bundesstaat nur das Volk selbst tun, indem es sich eine neue Verfassung gibt: »Das Grundgesetz ermächtigt die für Deutschland handelnden Organe nicht, durch einen Eintritt in einen Bundesstaat das Selbstbestimmungsrecht des Deutschen Volkes in Gestalt der völkerrechtlichen Souveränität Deutschlands aufzugeben. Dieser Schritt ist wegen der mit ihm verbundenen unwiderruflichen Souveränitätsübertragung auf ein neues Legitimationssubjekt allein dem unmittelbar erklärten Willen des Deutschen Volkes vorbehalten.« Entscheidungen des Bundesverfassungsgerichts, Bd. 123, S. 276 ff., 347 f. (*Lissabon*).

32 Vosgerau, Selbstbestimmungsrecht, a. a. O. Der Begriff »Ultra-Vires-Akt« stammt ebenfalls aus der Rechtsprechung des Bundesverfassungsgerichts zur Europäischen Union und bezeichnet dort den Fall, dass die Union in »strukturell bedeutsamem« Umfang mehr Hoheitsrechte ausübt als ihr von den Mitgliedstaaten übertragen worden sind, Entscheidungen des Bundesverfassungsgerichts, Bd. 126, S. 286 ff. (*Honeywell*).

33 »Wer Aufenthalt nehmen darf, dem stehen auch die Grundrechte zu Gebote, die aufgrund neuer und spezifisch einwanderungsbezogener Fallkonstellationen (wie Kopftuchproblematik, Schächten) von den Gerichten weiterentwickelt werden und werden müssen. Zugleich muß jedoch die gesamte Rechts- und Verfassungsordnung eines Staates Ausdruck des Selbstbestimmungsrechts gerade des Staatsvolkes sein, wobei dem Grundrechtskatalog, insbesondere auch dessen objektiv-rechtlichem Gehalten und Reflexen, eine besonders hervorgehobene Stellung zukommt. Dem korrespondiert die bereits überverfassungsrechtliche Pflicht jeglicher Staatsgewalt, Einwanderungs- und Aufenthaltspolitik sowie die einfach-gesetzliche Ausgestaltung grundrechtlicher Gewährleistungen so zu gestalten, daß deren zu erwartende Wahrnehmung durch heutige und künftige Angehörige der staatlichen Gemeinschaft nicht auf eine Erosion der Selbstbestimmungsordnung hinausläuft und schrittweise eine neue staatliche und rechtliche Ordnung entsteht, die das Staatsvolk nicht mehr als Ergebnis seines Selbstbestimmungsrechts wahrnimmt.« Vosgerau, Selbstbestimmungsrecht, a. a. O., S. 107.

34 Ulrich Vosgerau: *Die Herrschaft des Unrechts. Die Asylkrise, die Krise des Verfassungsstaates und die Rolle der Massenmedien.* Books on Demand Norderstedt 2018, S. 11.

35 Vosgerau, Unrecht, a. a. O., S. 10.

36 Der Vortrag ist in dem besagten Büchlein *Die Herrschaft des Unrechts* ab S. 54 abgedruckt. Nachhaltig verstört hat Vosgerau offenbar die (zugestandenermaßen journalistisch nicht tadellose) Berichterstattung der *Süddeutschen Zeitung* über diese Veranstaltung, die er über 70 Seiten der »Lüge« zu überführen sucht. Ein weiteres Kapitel widmet er der Schilderung seiner Versuche, sich juristisch gegen die *SZ* zu wehren – die offenbar nur teilweise erfolgreich waren. Die Rechtsprechung bis hinauf zum Europäischen Gerichtshof für Menschenrechte sei »derzeit einfach noch nicht der Situation angepaßt, in der zahlreiche Presseorgane, die politisch mit der Regierung ganz und gar übereinstimmen, ihre Macht mißbrauchen, um dieser Regierung lästige Kritiker vom Hals zu halten und also diejenige Aufgabe zu erfüllen, die eine *Politische Polizei* wahrnehmen würde – wenn die Bundesrepublik ein totalitärer Staat wäre und es eine Politische Polizei also geben dürfte.« a. a. O., S. 362 f., Hervorhebung im Original.

37 Vosgerau, Unrecht, a. a. O., S. 380 ff.

38 Vosgerau, Unrecht, a. a. O, S. 387 f. *Cicero*-Chefredakteur *Alexander Marguier* nahm seinen Autor im Dezember 2016 mit folgenden Worten in Schutz: »Es sind Vorgänge wie dieser, die einen daran zweifeln lassen, ob in der Bundesrepublik eigentlich noch Meinungs- und Redefreiheit herrschen. Wenn nämlich sachliche Kritik am Regierungshandeln inzwischen dazu führt, daß einem anerkannten Wissenschaftler der Lehrauftrag wieder entzogen wird, kann das nur heißen: die Blockwarte der wohlfeilen Gesinnung üben ihre Herrschaft aus, wo immer es geht – an den Universitäten und anderswo. Mal mit subtilen, mal weniger subtilen Methoden. Faktisches Berufsverbot zählt zu den letzteren.« Cicero 1/2017, S. 130, zit. nach Vosgerau, Unrecht, a. a. O., S. 388.

39 Dietrich Murswiek: *Staatsvolk und Einwanderung*, in: Depenheuer/ Grabenwarter, a. a. O., S. 127.

40 Murswiek, Staatsvolk, a. a. O., S. 135 f. Auch der bereits erwähnte *Christian Hillgruber* vertritt die Position, dass dem Grundgesetz eine »ethnisch-kulturell geprägte Vorstellung von der deutschen Nation« zugrunde liege. Christian Hillgruber: *Der Nationalstaat in der überstaatlichen Verflechtung*, in: Paul Kirchhof, Josef Isensee (Hrsg.): *Handbuch des Staatsrechts*, Bd. II, 3. Aufl., C. F. Müller Heidelberg 2004, § 32, S. 929 ff., 940 ff., 943.

41 Die Szene ist in einem Bericht des DDR-Fernsehens zu sehen (ab Minute 3:18): https://www.filmothek.bundesarchiv.de/video/584912?set_lang=de

42 https://www.youtube.com/watch?v=hWpmjLgf4Qc.

43 https://www.afd.de/prof-dr-dietrich-murswiek-richtigstellung-zu-seinem-gutachten-ueber-rechtliche-voraussetzungen-fuer-die-beobachtung-einer-politischen-partei-durch-den-verfassungsschutz/.

44 Entscheidungen des Bundesverfassungsgerichts, Bd. 77, S. 137 ff., 149 f. – »*Teso*«.

45 Präambel des Grundgesetzes in der seit 3. Oktober 1990 geltenden Fassung.

46 Welche Kriterien für den Erwerb der Staatsbürgerschaft gelten sollen, sei »als primär rechtspolitische (Frage) dem einfachen Gesetzgeber anheimgestellt und sollte (…) diesem nicht unter Überanstrengung der Verfassungsurkunde entwunden werden«, Fabian Wittreck: *Kommentierung zu Art. 116 GG*, in: Horst Dreier (Hrsg.): Grundgesetz Kommentar, 3. Aufl., Mohr Siebeck Tübingen 2018, S. 1370.

47 Bundesverfassungsgericht, Urteil vom 17. Januar 2017, Az.: 2 BvB 1/13, https://www.bundesverfassungsgericht.de/SharedDocs/Entscheidungen/DE/2017/01/bs20170117_2bvb000113.html, RNr. 690 ff.

48 »Man muss eine Verfassung danach beurteilen, ob sie die Person respektiert oder nicht. Verfassungen benötigen also keinen Mythos.« Gerd Roellecke: *Benötigen Verfassungen einen Mythos?* In: Otto Depenheuer (Hrsg): *Mythos als Schicksal. Was konstituiert die Verfassung?* VS Verlag Wiesbaden 2009, S. 183.

49 Josef Isensee: *Das Volk als Grund der Verfassung.* Westdt. Verlag Opladen 1995, S. 73.

Kapitel 8: Die offene Gesellschaft der Verfassungsintepreten

1 Peter Häberle: *Die offene Gesellschaft der Verfassungsinterpreten*, Juristenzeitung 30/1975, S. 297 ff.

2 Heimo Schwilk, Ulrich Schacht (Hrsg.): *Die selbstbewusste Nation*, Ullstein Berlin 1996.

3 Stephan Detjen: *Politik und Polarisierung im politischen Journalismus.* epd Medien 38 (22.9.2017), S 5 ff.

4 Michael Götschenberg: *Der böse Wulff? Die Geschichte hinter der Geschichte und die Rolle der Medien*, Plassen Kulmbach 2013.

5 BILD vom 3.9.2015, S. 1 und S. 10.

6 Frankfurter Allgemeine Zeitung vom 1.9.2018, S. 16.

7 Michael Haller: *Die ›Flüchtlingskrise‹ in den Medien. Tagesaktueller Journalismus zwischen Meinung und Information.* OBS-Arbeitsheft 98/2017.

8 Haller, Flüchtlingskrise, a. a. O., S. 138.

9 Interview mit Michael Haller, in: DIE WELT, 21.7.2017, S. 22; TAZ, 24.7.2017, S. 18.

10 Haller, Flüchtlingskrise, a. a. O., S. 136.

11 Haller, Flüchtlingskrise, a. a. O., S. 132.

12 Haller, Flüchtlingskrise, a. a. O., S. 35.

13 Haller, Flüchtlingskrise, a. a. O., S. 37.
14 Haller, Flüchtlingskrise, a. a. O., S. 138.
15 Gemma Pörzgen: *Wertfrage Auslandsjournalismus. Die Verlage, das Geld und die Berichterstattung.* Osteuropa 2/2012, S. 41–46.
16 Gemma Pörzgen: *Wertfrage Auslandsjournalismus. Die Verlage, das Geld und die Berichterstattung.* Osteuropa 2/2012, S. 41–46.
17 https://juergenelsaesser.wordpress.com/2015/09/14/die-grenz-kontrollen-sind-show-wir-brauchen-grenzschliessung/.
18 https://www.compact-online.de/staatsnotstand-schachtschneider-interview-ueber-die-notwendigkeit-die-grenzen-durch-landesweite-volksbegehren-zu-schliessen-video/.
19 https://www.achgut.com/artikel/rechtsbruch_und_aufhebung_der_gewaltenteilung_in_deutschland.
20 https://www.achgut.com/artikel/professor_unfug_legitimiert_den_rechtsbruch.
21 https://www.achgut.com/artikel/der_rechtsbruch_mythos_und_wie_man_ihn_widerlegt.
22 https://www.compact-online.de/staatsnotstand-schachtschneider-interview-ueber-die-notwendigkeit-die-grenzen-durch-landesweite-volksbegehren-zu-schliessen-video/.
23 https://www.achgut.com/artikel/sarrazin_thym_und_das_dilemma_des_rechtsstaates.
24 https://www.tichyseinblick.de/meinungen/dokumentation-rhoendorfer-manifest-der-interessengemeinschaft-konrads-erben/.
25 https://www.tichyseinblick.de/kolumnen/alexander-wallasch-heute/hunderttausendfacher-rechtsbruch-im-bamf-bestaetigt-die-verantwortlichen-sitzen-auf-der-regierungsbank/.
26 https://www.tichyseinblick.de/meinungen/rechtsverwahrlosung/
27 DIE ZEIT vom 2.2.2017, S. 22.
28 http://www.turi2.de/aktuell/online-portal-tichys-einblick-bekommt-einen-print-ableger/?utm_content=bufferce9d8&utm_medium=social&utm_source=facebook.com&utm_campaign=buffer.
29 https://www.sueddeutsche.de/medien/schweiz-zur-freiheit-1.2778439?reduced=true.
30 Robin Alexander: *Die Getriebenen. Merkel und die Flüchtlingspolitik. Report aus dem Inneren der Macht.* Siedler München, 2017.
31 Alexander, a. a. O., S. 27.
32 Alexander, a. a. O., S. 28.
33 Alexander, a. a. O., S. 28, 31, 32.
34 Alexander, a. a. O., S. 40, 49.
35 Alexander, a. a. O., S. 31.
36 Alexander, a. a. O., S. 32.
37 Alexander, a. a. O., S. 54.
38 Alexander, a. a. O., S. 51.
39 Alexander, a. a. O., S. 81.
40 Alexander, a. a. O., S. 91.

41 Alexander, a. a. O., S. 26.
42 Alexander, a. a. O., S. 45.
43 https://www.youtube.com/watch?v=AqoRS8y7yIU.
44 https://www.youtube.com/watch?v=66ZCClJJUuw.
45 http://archive.is/cOGKY#selection-537.309-537.454.
46 Zitat aus Robin Alexander dazu, S. 27 ff.; 43, 74, 87.

Kapitel 9: Der Gang zum Brunnen

1 Heinrich von Kleist: *Michael Kohlhaas*, Reclam Stuttgart 2003, S. 44.
2 Marc Jongen: *Migration und Thymostraining*, Vortrag im Institut für Staatspolitik Schnellroda am 17.2.2017, https://www.youtube.com/watch?v=cg_KuESI7rY.
3 Frankfurter Allgemeine Zeitung vom 13.3.2013, S. 4.
4 Frankfurter Allgemeine Zeitung vom 13.3.2013, S. 4.
5 DIE WELT vom 15.4.2013, S. 5.
6 Wirtschaftswoche vom 14.6.2013, S. 20.
7 Wolfgang Benz: Hassparolen gegen die Angst, TAZ vom 2.11.2015, S. 5.
8 Frankfurter Allgemeine Zeitung vom 11.2.2015, S. 4.
9 DIE ZEIT vom 22.11.2018, S. 5; Süddeutscher Zeitung vom 20.11.2018, S. 5.
10 https://www.mdr.de/nachrichten/politik/inland/afd-brandner-im-rechtsausschuss-100.html; Frankfurter Allgemeine Zeitung vom 9.8.2018, S. 4: »Brisanter Besuch«.
11 Tweet @FraukePetry vom 17.8.2015.
12 *Aufstand der Ängstlichen*, SPIEGEL 51/2015, S. 18 ff.
13 Olaf Sundermeyer: *Bund der Brandstifter*, WELT AM SONNTAG vom 11.10.2015, S. 2.
14 http://www.jura.uni-passau.de/putzke/aktuelles/.
15 tz München vom 10.11.2015, S. 11, »Schleuser überfluten Gerichte«.
16 Handelsblatt vom 25.9.2015, S. 19, »Den Schleppern auf der Spur«.
17 Münchner Merkur vom 14.10.2015, S. 3, »Donnerstag ist Schleusertag«.
18 TAZ vom 1.10.2015, S. 3, »Bayerischer Irrsinn«.
19 https://community.beck.de/2017/ 06/11/die-strafbarkeit-der-bundeskanzlerin-im-herbst-2015-reloaded.
20 Einstellungsverfügung der StA Berlin zu 276 Js 397/16 vom 9. Februar 2016; Entscheidung der GenStA Berlin zu 276 Js 2087/15 vom 29. Juni 2016; dazu auch Henning Ernst Müller: *Die Strafbarkeit der Bundeskanzlerin im Sommer 2015 – reloaded*, https://community.beck.de/2017/06/11/die-strafbarkeit-der-bundeskanzlerin-im-herbst-2015-reloaded.
21 https://www.faz.net/aktuell/feuilleton/fluechtlingspolitik-macht-sich-merkel-strafbar-13849749.html.

22 https://www.afd.de/gauland-merkel-laesst-taeglich-unrecht-zu/.
23 DIE ZEIT vom 22.3.2018, S. 45.
24 https://vera-lengsfeld.de/2016/01/17/rechtsbruch-und-aufhebung-der-gewaltenteilung-in-deutschland/#more-65.
25 Zit. nach Frankfurter Allgemeine Zeitung vom 6.5.2018, S. 11.
26 https://vera-lengsfeld.de/2018/03/02/das-schweigen-der-belaemmerten-zu-umvolker-mounk-in-den-tagesthemen/.
27 https://www.erklaerung2018.de/.
28 Egon Flaig: *Der Islam will Welteroberung*, Frankfurter Allgemeine Zeitung vom 15.9.2006.
29 https://sezession.de/58354/erklaerung-2018-eine-welle-der-bekenntnislust.
30 Deutscher Bundestag, Petitionsausschuss, Petition Nr. 79822, https://epetitionen.bundestag.de/content/petitionen/_2018/_05/_17/Petition_79822.html.
31 https://www.bundestag.de/ausschuesse/a02/anhoerung-08-10-18/574606.
32 https://www.tagesspiegel.de/politik/erwiderung-auf-die-erklaerung-2018-wider-den-mythos-des-rechtsbruchs/21187612.html.
33 https://www.achgut.com/artikel/professor_unfug_legitimiert_den_rechtsbruch.
34 https://verfassungsblog.de/der-rechtsbruch-mythos-und-wie-man-ihn-widerlegt/.
35 https://www.achgut.com/artikel/die_massenzuwanderung_war_unrecht_das_ist_kein_Mythos.
36 Entscheidungen des Bundesverfassungsgerichts, Bd. 93, S. 1 ff. – »*Kruzifix*«.
37 Frankfurter Allgemeine Zeitung vom 25.9.1995, S. 38.
38 SPIEGEL 40/1995, S. 114 f.
39 Alexander Dobrindt: *Wir brauchen eine bürgerlich-konservative Wende*. DIE WELT vom 4.1.2018, S. 3.
40 Volker Weiß: *Faschisten von heute? »Neue Rechte« und ideologische Traditionen*. Aus Politik und Zeitgeschichte 42–43/2017, S. 4 ff.
41 BILD AM SONNTAG vom 6.5.2018, S. 2; DIE WELT vom 9.5.2018, S. 4; Frankfurter Allgemeine Zeitung vom 9.5.2018, S. 2.
42 Frankfurter Allgemeine Zeitung vom 13.6.2018, S. 2.
43 Frankfurter Allgemeine Zeitung vom 13.6.2018, S. 2.
44 Süddeutsche Zeitung vom 23.6.2018, S. 4.
45 BILD vom 24.4.2018, S. 1; 3.5.2018, S 1; BILD AM SONNTAG vom 13.5.2018, S. 1.
46 Frankfurter Allgemeine Zeitung vom 14.7.2018, S. 2.
47 BILD vom 6.6.2018.
48 DIE WELT vom 10.10.2017, S. 4; Süddeutsche Zeitung vom 15.6.2018, S. 3.
49 Münchner Merkur vom 16.6.2018, S. 2.

Kapitel 10: Die Rechtsbruch-Erzählung und die Herrschaft des Rechts

1 Niklas Luhmann: *Brauchen wir einen neuen Mythos?*, in: ders., Soziologische Aufklärung, Bd. 4, Westdeutscher Verlag Opladen 1987, S. 256.

2 Niklas Luhmann: *Das Recht der Gesellschaft*, Suhrkamp Frankfurt 1995, S. 208 ff.. Zum folgenden siehe ders., *Legitimation durch Verfahren*, 3. Aufl. Suhrkamp Frankfurt 1993.

3 Aus diskursethischer Perspektive beschreibt *Seyla Benhabib*, wie rechtliche Normen und Begriffe zur Abgrenzung von »Bürgern« und »Ausländern« in fortlaufenden »demokratischen Iterationen« reinterpretiert, angepasst und ausdifferenziert werden, um das Paradox demokratischer Legitimation aufzulösen, dies.: *Die Rechte der Anderen*, Suhrkamp Berlin 2017.

4 Zu nennen wären vor allem *Daniel Thym, Dana Schmalz, Nora Markard, Anuscheh Farahat, Mattias Wendel, Christine Langenfeld, Jürgen Bast, Pauline Endres de Oliveira, Max Pichl, Roman Lehner, Anna Lübbe* und *Constantin Hruschka*.

5 Siehe Kapitel 8.

Personenregister